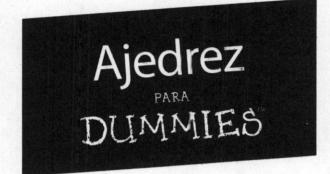

Ajedrez
PARA
DUMMIES

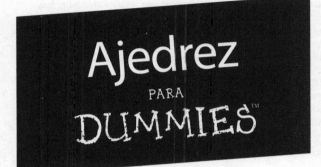

James Eade

Obra editada en colaboración con Centro Libros PAPF, S.L.U. – España

Edición publicada mediante acuerdo con Wiley Publishing, Inc.
© ...For Dummies y los logos de Wiley Publishing, Inc. son marcas
registradas utilizadas bajo licencia exclusiva de Wiley Publishing, Inc.

Traducción: Parramón Ediciones S.A. (sello Granica)

© 2010, Centro Libros PAPF, S.L.U.
Grupo Planeta
Avda. Diagonal, 662-664
08034 - Barcelona

Reservados todos los derechos

© 2011, Editorial Planeta Mexicana, S.A. de C.V.
Bajo el sello editorial CEAC M.R.
Avenida Presidente Masarik núm. 111, 2o. piso
Colonia Chapultepec Morales
C.P. 11570 México, D. F.
www.editorialplaneta.com.mx

Primera edición impresa en España: enero de 2011
ISBN: 978-84-329-2092-9

Primera edición impresa en México: mayo de 2011
ISBN: 978-607-07-0756-8

Impreso en los talleres de Litográfica Ingramex, S.A. de C.V.
Centeno núm. 162, colonia Granjas Esmeralda, México, D.F.
Impreso en México – *Printed in Mexico*

¡La fórmula del éxito!

Tomamos un tema de actualidad y de interés general, añadimos el nombre de un autor reconocido, montones de contenido útil y un formato fácil para el lector y a la vez divertido, y ahí tenemos un libro clásico de la serie ...para Dummies.

Millones de lectores satisfechos en todo el mundo coinciden en afirmar que la serie ...para Dummies ha revolucionado la forma de aproximarse al conocimiento mediante libros que ofrecen contenido serio y profundo con un toque de informalidad y en lenguaje sencillo.

Los libros de la serie *...para Dummies* están dirigidos a los lectores de todas las edades y niveles del conocimiento interesados en encontrar una manera profesional, directa y a la vez entretenida de aproximarse a la información que necesitan.

www.paradummies.com.mx

¡Entra a formar parte de la comunidad Dummies!

El sitio web de la colección ...para Dummies está pensado para que tengas a mano toda la información que puedas necesitar sobre los libros publicados. También te permite conocer las últimas novedades antes de que se publiquen.

Desde nuestra página web, también, puedes ponerte en contacto con nosotros para resolver las dudas o consultas que te puedan surgir.

Asimismo, en la página web encontrarás muchos contenidos extra, como por ejemplo los audios de los libros de idiomas.

También puedes seguirnos en Facebook (facebook.com/dummies.mx), un espacio donde intercambiar tus impresiones con otros lectores de la colección ... para Dummies.

10 cosas divertidas que puedes hacer en www.paradummies.com.mx y en nuestra página de Facebook:

1. Consultar la lista completa de libros ...para Dummies.
2. Descubrir las novedades que vayan publicándose.
3. Ponerte en contacto con la editorial.
4. Recibir noticias acerca de las novedades editoriales.
5. Trabajar con los contenidos extra, como los audios de los libros de idiomas.
6. Ponerte en contacto con otros lectores para intercambiar opiniones.
7. Comprar otros libros de la colección en línea.
8. ¡Publicar tus propias fotos! en la página de Facebook.
9. Conocer otros libros publicados por Grupo Planeta.
10. Informarte sobre promociones, presentaciones de libros, etc.

El autor

James Eade comenzó a tomarse en serio el ajedrez en 1972, cuando Bobby Fischer pasaba como un vendaval por el mundo del juego. Compitió con sus equipos de bachillerato y universidad y obtuvo el título de maestro de ajedrez de la Federación Estadounidense de Ajedrez (USCF) en 1981. En 1984 fue nombrado, además, maestro por correspondencia de la USCF. Las organizaciones internacionales le concedieron el título de maestro por correspondencia en 1990 y el de maestro FIDE en 1993. No obstante, su carrera como ajedrecista se ha orientado gradualmente hacia la escritura, la organización de torneos y la enseñanza del ajedrez.

Es autor de otros tres libros de ajedrez: *Remember the MacCutcheon*, *San Francisco 1995* y *The Chess Player's Bible*. Ha escrito muchos artículos para diversas revistas y ha sido editor de *Golden Gate Chess News* y *California Chess Journal*.

En 1991 comenzó a interesarse en las organizaciones políticas del ajedrez y fue elegido ese mismo año vicepresidente de CalChess, la Asociación de Ajedrez del Norte de California. En 1995 fue proclamado presidente de CalChess y también obtuvo el cargo de presidente de la organización Periodistas de Ajedrez de Estados Unidos. En 1996 lo eligieron para formar parte de la dirección política de la USCF. La Federación Internacional de Ajedrez (FIDE) lo nombró presidente de zona para Estados Unidos de 2000 a 2002 y es fideicomisario de la organización U.S. Charitable Chess Trust desde el año 2000.

Dedicatoria

Para Sheri, por soportar con alegría a los locos del ajedrez.

Agradecimientos

Quisiera agradecer a Sheri Anderson su apoyo a lo largo de este proyecto.

También quisiera agradecer a mis editores, Sherri Pfouts, Kristin DeMint y Jon Edwards, su apoyo en esta edición. M. L. Rantala me ayudó muchísimo con el glosario, el cual no podría haber terminado sin su colaboración.

Quiero agradecerle a mi padre, Arthur Eade, que me haya enseñado a jugar al ajedrez, y a mi madre, Marilyn, por su conmovedor pedido por anticipado de este libro. Finalmente, un agradecimiento especial a Lore McGovern, quien fue la fuerza que me impulsó desde el principio hasta el final.

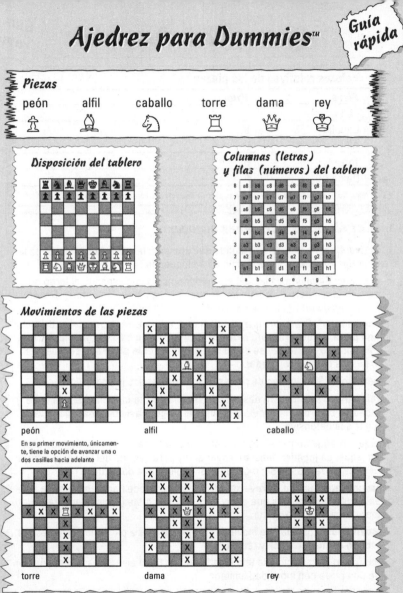

Ajedrez para Dummies™

Piezas

peón · alfil · caballo · torre · dama · rey

Disposición del tablero

Columnas (letras) y filas (números) del tablero

Movimientos de las piezas

peón

En su primer movimiento, únicamente, tiene la opción de avanzar una o dos casillas hacia adelante

alfil

caballo

torre

dama

rey

Ajedrez para Dummies™

Valores relativos de las piezas

Pieza	Valor
Peón	1
Caballo	3
Alfil	3
Torre	5
Dama	9

Nota: No se asigna valor al rey porque su pérdida equivale a la pérdida de la partida

Diez términos que debes conocer

activa: Descripción de una jugada que aumenta la movilidad; también es la descripción de una pieza que no está bloqueada.

ahogado: Situación en la cual el jugador a quien corresponde el turno no está en jaque pero no puede hacer ninguna jugada reglamentaria. Desde hace más de un siglo, el ahogado se considera tablas.

"compongo": Expresión que usa un jugador durante su turno antes de tocar una pieza, en general para moverla al centro de su casilla. Una pieza o un peón que se ajuste de ese modo no tiene que ser la pieza que se mueve en la jugada oficial del jugador.

desarrollo: Movimiento de piezas desde sus casillas iniciales.

iniciativa: Término para describir la ventaja del jugador que tiene la capacidad de controlar la acción y el flujo del juego, y así obligar al oponente a jugar a la defensiva.

jaque: Ataque contra el rey por parte de una pieza o un peón. Cuando está en jaque, un jugador debe: a) mover al rey para sacarlo del jaque; b) interponer una pieza o un peón; o c) capturar la pieza que da jaque.

jaque mate: Cuando un rey está en jaque y no puede hacer una jugada para salir del jaque, se dice que el rey está en jaque mate (o, simplemente, en mate), y la partida termina.

movilidad: Capacidad de mover las propias piezas a partes importantes del tablero de manera fácil y rápida.

pasiva: a) Descripción de una jugada que no tiene amenazas; b) descripción de una pieza con movilidad limitada.

sacrificio estratégico: Sacrificio de material que mejora la posición del jugador que sacrifica.

Sumario

•••

Introducción

A algunos ajedrecistas les disgusta que se diga que el ajedrez es un juego. Piensan que al hacerlo uno convierte en algo trivial lo que, en realidad, es una actividad intelectual profunda. Sin embargo, por mucho que lo intenten, los entusiastas del ajedrez no logran situarlo por derecho propio entre las artes ni entre los deportes. Lo asombroso es que el ajedrez tiene elementos de todos esos campos, pero sigue siendo un juego.

Personalmente, prefiero pensar que el ajedrez es un juego, el mejor que se ha inventado. Tanto ingenieros como poetas amantes del verso libre disfrutan de él. Impone unas reglas y tiene límites finitos, pero cuando uno empieza a pensar que "por fin" está resolviendo sus misterios, se lleva una sorpresa. Por ello el ajedrez es a veces frustrante, aunque con mucha más frecuencia es sorprendente y delicioso. Cuanto más se adentra uno en el ajedrez, más secretos desentierra, pero lo más interesante es que nadie lo ha agotado. Incluso los potentes ordenadores actuales están muy lejos de jugar la partida de ajedrez perfecta.

Para dominar el ajedrez es preciso combinar un tipo de disciplina que suele asociarse con las ciencias exactas y una libertad creativa semejante a la inspiración de los artistas. Pocas personas tienen un desarrollo igualmente bueno en ambos aspectos, y no hay muchas actividades que contribuyan a alcanzarlo. Sin embargo, el ajedrez es una de esas actividades.

El científico lento pero tenaz se ve obligado a echar mano de sus energías creativas para jugar bien. El artista extravagante, a su vez, debe aferrarse a ciertos principios específicos o afrontar la dura realidad de una partida perdida. El ajedrez no es sólo una excelente herramienta educativa que ayuda a fortalecer el hemisferio izquierdo del cerebro, sino, también, una fuente inagotable de placer.

Muchas personas, cuando se enteran de que juego al ajedrez, piensan que soy muy inteligente. En lugar de eso, deberían pensar que dispongo de mucho tiempo libre. A lo largo de la historia han jugado al ajedrez personas que tienen más tiempo libre que la mayoría de la gente, pero no necesariamente con una inteligencia superior. Si no crees ser uno de los más inteligentes de tu escuela o de tu trabajo, no te desanimes.

De hecho, los monitores de ajedrez pueden enseñar las reglas del juego a niños de preescolar (tal vez no puedan hacer que los más pequeños dejen de mordisquear las piezas, pero sí pueden enseñarles cómo jugar). Tanto es así que cualquiera puede aprender a jugar al ajedrez si tiene un poco de tiempo libre; ni siquiera tiene que ser mucho.

Acerca de este libro

Este libro está pensado para ayudarte a convertirte en un mejor ajedrecista. Por una parte, contiene mucha información y consejos sobre cómo jugar. En estas páginas también se encuentra la terminología específica del mundo del ajedrez, algo que para muchos es casi tan importante como saber jugar, ya que parte de la diversión del ajedrez es el elemento social que surge al analizar las partidas de los demás. Por otra parte, este libro te aconseja cómo cuidar los modales cuando te sientes a jugar y eso también te hará mejor jugador.

Convenciones de este libro

A lo largo de este libro se usan diagramas para mostrar las posiciones que se están analizando. De esta manera se elimina a veces la necesidad de tener a mano el tablero y las piezas, pero incluso así es mejor que sigas el texto con el tablero y las piezas reales. Observa que en estos diagramas las piezas blancas siempre se sitúan en la parte inferior del tablero y que las piezas negras ocupan la parte superior.

También encontrarás recuadros con notas sobre ajedrecistas prominentes e información de otro tipo. No es necesario leer estos recuadros para aprender a jugar al ajedrez, pero se han incluido para que disfrutes aún más del juego.

Estas son algunas convenciones que conviene tener presentes:

4 A lo largo de este libro se hace referencia a las jugadas usando la notación algebraica, que normalmente aparece escrita entre paréntesis. Puedes saltar esas partes si no quieres aprender a leer ajedrez, pero si lo deseas, adelántate al capítulo 17 tan pronto como te sientas preparado para afrontar el reto (aunque en

realidad la notación algebraica no es difícil de comprender).

4 Se emplean *cursivas* siempre que se define un término de ajedrez, a fin de resaltarlo.

Algunas suposiciones

Se da por sentado que sabes jugar al ajedrez y que quieres mejorar. El libro contiene suficiente información para ayudar a comenzar a un principiante, pero se parte de la suposición de que todo el mundo conoce a alguien que ya sabe cómo se juega al ajedrez. También se da por hecho que el lector principiante cuenta con alguien a quien puede acudir si se tropieza con algún concepto o explicación del libro.

Estructura del libro

Para que puedas encontrar fácilmente la información que necesitas, este libro se ha organizado en cinco partes.

Parte I: Los cimientos

El capítulo 1 te informa sobre el juego del ajedrez y te familiariza con el tablero. Se supone que ya posees un tablero y un juego de piezas. Aun si no los tienes puedes avanzar, porque este capítulo contiene muchos diagramas. El mejor modo de seguir el capítulo, no obstante, es tener a mano tablero y piezas. En este capítulo aprenderás la disposición básica del tablero de ajedrez y conocerás parte de la terminología que se usa en los siguientes capítulos.

El capítulo 2 examina en detalle cada pieza de ajedrez y muestra sus puntos fuertes y débiles y la forma en que se mueve. También te da claves acerca del valor relativo de las piezas, pues necesitarás esta información para tomar decisiones prudentes al jugar.

El capítulo 3 te presenta los elementos básicos de una partida de ajedrez. Aprenderás qué son el material, el espacio, el desarrollo y otros elementos. Después de leer este capítulo podrás hacer una evaluación aproximada de casi cualquier posición de ajedrez.

El capítulo 4 te indica cómo llegar al destino que buscas: el jaque mate. Aquí se muestran los elementos básicos del jaque mate y también se discute una jugada menos decisiva pero también imperiosa (el jaque), así como una situación que hay que evitar si vas ganando (el ahogado), que es esencialmente un empate (que en ajedrez se llama *tablas*).

Parte II: Ganar experiencia

El capítulo 5 trata sobre diferentes tipos de situaciones tácticas y combinaciones de esas tácticas. La mayoría de las partidas se pierden por errores tácticos, así que presta mucha atención a la información de este capítulo. En el capítulo 6 veremos otro concepto importante: los sacrificios. A veces, aceptar un golpe es una maniobra inteligente para lograr mayor ventaja.

El reconocimiento de patrones desempeña un papel importante en el ajedrez porque ciertas configuraciones de piezas y peones se presentan con relativa frecuencia. Si conoces la manera óptima de jugar cuando aparecen esas configuraciones, no tendrás que inventar la rueda en cada partida que juegues.

El capítulo 7 se concentra en los patrones de jaque mate, mientras que el capítulo 8 trata en forma más general el reconocimiento de patrones. Por su parte, el capítulo 9 examina las formaciones de peones que aparecen con frecuencia.

El capítulo 10 aborda las reglas del juego que suelen ser más difíciles de comprender. Estas reglas, cuando menos, son el inicio de la mitad de las disputas que surgen entre los principiantes; examinarlas con atención puede evitarte alguna discusión desagradable.

Parte III: Avanzar en el juego

El capítulo 11 presenta los principios que forman el núcleo básico de la estrategia del ajedrez. A partir de ahí, se avanza por las tres fases de una partida de ajedrez: la apertura, el medio juego y el final. Cada fase tiene aspectos característicos y es preciso comprender cada una para poder jugar una buena partida. El capítulo 12 está dedicado a la apertura, el capítulo 13 cubre el medio juego y el capítulo 14 se centra en el final.

Parte IV: Pasar a la acción avanzada

En el capítulo 15 se presentan algunas de las pautas de etiqueta y buenos modales que debes tener presentes cuando participes en una partida.

El capítulo 16 habla de los programas para jugar al ajedrez con un ordenador y de las posibilidades de juego que ofrece Internet a los ajedrecistas.

El capítulo 17 te ayudará a elevar tu nivel de conocimientos. Explica el misterioso sistema de notación algebraica del ajedrez y te indica cómo debes registrar tus partidas para la posteridad o para mostrárselas a quien quieras. Además, podrás leer sobre partidas que ya se han disputado.

Parte V: Los decálogos

Los capítulos 18 y 19 contienen "Los decálogos", en los que se presentan diversos e importantes aspectos del juego. El capítulo 18 presenta las diez partidas de ajedrez más famosas de todos los tiempos. El capítulo 19 presenta la lista de los diez mejores ajedrecistas de todos los tiempos, un asunto que es siempre polémico.

Iconos usados en este libro

Los iconos usados en este libro señalan temas importantes y te permiten dirigirte a aquellos que te interesen más. Toma nota de los siguientes iconos que te guiarán hacia la grandeza.

Si te interesa conocer los aspectos del ajedrez que pueden llevarte más allá del nivel elemental, este icono te indica la dirección correcta.

Se han escrito más libros sobre ajedrez que sobre todos los demás juegos juntos. Este icono señala unos pocos que posiblemente quieras leer, o incluso agregar a tu biblioteca especializada.

Este icono no sería necesario si el ajedrez no tuviera tantas buenas reglas generales. Al jugar, ten en mente las reglas prácticas para hacer las cosas bien. Te sorprenderá cuántas podrás memorizar y lo útiles que pueden ser.

Este icono indica consejos útiles: desde cómo jugar mejor hasta dónde encontrar más material sobre ajedrez.

Este icono te advierte de un peligro inminente que tal vez puedas evitar.

Hacia dónde seguir

Si no tienes absolutamente ningún conocimiento del juego del ajedrez, te sugiero que comiences desde el principio, por el capítulo 1. En caso contrario, recuerda que es perfectamente aceptable saltar de una parte del libro a otra más adelante o atrás, para ubicar los capítulos y las secciones que te parezcan más interesantes o útiles.

Ahora, ¡al ataque!

Parte I
Los cimientos

"NADIE TIENE TRES ALFILES EN EL TABLERO, ¡A MENOS QUE SEA UN JUGADOR TRAMPOSO Y MISERABLE!"

En esta parte...

En esta parte veremos cómo se dispone un
tablero y analizaremos las piezas y la manera
en que se mueven. También describiremos los
elementos fundamentales del ajedrez: los conceptos de material, desarrollo, espacio, estructura
de peones y seguridad del rey. Además, anticipa-
remos el final de la partida con la definición del
jaque, el ahogado y el jaque mate, y los mostraremos en una partida.

Capítulo 1

Los aspectos básicos del ajedrez

....

En este capítulo

- ► ¿De qué trata el ajedrez?
- ► Conocer el tablero de ajedrez
- ► Preparar el ejército

....

Si estás empezando a conocer el ajedrez, no te desesperes. La genética no determina la capacidad para jugar. Cualquiera puede aprender a jugar de manera aceptable una partida de ajedrez, y con el tiempo será fácil encontrar contrincantes para jugar. Si te satisface participar en una actividad mental fascinante y estimulante, una actividad con una historia rica a la cual dedicarle incontables horas de diversión, estás de suerte. Puedes jugar al ajedrez, créeme.

En este capítulo se define el juego y se analizan los puntos básicos para jugar y el material que se necesita.

Los fundamentos del juego

El ajedrez es un juego de tablero para dos personas; un jugador lleva las piezas blancas y el otro las piezas negras. Cada jugador tiene 16 piezas para maniobrar (en el capítulo 2 encontrarás la descripción de cada una de ellas). Los jugadores se van turnando para mover en busca del objetivo final, que es dar jaque mate al rey del adversario (aprenderás más sobre esta meta en el capítulo 4).

Debido a que el ajedrez tiene tantas reglas y a que todas las piezas tienen características y posibilidades diferentes, el juego presenta numerosos matices interesantes que debes tener presentes al jugar. Este libro cubre todos los aspectos del juego, así que si eres principiante encontrarás información suficiente para familiarizarte con el ajedrez; si ya sabes jugar pero quieres aumentar tus conocimientos, hallarás abundante información que te ayudará a hacerlo. En esta sección se presenta un sumario de lo que el libro ofrece a lo largo de los capítulos.

Los conceptos fundamentales

Los componentes de una partida de ajedrez pueden desglosarse en categorías fundamentales que se conocen como *elementos*. Un ejemplo es el elemento del tiempo, o desarrollo. El elemento de la fuerza, o material, es otro. Si un jugador despliega más fuerza con más rapidez que el otro, tal vez sea imposible que el segundo jugador se defienda contra una invasión futura. El primer paso en el desarrollo de un jugador es aprender cómo se mueven las piezas;

esto se aborda en el capítulo 2. Luego sigue una valoración de la importancia de los elementos del juego; todos los elementos del ajedrez se describen en el capítulo 3.

Los elementos son parte de lo que impulsa una partida al resultado final deseado: el *jaque mate*. No obstante, el jaque mate no siempre se produce: a veces una partida termina en *ahogado* o en *tablas*. También hay una situación llamada *jaque*, que es un ataque al rey. Si el rey no puede escapar del jaque, entonces el atacante ha logrado dar mate y la partida finaliza. Sin embargo, hay que señalar que poner al contrincante en jaque no significa necesariamente que el que lo haga gane: pueden darse muchos jaques en una partida y si el rey rival logra escapar de ellos es posible que se haya desperdiciado el tiempo. Estos tres finales se analizan en el capítulo 4.

Tener una ventaja en uno o más de los elementos del ajedrez no garantiza la victoria; no obstante, aumenta la probabilidad de éxito. Cuando ocurre el inevitable enfrentamiento de ejércitos contrarios, las posibilidades tácticas resultantes, por lo general, favorecen al que tiene las ventajas de los elementos. Estos enfrentamientos normalmente incluyen tácticas y combinaciones frecuentes, como las que se describen en el capítulo 5. La táctica decide el resultado de la mayoría de las partidas que se juegan en competición, así que una buena comprensión táctica y de las combinaciones básicas da frutos extremadamente buenos.

Una de las maneras en que una ventaja puede transformarse en victoria es mediante el sacrificio. Una partida de ajedrez es un proceso en el que constantemente se renuncia a algo para poder obtener otra cosa. Por ejemplo, tiene sentido que renuncies a parte de tu fuerza si eso te permite dar jaque mate al rey enemigo. El capítulo 6 brinda ejemplos de cuándo se justifican los sacrificios, y el capítulo 7 ilustra varias maneras habituales de dar jaque mate. Estos tipos de jaque mate aparecen con tanta frecuencia en las partidas de ajedrez que los jugadores los conocen como *patrones de mate*.

Patrones que hay que reconocer para tomar decisiones inteligentes

Una clave para jugar bien al ajedrez es la capacidad para reconocer patrones. Cuando uno identifica un patrón con el que está familiarizado, las jugadas correctas se manifiestan inmediatamente. El capítulo 8 te enseña a mejorar el reconocimiento de patrones en ajedrez.

Debido a la disposición inicial y a las limitaciones de las piezas en cuanto a sus movimientos, sólo el caballo puede moverse al principio de la partida, así que tienes que avanzar algunos peones para poder sacar las piezas. La ubicación de los peones determina con frecuencia la posición óptima de las piezas. Algunas *posiciones de peones*, o *formaciones de peones*, como también las conocen los ajedrecistas, se han producido en tantas partidas que tienen nombres propios. El capítulo 9 presenta algunas de las formaciones de peones más comunes y muestra que los peones determinan la mejor posición de las piezas.

También debes conocer los movimientos especiales; quizá tu adversario las desconozca, si es un principiante. Y para darte una ventaja –y una referencia para atajar cualquier discusión que pueda surgir después de hacer una de esas jugadas polémicas–, el capítulo 10 proporciona información sobre esas jugadas especiales.

Usualmente, llega un momento en el desarrollo de cada ajedrecista en que se queda estancado. O, a veces, un jugador ve una jugada de otro más experimentado y no la entiende. Llegados a este punto, para seguir avanzando se requieren los principios del juego o estrategias. El capítulo 11 brinda una introducción a la estrategia del ajedrez.

El carácter marcial del ajedrez es innegable, así como su atractivo para cualquier pacifista declarado. Aunque muchas estrategias de la guerra se aplican igualmente al ajedrez (divide y vencerás, por ejemplo), hay personas que obtienen un placer casi místico al jugar o ver una partida bien jugada. Los patrones bien conocidos pueden aparecer con un giro inesperado y deleitar al observador. Cuando alcances un nivel avanzado, descubrirás la armonía que reside bajo la superficie de las jugadas. Una jugada que rompa esa armonía se sentirá como una nota disonante en una melodía. Así que anímate, analiza la información que te brinda este libro y familiarízate con las piezas, sus posibilidades y con todos los aspectos emocionantes de este juego estratégico y creativo. A diferencia de lo que ocurre en las guerras reales, verás como en el ajedrez los golpes y maltratos sólo se los llevará tu ego.

Tres partes que forman un todo

Los jugadores dividen la partida de ajedrez en tres
fases –apertura, medio juego y final– para comprender mejor las diferentes exigencias de cada una, pero
tú tienes que considerar la partida como un todo. De
otro modo, jugar puede parecerse a comer comida
china con un sólo palillo.

Este es un desglose rápido de lo que implica cada fase
(hay un análisis detallado en los capítulos 12 a 14):

4 **La apertura:** El objetivo principal de las jugadas de la apertura es activar las fuerzas de
manera eficaz. El término *desarrollo* se refiere a
este tipo de activación, y se trata con más detalle en el capítulo 3.

4 **El medio juego:** Esta es la fase en la que los
ejércitos frecuentemente chocan. Los términos
táctica y *combinaciones* se usan con asiduidad
para describir estos enfrentamientos.

4 **El final:** Al llegar a esta fase los ejércitos ya
han mermado en fuerza pero ninguno de los
reyes ha sido objeto de jaque mate.

Diferentes maneras de jugar

Si perteneces al grupo de ajedrecistas a los que les
gusta medirse en torneos, debes saber cómo comportarte; por eso se trata el comportamiento en el
ajedrez en el capítulo 15.

No es necesario desplazarse para jugar al ajedrez
desde que existe la informática. El capítulo 16 te da

las claves sobre el ajedrez jugado contra programas de ordenador y, también, en Internet.

Un juego sobre el cual se puede escribir mucho

Comprender la notación de ajedrez es importante para subir de nivel, reproducir las partidas de otros jugadores, entender los comentarios (llamados *análisis*) de las partidas magistrales y registrar los propios enfrentamientos para la posteridad. La notación es una forma de taquigrafía que a primera vista puede parecer difícil, pero que en realidad es sumamente sencilla. El capítulo 17 te ayudará a aprender este lenguaje ajedrecístico a fin de que lo leas y escribas sin problemas.

Los útiles del ajedrez: un tablero y unas piezas en casa a mano

Si ya has decidido que el ajedrez es para ti, lo primero que necesitarás es un tablero y unas piezas. Es extremadamente útil tenerlos a mano al leer libros o artículos de ajedrez. Algunas personas se las arreglan bien sin ellos, así como hay quienes se aprenden de memoria poemas o reglamentos enteros (pero en general no son personas simpáticas).

A lo largo de este libro se incluyen numerosos diagramas para ayudarte a comprender el juego, pero no reemplazan ni las piezas ni el tablero reales; los diagramas sirven fundamentalmente para comprobar que no hay errores. Es recomendable que te hagas con un tablero y las piezas, y las dispongas tal como indican los diagramas. De esa manera tendrás una perspectiva real de las maniobras que se describen.

El tablero y las piezas correctos

El primer mareo para dar con un tablero de ajedrez y unas piezas es elegir entre los muchos tipos que hay. Existe una enorme variedad en tamaños, colores y calidades.

El nombre del diseño clásico, que se distingue por el aspecto de las piezas, es el Staunton (figura 1-1). Este diseño lleva el nombre del gran jugador inglés Howard Staunton y fue registrado en 1849. Se hizo tan popular que se adoptó como el único diseño permitido en los torneos oficiales. Si juegas con desconocidos y llevas piezas con un diseño diferente, supondrán que quieres ponerlos nerviosos usando piezas con las que no están familiarizados. Pero seguro que tú no quieres comenzar causando mala impresión.

Las piezas y los tableros de madera con el diseño Staunton son los preferidos en los niveles de competición más elevados, pero las piezas de un torneo típico pueden ser de plástico en blanco y negro. El tablero es generalmente de plástico con casillas de color crema y marrón. Es posible que te preguntes por qué no se usan casillas negras; es una pregunta sensata. La respuesta es que queremos evitar los dolores de cabeza, y fijar la vista en un tablero con mucho contraste no es recomendable. La excepción son los juegos en miniatura para viajes; en esos no importa mucho el color, porque se supone que uno no fijará la vista en ellos mucho tiempo, ¡especialmente si va conduciendo!

Si el precio no constituye un problema, las piezas y los tableros de madera son los mejores. Los tableros de madera son agradables a la vista, y el peso y la sensación que producen al tacto las piezas de madera son "en general" más satisfactorios que en el caso de las piezas de plástico.

Conocer el tablero

Después de conseguir el tablero y las piezas de ajedrez –que pronto se convertirán en objetos preciados–, el

Figura 1-1:
El juego clásico de piezas de ajedrez: el Staunton

Fotografía por cortesía de la Federación de Ajedrez de EE. UU.

siguiente paso es familiarizarse con ellos. Lo primero es comprobar que todas las *casillas*, o *escaques*, son del mismo tamaño, y que alternan entre dos colores (un color claro, normalmente blanco, y otro más oscuro). Los colores son importantes en el ajedrez (los alfiles están confinados en casillas de un sólo color; los caballos, cuando saltan, siempre van a casillas de color distinto del color de las casillas desde donde parten, y así sucesivamente); por eso los ajedrecistas insisten en que la casilla que está en la esquina inferior derecha debe ser blanca. Comienza por despejar el tablero y asegurarte de que está orientado en la dirección correcta frente a ti. El diagrama 1-1 muestra la posición correcta (si te pones este libro en las rodillas y miras el diagrama, tendrás una idea más exacta).

Recuerda que debe haber una casilla blanca en la esquina inferior derecha cuando estés frente al tablero. El error más común en los principiantes es poner el tablero en una posición incorrecta al principio de la partida. (Por cierto, Hollywood también comete este error con frecuencia. Cuando veas una posición de ajedrez en una película o en un video, fíjate si la casilla inferior derecha es blanca. Lo más probable es que no.)

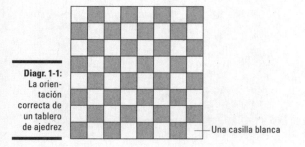

Diagr. 1-1:
La orientación correcta de un tablero de ajedrez

Una casilla blanca

Ten en mente estos datos mientras preparas el tablero de ajedrez:

4 Está formado por 64 casillas: 32 claras y 32 oscuras.

4 Es simétrico y cuadrado.

4 Tiene ocho *filas* y ocho *columnas* (y muchas diagonales).

Para facilitar la comprensión sobre la marcha de las piezas en el tablero, alguien tuvo la idea de crear una nomenclatura para filas y columnas; a lo largo de este libro se usan estas convenciones para indicar las piezas y casillas exactas a las que se hace referencia. En el capítulo 17 nos adentraremos más en la *notación*, que amplía estas convenciones de nomenclatura y te muestra cómo escribir las jugadas de una partida. En realidad no necesitas conocer la notación para disfrutar del juego, pero es útil dominar la terminología básica; en este libro podrás leer algo más de información para explicar las jugadas.

Cuáles son las filas

Las *filas* van de izquierda a derecha del tablero y se denominan con números. Cada tablero tiene ocho filas, que se numeran desde la parte inferior del tablero (donde comienzan las piezas blancas) hacia arriba (diagrama 1-2).

Cuáles son las columnas

Las *columnas* van de arriba a abajo en el tablero, y cada tablero tiene ocho columnas. Como se emplean números para indicar las filas, se usan letras para

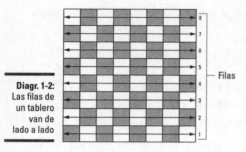

Diagr. 1-2:
Las filas de
un tablero
van de
lado a lado

Filas

indicar columnas, que se nombran de izquierda a derecha. El diagrama 1-3 muestra las columnas.

Las casillas individuales

La convención de nomenclatura para filas y columnas permite establecer la identidad de cada casilla usando lo que los ajedrecistas llaman el *método de la columna primero*. Por ejemplo, la casilla inferior derecha (que, como sabemos, es blanca) se llama *h1*. Este nombre es una abreviación para decir columna h, fila '1'. El diagrama 1-4 da el nombre de todas las casillas.

Para entender los nombres de las casillas individuales puede ayudarte pensar en el juego del bingo o en el de los barquitos; en ambos, cada cuadrado tiene una letra y un número. Por otra parte, los nombres pueden ser más fáciles de recordar si te sientas en el lado de las blancas. Por supuesto, en los barquitos sólo tú ves tus piezas y tienes que adivinar dónde están las de tu enemigo. En el ajedrez, en cambio, sabes donde están las piezas de tu contrincante; lo que tienes que adivinar es hacia dónde se van a mover.

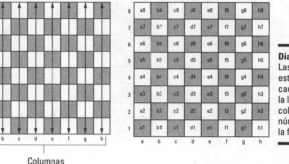

Diagr. 1-3: Las columnas de un tablero de ajedrez van de la parte superior a la inferior

Columnas

Diagr. 1-4: Las casillas están marcadas con la letra de la columna y el número de la fila

Deslizarse por las diagonales

Como era de esperar, también las diagonales tienen nombres. A diferencia de las filas y columnas, las diagonales se definen por sus casillas inicial y final. Por convención, cuando nombremos una diagonal, lo haremos partiendo siempre de la casilla que se encuentre en la fila inferior. Por ejemplo, el diagrama 1-5 muestra la diagonal 'h1'-'a8'. Las diagonales siempre están compuestas por casillas del mismo color: hay diagonales con casillas de color claro y diagonales con casillas oscuras, pero nunca con casillas de ambos colores.

Pieza por pieza: cómo poner las piezas en el tablero

Para representar un tablero de ajedrez de manera que cualquier persona pueda reconocerlo, no importa en

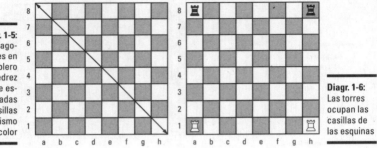

qué parte del mundo se encuentre, los ajedrecistas crearon un sistema en el cual a cada pieza se le asigna un símbolo. Cada pieza se puede representar por una abreviación de una letra o con un icono; en la tabla 1-1 se muestra una lista de todas las piezas y sus símbolos.

Tabla 1-1	Las piezas de ajedrez y sus símbolos	
Pieza	*Símbolo*	
Rey	♚	♔
Dama	♛	♕
Caballo	♞	♘
Alfil	♝	♗
Torre	♜	♖
Peón	♟	♙

Aquí se usan los símbolos de las piezas para mostrar cómo disponerlas en el tablero, y también se emplean a lo largo de este libro para mostrar diversas jugadas y posiciones. Tal vez te sea útil colocar las piezas en el tablero. Empieza con las esquinas. Las torres van en las casillas de las esquinas, como en el diagrama 1-6.

Luego vienen los caballos. Ponlos al lado de las torres (diagrama 1-7).

A continuación pon los alfiles en el tablero junto a los caballos (diagrama 1-8).

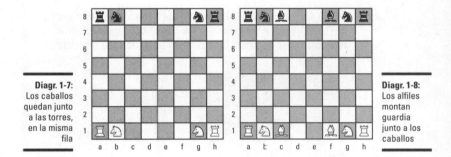

Diagr. 1-7: Los caballos quedan junto a las torres, en la misma fila

Diagr. 1-8: Los alfiles montan guardia junto a los caballos

Después de los alfiles llegan las damas. Tu tablero se debe ver como el del diagrama 1-9.

Las damas siempre se sitúan en una casilla de su mismo color: la dama blanca en una casilla de color claro y la dama negra en una casilla oscura.

Luego, sitúa los reyes junto a las damas (diagrama 1-10).

Por último, coloca los peones en la fila siguiente a las demás piezas, como se muestra en el diagrama 1-11.

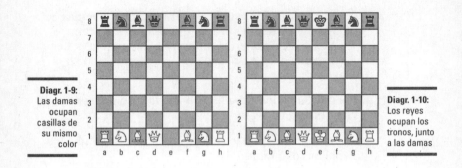

Diagr. 1-9: Las damas ocupan casillas de su mismo color

Diagr. 1-10: Los reyes ocupan los tronos, junto a las damas

Si has dispuesto el tablero de ajedrez siguiendo las instrucciones anteriores y ha quedado igual que en el diagrama 1-11, ya estás listo para jugar una partida.

Diagr. 1-11: Los peones van delante del resto del ejército

Los orígenes del ajedrez

Los verdaderos orígenes del ajedrez están ocultos por la niebla de la prehistoria, lo cual es bueno porque eso permite hacer todo tipo de afirmaciones sobre los inicios del juego sin temor a falsear la historia. Por la información que se tiene, la hipótesis más acertada es que el ajedrez, o un juego muy parecido a él, tuvo su origen en el norte de la India y, posteriormente, llegó a Europa a través de la China y Persia (actualmente Irán). El antiguo juego de la India estaba basado en los ejércitos indios y fue, sin duda alguna, un pasatiempo para sus soberanos.

Parece bastante cierto que aquel juego, lamado *chaturanga*, era muy parecido al actual ajedrez; se jugaba en un tablero de ocho por ocho casillas con seis clases diferentes de piezas. El ejército indio era conducido por el *rajá* (rey) y su consejero principal, el *mantri*, algunas veces llamado *vizir*, estaba compuesto por infantería, caballería, carros y elefantes, y todos esos soberanos y guerreros tenían su pieza correspondiente en el juego.

Durante su viaje a Europa, el juego cambió considerablemente y continuó cambiando hasta aproximadamente finales del siglo xv. Los cambios lo hicieron más familiar para los europeos que lo jugaban por aquel entonces. El rajá llegó a ser el rey; el mantri, la dama; la infantería, los peones; la caballería, los caballos; los carros, las torres; y los elefantes, los alfiles. Desde entonces el juego ha permanecido esencialmente invariable. En la actualidad, el ajedrez se juega en todo el mundo con las mismas reglas establecidas en Europa en el siglo xv, ahora bajo el control de la Federación Internacional de Ajedrez (FIDE).

Capítulo 2

Las piezas
y sus poderes

• •

En este capítulo

▶ Tan alto como una torre (si eres una hormiga)

▶ El alfil en las diagonales

▶ Besar la mano de la dama

▶ Una reverencia ante el rey

▶ Montar a caballo

▶ Saludar al peón (que en realidad no es una pieza)

• •

Tras años de enseñar a jugar al ajedrez a niños de la escuela primaria, creo que he encontrado la manera más fácil de presentar las piezas. Así que en este capítulo uso el mismo método. Comienzo con la torre porque su movimiento sencillo arriba, abajo y a los lados es fácil de entender. Luego sigo con el alfil porque también se mueve en líneas rectas y llega donde la torre no puede llegar. Los niños entienden estas ideas inmediatamente, y lo que funciona con los niños también sirve con la gente de más edad, ¿verdad?

Después de comprender los movimientos de la torre y el alfil, te será muy fácil entender el movimiento de la dama. La dama, para decirlo rápido, tiene los poderes combinados de la torre y el alfil. Y el rey sigue a su dama. Se mueve como ella, sólo que una casilla cada vez. Dejo el caballo y el peón para el final porque son los más difíciles de explicar.

Ten presente que el ajedrez es una ciencia cuando las piezas se consideran aisladas una de otra, pero se aproxima a un arte cuando se combinan entre sí. A todas las piezas les gusta la compañía, pero son caprichosas; a veces una dama y un caballo son felices juntos, y a veces no. No hay reglas fáciles que expliquen esa relación. Los genios del ajedrez parecen saber cómo hacer que las piezas funcionen juntas a la perfección, pero los demás tenemos que avanzar a tientas utilizando el método de ensayo y error. En el capítulo 3 se analizan de la misma manera los elementos del ajedrez: primero aislados y luego combinados.

Como si fuera un castillo: la torre

Se podría pensar que la torre es una parte de un castillo, pero no lo es. Históricamente, surgió del carro de guerra, una pieza que es rápida y fuerte, por lo tanto, de un valor considerable. La torre parece un poco más robusta que las demás piezas, lo que explica, en parte, que sea percibida como una pieza pesada (*véase* el recuadro "Los pesos pesados del ajedrez" en este capítulo).

Por supuesto, este aspecto del peso se puede exagerar. La torre está muy lejos de ser una pieza lenta y pesada, y el jugador que pone las torres en juego con más eficiencia, muy a menudo llega a ser el vencedor. Desafortunadamente esta pieza empieza la partida arrinconada en una esquina y, por lo general, tiene que esperar hasta que las demás piezas llegan a las casillas óptimas antes de que se le preste atención.

El diagrama 2-1 muestra en qué parte del tablero van las torres.

La torre tiene la libertad de moverse por tantas casillas como desee, pero sólo en líneas rectas arriba, abajo y hacia los lados, como indica la torre en 'd5' del diagrama 2-2a. Piensa en un carro; cuando adquiere velocidad, no es fácil hacerlo girar. ¿Recuerdas la película *Ben Hur*? La torre se mueve como los carros de esa película, pero sin las púas.

En el diagrama 2-2b se observa que la torre no puede moverse a una casilla ocupada por una pieza de su mismo color –en este caso la torre de 'f5'–, ni saltar sobre la torre y moverse a las demás casillas que quedan detrás de ella.

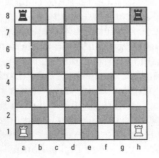

Diagr. 2-1: Al principio de la partida, las torres se apropian de las esquinas

Los pesos pesados del ajedrez

La torre y la dama a veces se denominan *piezas pesadas* o *mayores*, porque la torre y el rey, o la dama y el rey, pueden dar jaque mate a un rey enemigo (en el capítulo 4 se aborda el análisis del jaque mate). Las *piezas menores*, que son el caballo y el alfil, no pueden dar jaque mate a un rey enemigo sólo con la ayuda de su propio rey.

Diagr. 2-2: Una torre puede desplazarse por tantas casillas como desee a menos que otra pieza o peón esté bloqueándola

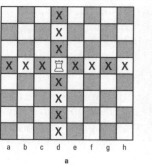

a

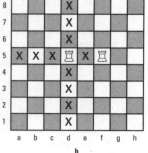

b

En el diagrama 2-3a, una torre blanca y una torre negra están listas para la batalla. La torre blanca no puede moverse más allá de la torre negra en esa fila, pero puede capturarla (o comérsela, o matarla, como también se dice); esto se hace quitando la pieza negra y ocupando su lugar con la torre, como se ve en el diagrama 2-3b. (En notación de ajedrez, esta maniobra se escribe: 1 Txf5; los detalles sobre la notación se explican en el capítulo 17). Esta propiedad es la misma para el resto del ejército del ajedrez. Pero no es obligatorio matar una pieza siempre que se presente la oportunidad; esto no es el juego de las damas.

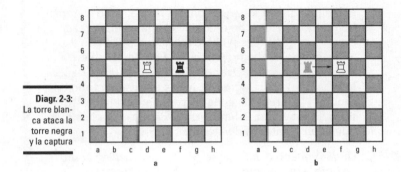

Diagr. 2-3:
La torre blanca ataca la torre negra y la captura

Cuando los jugadores novatos descubren el poder de la torre, a veces deciden mover al principio de la partida los peones que están delante de las dos (se conocen como los *peones de torre*). Esta acción tiene la ventaja de aumentar el espacio de que dispone la torre pero suele ser una manera poco eficiente de iniciar la partida. La torre debe retirarse cuando la ataca un peón, un caballo o un alfil enemigo porque es demasiado valiosa para perderla a cambio de uno de ellos. Entonces, cuando las piezas enemigas avanzan con fuerza, se pierde tiempo arrastrando la torre de aquí para allá. La mejor estrategia es mover un número mínimo de peones, sacar las piezas menores (caballos y alfiles) y sólo entonces seguir con las torres.

Uno que presume de tener una figura esbelta: el alfil

El alfil tiene la cintura esbelta para poder deslizarse entre las casillas a lo largo de las diagonales; en realidad no sé por qué lo idearon con esa forma, pero siempre he tenido esa idea. Se dice que el alfil es una *pieza menor* porque no es posible dar jaque mate con un alfil y el rey. Adelante, pon las piezas en el tablero e inténtalo (tal vez revisar el capítulo 4 antes de hacerlo te ayude). Si lo logras, te harás famoso en todo el mundo y aparecerás en la próxima edición de este libro. El diagrama 2-4 muestra los alfiles y su posición inicial en el tablero de ajedrez.

Un alfil puede desplazarse por tantas casillas como se quiera, pero sólo a lo largo de las diagonales y si no hay una pieza en el camino. Si la pieza que se interpone es enemiga, por supuesto el alfil puede capturarla y ocupar su lugar.

El diagrama 2-5a indica algunos movimientos posibles del alfil. Al contrario de la torre, el poder de ataque del alfil depende de donde se encuentre la pieza en el tablero, y, en último término, de su movilidad o *alcance*, que dicho de manera sencilla es el número de casillas a las que puede moverse. El alfil ataca más casillas cuando se encuentra en el centro del tablero,

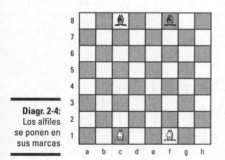

Diagr. 2-4:
Los alfiles
se ponen en
sus marcas

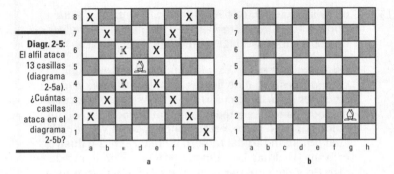

Diagr. 2-5:
El alfil ataca
13 casillas
(diagrama
2-5a).
¿Cuántas
casillas
ataca en el
diagrama
2-5b?

de manera que es más poderoso cuando se ubica ahí. Desafortunadamente, ahí también se le puede atacar con mayor facilidad. En el diagrama 2-5a se aprecia que el alfil tiene a tiro 13 casillas ¿Cuántas tiene en el diagrama 2-5b? La respuesta correcta es 9, sin contar la casilla que ocupa.

Al observar el tablero te darás cuenta de que algunas diagonales son más largas que otras. Las diagonales que cruzan el centro del tablero son más largas que las que se acercan a las esquinas de color contrario. Debido a que al alfil no le gusta el combate cuerpo a cuerpo, con frecuencia los jugadores lo colocan en una diagonal larga, como en el diagrama 2-5b.

El alfil también tiene una restricción de movilidad natural y única: si empieza en una casilla blanca, debe permanecer siempre en las casillas blancas, y si comienza en una casilla oscura, se mantendrá fiel a las casillas oscuras. El alfil está limitado a su color desde el principio; la mitad del tablero es territorio prohibido. Por esa razón, los ajedrecistas hablan de conservar la pareja de alfiles. En equipo, los alfiles pueden, en teoría, cubrir todo el tablero. Sin embargo, nunca podrán acudir directamente en ayuda del otro alfil y nunca compensarán la pérdida de su camarada.

Esta cualidad es tan extraordinaria que existe una categoría especial de finales de ajedrez llamada *final de alfiles de distinto color*. Este final se produce cuando cada bando se queda con un alfil, cada uno de un color, y, por lo tanto, están condenados a vagar cada cual por su mitad del tablero. El diagrama 2-6 ilustra este tipo de final. Los alfiles están muy cerca uno de otro (lo suficiente para hacerse señales), pero nunca lo bastante cerca para capturarse.

El alfil, como la torre, puede ser bloqueado por su propio ejército. De hecho, la posición menos deseable del alfil es detrás de los peones de su propio color. Los peones son las piezas con menor movilidad y pueden hacer que el alfil sea casi impotente, como se muestra en el diagrama 2-7a. Un alfil bloqueado con asiduidad detrás de sus propios peones se denomina *alfil malo*. También es posible que los peones enemigos limiten la movilidad del alfil, como en el diagrama 2-7b.

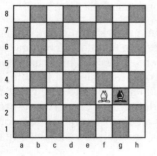

Diagr. 2-6:
El final de alfiles de distinto color, que a nadie deja satisfecho

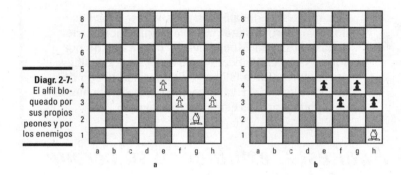

Diagr. 2-7:
El alfil blo-
queado por
sus propios
peones y por
los enemigos

a

b

Sin embargo, limitar un alfil con peones no siempre funciona, porque el alfil puede capturar uno de los peones enemigos; puedes ver cómo en los diagramas 2-8a y 2-8b (1 Axf3).

Cuando pienses en usar tus peones para limitar la movilidad de un alfil contrincante (no abuses de esto y no lo hagas si vas a encerrar a tus propios alfiles), será mejor que te asegures de que los peones estén bien defendidos.

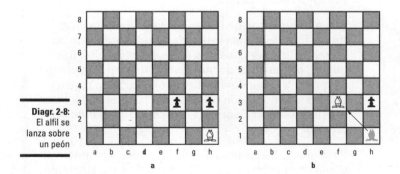

Diagr. 2-8:
El alfil se
lanza sobre
un peón

a

b

Las maniobras del alfil son relativamente fáciles de dominar, pero sus ataques a larga distancia suelen dejarte aturdido. Muchas veces me ha cogido por sorpresa un contrincante al hacer saltar sus alfiles desde una punta a la otra del tablero. El hecho de que los alfiles del rival no estén cerca de tus piezas no significa que no estén atacándolas.

Aquí está, exhibiendo su corona puntiaguda: la dama

La pieza más poderosa es la dama, también llamada reina. El poder de una pieza se relaciona directamente con su movilidad, y la dama es la pieza más móvil de todas. Pero aunque es la más poderosa de las piezas, debe ser muy cuidadosa al trabar combate con las fuerzas enemigas. Si se le ataca con torres o piezas menores, con frecuencia habrá de retirarse, o perecerá. Trata a la dama con guantes de seda.

El diagrama 2-9 indica dónde se ubican las damas al principio de la partida.

Los movimientos de la dama son la combinación de los movimientos verticales y horizontales de la torre con los movimientos diagonales del alfil. Básicamente, la dama puede moverse tantas casillas como se quiera y en cualquier dirección. Su única restricción es que no puede saltar sobre las piezas. La dama captura una pieza enemiga tomando su lugar en el tablero.

Para que te hagas una idea de su poder, pon una dama en el centro de un tablero vacío (una situación que nunca ocurrirá si estás jugando al ajedrez). Ubicada en el centro del tablero, la dama domina 27 casillas y puede moverse en ocho direcciones diferentes, como se ve en el diagrama 2-10.

La dama ataca menos casillas cuando se pone en un lado del tablero, así que en ese caso su poder se reduce ligeramente. Sin embargo, es demasiado peligroso poner la valiosa dama en el centro del tablero muy pronto en el desarrollo de la partida, cuando cualquier pieza del ejército enemigo puede atacarla. Verás que los maestros del ajedrez suelen situar la dama en una posición más conservadora al principio y esperan para ubicarla en el centro más tarde, cuando se haya simplificado la situación y el peligro para ella se haya reducido.

La dama no sólo es la pieza más poderosa y peligrosa, también es la más valiosa. Colocarla en posiciones en que pueda ser atacada con facilidad no está bien visto. Deja que tus otras piezas y peones libren la primera parte de la batalla y pon en juego la dama después de que se asiente algo el polvo de la lucha.

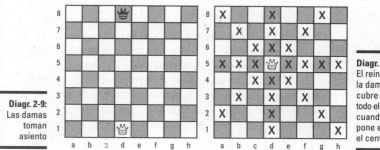

Diagr. 2-9: Las damas toman asiento

Diagr. 2-10: El reino de la dama cubre casi todo el tablero cuando se pone en el centro

Si tu adversario lleva su dama a tus dominios, no te asustes, probablemente es un error. Busca maneras de mover tus piezas de modo que ataquen la dama expuesta y la obliguen a retirarse.

El de la corona incompleta: el rey

El rey no es la pieza más poderosa del ajedrez (esa categoría es la de la dama), pero es la más importante (en los juegos convencionales suele ser la pieza más alta). El rey cuando lo atacan debe defenderse. Si lo atacan y no hay defensa, entonces le han dado jaque mate... y la partida se ha acabado (consulta el capítulo 4 para informarte sobre el jaque mate). Pero, en realidad, nunca se captura al rey; sólo se le obliga a rendirse. Tal vez hayan muerto miles en el campo de batalla, pero la realeza respeta a la realeza. No olvides que el rey puede capturar otras piezas y, como las demás, debe ocupar la casilla de la pieza o peón enemigo que captura.

El diagrama 2-11 muestra en qué parte del tablero se sitúa el rey al principio de la partida.

El rey puede desplazarse una casilla en cualquier dirección, excepto cuando se *enroca*, movimiento que sólo puede hacer el rey una vez por partida (esta jugada especial se explica en el capítulo 10). Es posible que los reyes nunca se acerquen demasiado uno al otro, pero si lo hacen deben guardar las distancias (al menos debe mediar entre ellos una casilla), porque un rey nunca puede poner en jaque a otro. Los posibles movimientos del rey se ilustran en el diagrama 2-12.

Quizá pensabas que un rey se pondría a la cabeza de sus tropas en una batalla, pero en el ajedrez esa analogía no funciona del todo: el rey, normalmente, se esconde en una esquina detrás de los peones hasta que no hay peligro en salir. En general, cuando el rey se pone en marcha, ha comenzado el *final* (cuando la mayoría de las piezas han sido capturadas). Durante esa fase de la partida, el rey puede ser muy poderoso y tienes que pensar en llevarlo al centro; pero si quieres saber cuál es el secreto de la derrota, acércalo a la parte central del tablero durante el medio juego (revisa los capítulos 13 y 14 para conocer más detalles sobre estrategia en final y medio juego).

Al galope con formación en L: el caballo

El caballo es una pieza ágil y suele ser preciso practicar un poco para llegar a sentirse cómodo con sus

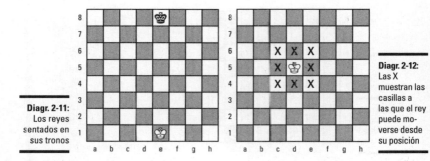

Diagr. 2-11: Los reyes sentados en sus tronos

Diagr. 2-12: Las X muestran las casillas a las que el rey puede moverse desde su posición

movimientos. Como sugiere su forma, deriva de la caballería de los antiguos ejércitos. Debido a que no es posible dar jaque mate sólo con el caballo, se considera una pieza menor, al igual que el alfil, si bien tiene poderes muy diferentes de este. Al contrario del alfil, que es una pieza de largo alcance, al caballo le encanta el combate a corta distancia y, por lo general, es la primera pieza que sale de la última fila y la primera que entra en contacto con el ejército enemigo. ¡El caballo está desbocado y listo para el combate!

El diagrama 2-13 muestra el lugar inicial de los caballos.

Asocio el caballo con la figura de un caballero medieval, montado sobre su rocín y empuñando una lanza. No puede arrojar la lanza muy lejos, pero si los infames se acercan demasiado tal vez salgan heridos. Curiosamente, si un enemigo esquiva la lanza y se acerca mucho al caballero, este queda desarmado; El caballero debería desmontar, dejar caer la lanza y sacar una espada para luchar cuerpo a cuerpo, pero esto toma demasiado tiempo y, además, infringe las reglas del ajedrez. Por extraño que parezca, aunque

Diagr. 2-13:
Los caballos
comienzan
aquí

el caballo es una pieza fuerte de ataque, no puede controlar las casillas adyacentes.

La manera más fácil de comprender el movimiento del caballo es pensar en una L en cualquier dirección. Dos casillas en una dirección y una casilla en dirección perpendicular a la anterior. Mata exactamente de la misma manera que las demás piezas –reemplaza la pieza o peón que ocupa la casilla a la que llega– pero no puede comerse las piezas que salta. El diagrama 2-14a ilustra a dónde se puede mover el caballo desde el centro del tablero. El caballo domina ocho casillas cuando se coloca en el centro del tablero, mucho más de las dos que puede vigilar cuando está en una de las esquinas, como indica el diagrama 2-14b.

Ten presente que el caballo debe moverse siempre a una casilla de diferente color del escaque que ocupa; esa alternancia entre colores no ocurre con ninguna otra pieza. Si está en una casilla blanca, debe moverse a una casilla negra y viceversa.

El caballo es mucho más eficaz si está en el centro del tablero o ubicado de manera que ocupe o ataque

Diagr. 2-14:
Los posibles movimientos del caballo, desde el centro y desde una esquina

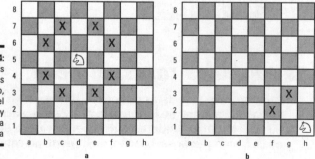

una de las cuatro casillas centrales. Al contrario de lo que ocurre con las otras piezas, para las cuales esta regla general también es válida, le encanta estar en el medio de la acción y se ve obligado a retirarse sólo cuando lo ataca el humilde peón. De otro modo, el caballo se aferrará a su terreno y tratará de capturarlo. Para el caballo es un honor galopar a la carga en la batalla y no le gusta mirar mientras otros asumen esa responsabilidad.

El poder verdaderamente único de esta pieza es su capacidad de saltar sobre las otras, ya sean propias o enemigas. De hecho, es la única que puede salir de la primera fila al principio de la partida sin una jugada previa de un peón que deje el camino expedito, como se ilustra en el diagrama 2-15.

El caballo simplemente salta sobre este peón

Diagr. 2-15: Un caballo salta sobre un peón

Los soldados rasos: el peón

Aunque los ajedrecistas a veces se refieren a las piezas del ajedrez de forma colectiva como *piezas*, en realidad no consideran que el peón sea una de ellas. Si uno pierde un caballo, dice "perdí un caballo"

o "perdí una pieza", pero si pierde un peón, no dice
"perdí una pieza", sino "perdí un peón". ¿Por qué?
Porque así hablan los ajedrecistas. Los peones
son sólo peones, pero cada bando tiene muchos.
El diagrama 2-16 muestra cómo se colocan los peones
al principio de la partida.

Los peones son la infantería del ajedrez. Seguro
que sabes cómo se suele tratar a la infantería, cuyo
poder es muy limitado. El peón únicamente puede
desplazarse una casilla hacia adelante, excepto en su
primer movimiento, cuando tiene la opción de avanzar una o dos casillas, siempre adelante; No puede
moverse hacia atrás o hacia los lados; sólo hacia
adelante. El diagrama 2-17 muestra las opciones para
los peones blancos en la línea de salida.

El peón, a diferencia de las piezas, captura de modo
diferente a la forma en que se mueve: en diagonal,
una casilla hacia adelante y a uno o al otro lado; no
obstante, también ocupa el lugar que tenía la pieza
que mata, al igual que hacen las demás piezas del
ajedrez. El diagrama 2-18 ilustra la capacidad de captura del peón.

Diagr. 2-16:
Los peones
se alinean
para la
batalla

Diagr. 2-17:
En la apertu-
ra los peones
blancos pue-
den moverse
a las casillas
marcadas
con X

Diagr. 2-18:
El peón blanco puede capturar un enemigo en cualquiera de las casillas marcadas con X

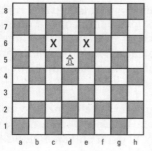

En el diagrama 2-19a, un peón enemigo ocupa una de las casillas que el peón blanco puede atacar. El diagrama 2-19b muestra que el peón blanco captura el peón negro (aunque el peón negro podría haber capturado el blanco si fuera el turno de las negras).

Si no hay un miembro del ejército enemigo que ocupe la casilla que queda justo delante del peón, entonces este podrá avanzar. Si una pieza u otro peón está delante de él y, además, las casillas donde puede comer están vacías, el peón queda inmovilizado; los ajedrecistas dicen que el peón está *bloqueado*. En

Diagr. 2-19:
Combate de peones: el blanco se come al negro

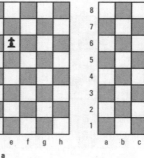

a

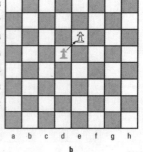

b

Los peones: el alma del ajedrez

Aunque el peón es la más humilde de las piezas, hay quienes los han llamado el alma del ajedrez. A eso se refería el gran maestro François-André Danican Philidor (1726-1795) cuando aseveró: "Los peones son la vida misma del juego". Este honor se debe a varios factores:

4   En un juego de piezas de ajedrez hay tantos peones como todas las otras piezas juntas.

4   Los peones pueden determinar si las demás piezas tienen espacio para maniobrar.

4   Ninguna pieza quiere intercambiarse por un simple peón, así que las otras tienen que retroceder o moverse a su alrededor.

4   Los peones no pueden moverse hacia atrás, así que cada jugada es un compromiso definitivo y debe iniciarse sólo después de meditarlo bien.

el diagrama 2-20, los peones en 'd5' y 'd6' están bloqueados entre sí.

Cuando dos peones están bloqueados entre sí como en el diagrama 2-20, deberás intentar traer otro peón para ayudar. Esta estrategia es muy común y se conoce como *ruptura*. Es fácil deducir que se emplea ese término porque el segundo peón intenta romper el cierre para liberar al primero. El diagrama 2-21 ilustra una ruptura.

Para visualizar la situación anterior me es útil pensar en un soldado de infantería con una lanza y un escudo

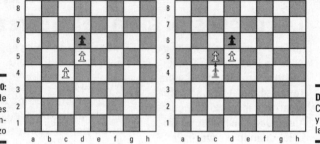

Diagr. 2-20:
Un par de
peones
tienen un en-
contronazo

Diagr. 2-21:
Camaradería
y bravura:
la ruptura

enorme. El escudo está delante del soldado de infantería, de modo que sólo puede arrojar la lanza a
la izquierda o a la derecha del escudo pero no hacia
adelante. El soldado necesita un compañero que venga
en su ayuda.

Con el avance del segundo peón, ahora dos de los
peones pueden capturarse entre sí, algo conocido
como *tensión*. Si el peón negro captura el peón blanco,
el otro blanco queda libre para avanzar. Con frecuencia la ruptura se usa para abrir una posición que está
bloqueada; esta técnica se ve una y otra vez en las
partidas magistrales.

Debido a que es fácil detener en seco los peones, los
ajedrecistas han aprendido que son más peligrosos
cuando están uno al lado del otro. De esta manera,
ambos peones (o *pareja de peones*) pueden proteger
la casilla que está delante de la de su compañero. Al
ayudarse entre sí, ambos peones ganan movilidad y
su influencia en la partida crece.

Tienes que aprender unas cuantas cosas más sobre
los peones, pero no se estudiarán en este capítulo.

La promoción de peones y lo que se llama *capturar al paso* se describirán en el capítulo 10, que aborda las jugadas especiales. Considerar los peones como un todo es examinar lo que se conoce como la *estructura de peones*; este concepto se analizará en detalle en el capítulo 3. También se dedica un capítulo entero a las estructuras de peones que se relacionan con aperturas especiales. Si lees el capítulo 9 aprenderás mucho sobre las *formaciones de peones*.

Capítulo 3

Los elementos del ajedrez

• •

En este capítulo

▶ Comprender el concepto de espacio

▶ Cómo obtener ventaja material

▶ Mirar el reloj durante el desarrollo

▶ Mantener seguro al rey

▶ Ubicar los peones en una buena posición

• •

*E*n ajedrez, los conceptos de espacio, material, desarrollo, seguridad del rey y estructura de peones son los elementos básicos del juego. Comprender cada elemento por separado aumentará considerablemente tu nivel de juego. Por supuesto, de uno en uno son más fáciles de entender que combinados.

Sin embargo, los elementos están en constante interacción, como los componentes de una mezcla en una reacción química. En ocasiones un elemento tiene mayor relevancia que el resto; otras veces existe un equilibro dinámico entre todos ellos. Cuando comprendas la relación de cada elemento con los demás en cualquier posición dada, estarás más cerca del dominio del ajedrez.

En este capítulo veremos esos elementos, primero de forma individual y luego relacionados entre ellos.

Acaparar el tablero: el espacio

Tal vez el espacio sideral sea la última frontera para el ser humano, pero en el mundo del ajedrez es un elemento esencial. En realidad, en ajedrez se trata de conquistar el espacio. Cuando ambos jugadores están en iguales condiciones en todo, el que domina más espacio controla la partida. Mover las piezas es más fácil cuando se dispone de espacio que cuando se carece de él. Sin espacio, casi nunca se pueden poner las piezas en el lugar correcto en el momento adecuado. Imagínate cuán difícil sería tratar de recorrer un campo de batalla lleno de obstáculos y de soldados que todo el rato te cierran el paso y te impiden avanzar.

La batalla por el espacio es más violenta en el centro del tablero. Controlar las casillas 'e4', 'e5', 'd4' y 'd5', así como las casillas adyacentes a ellas, equivale a conquistar la parte más alta del terreno durante una escaramuza.

Evitar quedarse sin casillas

Los ajedrecistas dicen que están *restringidos* o *asfixiados* si están perdiendo la batalla por el espacio; así, por ejemplo, si tu adversario maniobra de tal manera que todo tu ejército se ha visto obligado a permanecer en una esquina, entonces estás ahogado. Cualquier maniobra que te asegure una ventaja espacial y limite el espacio de tu oponente es una *maniobra de asfixia*. Y su opuesta, una *maniobra liberadora* es una ·maniobra que recupera espacio.

Obtener el control

El espacio es poco más que el número de casillas que dominas. Esto se refiere al número de casillas que estás atacando (no necesariamente ocupando) con tus piezas y peones (las casillas *atacadas* son aquellas a las que tus piezas o peones podrían moverse en la siguiente jugada). Si tu oponente ataca las mismas casillas, entonces esas casillas están *en disputa* –y no bajo tu dominio exclusivo– y ninguno de los dos puede reclamarlas como suyas.

Incluso si una casilla está en disputa, puedes usar una sencilla regla aritmética para determinar qué bando tiene más probabilidades de someterla. Cuenta el número de piezas por bando que atacan la casilla. Aquel que disponga de más tiene mayores probabilidades de obtener el control.

Usar estrategias de espacio

Cada contendiente comienza la partida con la misma cantidad de espacio. En este punto, ningún jugador controla casilla alguna en la mitad del tablero que le corresponde al contrincante. Debido a que las blancas tienen el beneficio de la primera jugada, casi siempre obtienen ventaja espacial, de forma temporal, mediante el avance de un peón o pieza a una casilla desde donde pueda atacar y controlar casillas en la otra mitad del tablero. El diagrama 3-1 ilustra la jugada más frecuente de apertura (1 e4); el capítulo 17 te ayudará, si lo necesitas, a descifrar la notación.

Si ya sabes cómo se mueven los peones, verás que el de 'e4' ataca ahora dos casillas en el lado del tablero del contrincante. Estas casillas, 'd5' y 'f5', se muestran en el diagrama 3-2 (si quieres recordar cómo atacan y cómo se mueven los peones, lee el capítulo 2).

Por lo general, pero no siempre, las negras responden con una jugada que nivela el juego en la lucha por el espacio. Esta acción y reacción se designa a veces como *equilibrio dinámico del ajedrez*, que es una manera elegante de decir que normalmente un lado puede restablecer la igualdad inicial cuando llega su turno. Por ejemplo, las negras pueden mover en la siguiente jugada –con los mismos resultados– el peón de rey a 'e5' (diagrama 3-3).

Observa cómo las blancas obtienen ventaja espacial después de la primera jugada, pero las negras resta-

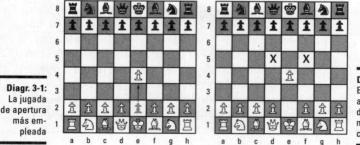

Diagr. 3-1: La jugada de apertura más empleada

Diagr. 3-2: El peón ataca las dos casillas marcadas con X

blecen inmediatamente la igualdad. Debido a que las blancas mueven primero, la idea es jugar de tal modo que las negras no puedan, simplemente, copiar las jugadas de las blancas. De esta manera, las blancas tratan de obligar a las negras a hacer una concesión y obtener una ventaja duradera. Si las negras pudieran copiar siempre las jugadas de las blancas, la partida terminaría en tablas. En el capítulo 12 se presenta un ejemplo de cómo responder a la *estrategia del hombre-mono* –es decir, aquella en la que las negras copian continuamente las maniobras de las blancas– en la apertura conocida como Defensa Pétrov.

El espacio es más importante en las fases de apertura y medio juego que en el final. Esta idea es cierta porque, por definición, hacia el final quedan menos piezas en el tablero. No es frecuente quedarse sin casillas en el final por la acción de un puñado de piezas cuando sólo quedan unas cuantas, y hay que ser bastante torpe para tropezarse con las propias.

La clave para controlar el espacio en la apertura es dominar el *centro*. En el diagrama 3-4 se indican las casillas centrales clave.

Diagr. 3-3:
Las negras responden del mismo modo y atacan las dos casillas marcadas con X

Diagr. 3-4:
Las X marcan las casillas del centro

Las leyes del espacio

A continuación se ofrece un lista con las leyes del espacio. No es necesario que las memorices. Ningún maestro de ajedrez lo hace. Sólo familiarízate con estos conceptos generales; pronto los aplicarás sin pensar.

4 Usa los peones centrales para ganar espacio en la apertura.

4 Invade sólo si puedes apoyar las piezas.

4 Controla el centro antes de atacar por los *flancos* (lados del tablero).

4 No dejes los alfiles encerrados detrás de tus propios peones.

4 Si tu adversario no dispone de espacio, trata de evitar jugadas liberadoras que le den contrajuego.

4 Cambia piezas para obtener espacio en una posición apretada.

4 Si tu rival está atacando en un flanco, contraataca en el centro.

4 Durante el final, analiza la posibilidad de llevar al rey al centro del tablero.

La estrategia de apertura más común del ajedrez consiste en maniobrar con las piezas menores (alfiles y caballos) y los peones centrales, a fin de controlar las cuatro casillas centrales y atacar el territorio enemigo. El poder de las piezas menores aumenta cuando se llevan hacia el centro. Si puedes situar tus piezas en el centro e impedir que tu oponente haga lo mismo, lograrás mayor dominio central y cierta ventaja espacial, y tus piezas se harán más fuertes que las del enemigo. En el diagrama 3-5, las blancas han movido peones y caballos para controlar el centro. Las negras han estado ocupadas moviendo los peones en

Diagr. 3-5:
Las blancas están ganando la batalla gracias a que dominan el centro

las columnas a y h y andan rezagadas en la batalla por el espacio.

Recuerda que el ajedrez no es un juego estático: no sólo es importante alcanzar superioridad espacial, sino también mantenerla. Tener una o dos piezas en el territorio enemigo es de poco provecho si están aisladas del resto de tus tropas. Debes mantener abiertas las líneas de suministro e invadir sólo cuando puedas apoyar adecuadamente las piezas avanzadas.

Para que entiendas mejor el concepto del control central, piensa en el viejo lema "divide y vencerás". Si divides el ejército de tu contrincante en dos campamentos separados, podrás llevar una parte decisiva de tus fuerzas a la zona que te interese antes de que lleguen refuerzos.

Obtener el máximo provecho: el material

Naturalmente, algunas piezas de ajedrez son más poderosas que otras. El elemento de _material_ tiene que ver con la fuerza relativa de las piezas.

La superioridad material puede ser decisiva cuando los demás elementos están equilibrados. Si puedes ganar un peón, lo normal es que puedas hacerte con otro, o bien obligar a tu rival a hacer más concesiones. Una ventaja material de sólo un peón suele ser decisiva en las partidas entre maestros. Por regla general, una torre de ventaja es suficiente para ganar, incluso en el caso de jugadores sin experiencia.

El valor de los peones y de las piezas

Los ajedrecistas intentan cuantificar el poder de las piezas asignándoles un valor numérico. El peón es la unidad básica del ajedrez y se le asigna uno como valor numérico. Las otras piezas se valoran en proporción a su importancia. Por lo tanto, si un peón vale un punto, un caballo vale más: tres puntos. En otras palabras, pierdes dos puntos en el elemento de material si intercambias un caballo por un peón. Debes capturar tres peones enemigos (o un caballo) para compensar la pérdida de un caballo. En el recuadro "Los alfiles y los caballos no son iguales" se explica por qué el cambio de alfil por caballo no siempre es recomendable. La tabla 3-1 muestra los valores relativos de las piezas. Hay que puntualizar que no tiene sentido asignar un valor al rey porque su pérdida significa la pérdida de la partida.

Tabla 3-1	Los valores relativos de las piezas de ajedrez
Pieza	*Valor*
Peón	1
Caballo	3
Alfil	3
Torre	5
Dama	9

Las piezas ganan o pierden poder dependiendo de la posición.

Tener un peón avanzado en el corazón del territorio enemigo puede ser más importante que tener un caballo arrinconado en una esquina. Es posible que un alfil bloqueado detrás de los peones propios no valga ni una fracción mínima de lo que vale un caballo libre.

Estos valores son relativos y pueden cambiar muchas veces en el transcurso de la partida. Sin embargo, recordar el valor relativo de las piezas cuando estás pensando en cambiarlas por otras es una guía útil. Si renuncias a una torre o a la dama por un peón, será mejor que tengas una buena razón.

Adoptar estrategias de material

Una buena regla es intercambiar piezas cuando tienes ventaja de material. Esta estrategia se conoce como *simplificación*. Por ejemplo, si tienes un peón extra, pero tanto tú como tu oponente tienen un alfil, suele

Los alfiles y los caballos no son iguales

Aunque se considera que el alfil y el caballo tienen igual valor relativo, con el tiempo los maestros del ajedrez han ido valorando un poco más a los alfiles. Algunas personas asignan al alfil un valor de 3,25 puntos.

Conseguir que la pareja de alfiles controle las casillas claras y oscuras es especialmente importante. En equipo, los alfiles son normalmente más poderosos que dos caballos o que un caballo más un alfil.

ser más fácil ganar si cambias los alfiles y juegas el resto de la partida sólo con reyes y peones.

La superioridad material adquiere mayor importancia a medida que se acerca el final. Una ventaja de un sólo peón tal vez signifique poco en la apertura, pero puede ser decisiva en el final. Esta estrategia ilustra cómo puedes obligar a tu oponente a hacer más concesiones. Si sigues proponiendo cambios de piezas y tu oponente los rechaza, él se verá obligado a retirarse. ¿El resultado? Además de la ventaja de material, tendrás también ventaja espacial.

Puesto que el bando que tiene ventaja material es el que busca la simplificación, lógicamente si no tienes ventaja material debes evitar cambiar piezas.

La pérdida intencionada de material a cambio de obtener ventaja en otro elemento se conoce como *sacrificio*. Los sacrificios son muy apreciados por los ajedrecistas porque saben que si no obtienen una ventaja inmediata, a la larga acabarán pagando las consecuencias. Cuanto más cerca el final, más importante se vuelve el material que se posea de ventaja. Y así como algunos ajedrecistas consideran el sacrificio como un acto de valentía, otros piensan que es temerario. Suele ser muy útil observar cómo los ajedrecistas arriesgan o conservan su material. El capítulo 6 aborda los tipos de sacrificio más comunes en el ajedrez.

CONSEJO

El material sí importa

Los siguientes puntos respecto al material pretenden ser pautas indicativas y no reglas rígidas. Cada vez que los ajedrecistas tratan de crear un dogma, aparece un tipo listo y lo desmonta. De todos modos, puede serte útil reflexionar sobre los conceptos que se presentan aquí.

4 Cuando tengas ventaja material, fuerza los cambios y pasa al final. ¡Simplifica!

4 Abre columnas y diagonales cuando sea posible, a fin de usarlas para entrar en combate con el enemigo y obligarlo a hacer más concesiones.

4 Si tu rival te come una pieza, conviene, casi siempre, que intentes restaurar el equilibrio capturando una de las suyas.

4 Siempre que puedas, gana material sin hacer otras concesiones.

4 El material suele ser más importante que los otros elementos, así que captura si puedes, a menos que tengas una razón de peso para no hacerlo.

4 Si tienes desventaja material, evita los cambios de piezas, pero no seas pasivo. Debes atacar.

Llevar las tropas a sus mejores puestos en el menor tiempo posible: el desarrollo

El *desarrollo* es el elemento relacionado con el tiempo. En el ajedrez, los jugadores mueven por turnos y no es posible pasar ni renunciar a un turno, así que es preciso hacer un movimiento cada vez que nos toca jugar. Sin embargo, no todas las jugadas son iguales, y sólo las que contribuyen a aumentar la movilidad de las piezas son *jugadas de desarrollo*. En la práctica, casi cada vez que una pieza sale de su casilla original se está haciendo una jugada de desarrollo.

Lo mejor es usar el elemento del tiempo a fin de emplazar las piezas en casillas efectivas de manera tan eficiente como sea posible. Mover una pieza por segunda o tercera vez antes de mover las otras suele ser una pérdida de tiempo. Mueve la pieza a una buena casilla y luego mueve otra pieza a otra buena casilla. Si continúas así, tendrás un desarrollo adecuado.

Ganar un tiempo

Si tu adversario está haciendo jugadas de desarrollo y tú sólo estás marcando el tiempo, pronto perderás la partida. Cada jugada cuenta: no malgastes ni una sola. Los ajedrecistas llaman *tiempo* a una jugada. Es frecuente oír a un jugador decir que ha ganado o perdido un tiempo. Eso significa que ha obtenido, en el primer caso, o que, en el segundo, ha permitido que su enemigo obtuviera la oportunidad de mover dos veces seguidas. Los diagramas 3-6 y 3-7 muestran cómo las blancas pierden tiempo al mover una pieza con demasiada frecuencia.

El diagrama 3-6a refleja una posición de apertura, conocida como la Defensa Pétrov, después de que el peón blanco y el negro avanzan a 'e4' y 'e5', y el caballo blanco y el negro avanzan a 'f3' y 'f6', respectivamente (1 e4 e5, 2 Cf3 Cf6). El diagrama 3-6b muestra cómo las blancas cometen un error al mover el caballo por segunda vez a 'g5'.

Las negras explotan este error avanzando el peón de h a 'h6' (3 … h6), como muestra el diagrama 3-7a. Para evitar ser capturado por el peón de 'h6', el caballo blanco regresa a 'f3', como en el diagrama 3-7b. Ahora, de nuevo, las negras son mano. Si comparamos el diagrama 3-6a con el diagrama 3-7b, observaremos que las negras no sólo movieron el peón de 'h7' a 'h6', sino que, además, tienen un turno adicional de juego. En la jerga del ajedrez, han ganado un tiempo. Las blancas desperdiciaron el tiempo (del reloj) y perdieron un tiempo (una jugada).

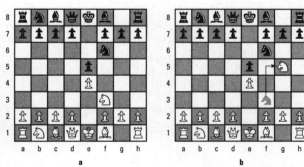

Diagr. 3-6:
Una apertura común, seguida por un movimiento deficiente de las blancas

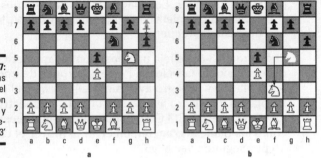

Diagr. 3-7:
Las negras
atacan el
caballo con
un peón y
el caballo re-
gresa a 'f3'

A veces, el concepto de ganar o perder un tiempo es muy sutil. Por ejemplo, puedes llevar una pieza a una casilla razonable, y, a medida que avanzan los acontecimientos, descubrir que el mejor lugar para esa pieza es, en realidad, otra casilla; es posible que entonces te veas obligado a reubicar la pieza. Esa maniobra puede significar la pérdida de un tiempo.

Las blancas comienzan la partida y por ello cuentan con una ligera ventaja, que pueden dilapidar fácilmente o utilizar. La ventaja que se puede obtener en el elemento de tiempo –o desarrollo– con frecuencia recibe el nombre de *iniciativa*. Por lo tanto, gracias a la primera jugada, las blancas tienen una pequeña iniciativa al principio de la partida; que a menudo se compara con tener el servicio en el tenis; en las manos de los grandes maestros de ajedrez, la ventaja de conducir las piezas blancas es muy significativa.

El error más común entre los que cometen los principiantes es perder un tiempo al dar jaque (para saber más sobre el jaque, lee el capítulo 4). Al iniciarse en el ajedrez es común dar jaque en cada oportunidad, pero esa conducta no siempre es prudente. En ocasiones, la pieza que da jaque se ve obligada a retirarse y así se pierde un tiempo. Si planeas dar jaque al rey, asegúrate de tener una buena razón para hacerlo. Los ajedrecistas tienen un dicho: "El jaque del tercerola: jaque que veo, jaque que arreo". No te comportes como un jugador de tercera categoría. Un jaque no es importante en sí mismo; un jaque mate sí lo es.

Hacer un gambito

Con mucha frecuencia se puede sacrificar una pequeña cantidad de material a cambio de una ventaja en el desarrollo. En muchas aperturas se sacrifica un peón por esta razón; esas aperturas se llaman *gambitos*. Normalmente un gambito es más eficaz si lo efectúan las blancas que si lo ejecutan las negras, porque las blancas ya disponen de la iniciativa y pueden aumentarla por el pequeño coste de un peón. Los gambitos de las negras ofrecen, por norma, menos oportunidades para lograr la iniciativa y a menudo acaban en la más simple pérdida de material (para aprender más sobre el sacrificio del gambito, lee el capítulo 6).

La idea general es que se necesita tiempo para capturar el peón. El tiempo que un jugador emplea en la captura del peón será usado por el jugador que ha propuesto el gambito para aventajarse en el desarrollo. ¿Vale la ventaja en el desarrollo el sacrificio de material? Depende de quién sea el rival.

Proteger al gran jefe: la seguridad del rey

De todos los elementos, la seguridad del rey es el más importante. Si el rey está desprotegido, todo lo demás pasa a segundo plano. No importa cuántas piezas tengas de ventaja si te dan jaque mate, porque la partida ya se ha acabado. El jaque mate se explicará en el capítulo 4, pero, incluso si no sabes qué es , probablemente te des cuenta sin pensarlo mucho de que debes proteger al rey.

La historia nos ha enseñado que efectuar unos cuantos movimientos defensivos al principio de la partida, a fin de dejar al rey en un lugar seguro, permite continuar con el objetivo principal: atacar al adversario. Tal estado de tranquilidad no tiene precio.

Muchas partidas de ajedrez comienzan con una o dos jugadas de peones y el desarrollo de dos o tres de las piezas menores. Es común que el siguiente paso sea llevar al rey a un lugar seguro mediante el *enroque*, una jugada que permite acercarlo a una de las esquinas (en el capítulo 10 puedes comprender esta jugada especial), donde, por lo general, está más alejado de la acción principal y al amparo de peones y piezas.

El tema del enroque y la seguridad del rey es la razón última de muchas aperturas que, por lo demás, son completamente diferentes. La idea fundamental es entablar combate con el enemigo sólo después de que el rey esté seguro. Proteger al rey con todas las piezas no suele ser eficiente, así que los buenos ajedrecistas suelen dejar de guardia sólo una o dos piezas y varios

peones. El caballo es un defensor excelente del rey
y opone una resistencia feroz ante cualquier ataque.
Con la ayuda de unos cuantos peones, normalmente el
caballo puede defender el castillo.

Ten cuidado cuando abras líneas de ataque, pues el
enemigo podría usarlas contra tu rey. Por ese motivo,
intenta no mover los peones del enroque, ya que
crearás huecos por los que se infiltrará el ejército
rival. No te dará jaque mate, pero si un jaque que te
obligará a actuar.

El mate del loco

Si te preguntas por la importancia que tienen en el ajedrez el
elemento de la seguridad del rey, tal vez te sea útil estudiar el
mate del loco. Con la primera jugada, las blancas adelantan
dos casillas el peón que está delante del caballo de rey. Las
negras tienen la oportunidad de contraatacar en el centro y
de abrir líneas para el alfil y la dama; mira los siguientes dos
diagramas. Recuerda que la mejor respuesta a un avance por
el flanco es un contraataque en el centro.

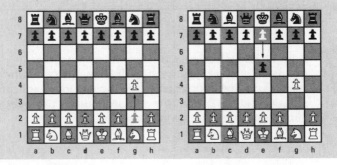

Ahora las blancas cometen un error grave al adelantar el peón de alfil de rey para atacar el peón de las negras, lo que abre una línea contra el rey blanco. ¿Las negras tienen alguna pieza de la que puedan hacer buen uso? La tienen, y el desprecio de las blancas por la seguridad del rey pronto recibe su castigo. ¡Jaque mate en dos jugadas! La dama negra ataca al rey blanco a lo largo de la diagonal, y las blancas no tienen defensa; mira los dos siguientes diagramas. Las blancas no pueden salir del jaque, no hay ningún defensor que pueda interponerse, ni pieza ni peón que pueda capturar a la dama negra. Este es un ejemplo exagerado del precio que se paga por desdeñar la seguridad del rey, pero existen muchos más.

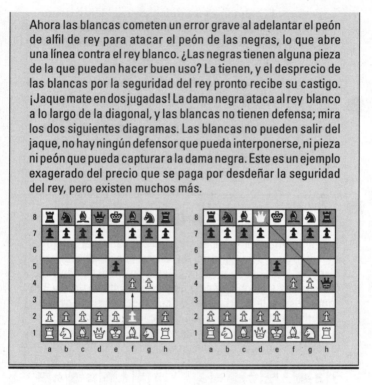

Aunque hay partidas maestras en las que el rey se queda en el centro, este modo de actuar no es habitual. Hasta que adquieras experiencia, será mejor que sigas el método probado y comprobado de proteger al rey antes de lanzarte al ataque.

Construir la estructura de peones

El peón se considera el alma del ajedrez porque, con frecuencia, la movilidad de las piezas depende de la posición de los peones (puedes aprender algunas formaciones específicas de peones en el capítulo 9). Además, a medida que se aproxima el final de la partida, los peones tienden a volverse más valiosos.

Como regla general, la movilidad es la clave del poder de cualquier pieza de ajedrez. La regla es cierta incluso para un humilde peón, cuya movilidad está vinculada a su capacidad para avanzar, ya que no puede retroceder. La mejor *estructura de peones*, es decir, la relación de los peones entre sí, aparece al principio de la partida, como se ve en el diagrama 3-8, cuando todos los peones tienen movilidad y la estructura no está rota; desafortunadamente, para poder sacar las piezas es preciso alterar la estructura de peones.

Los peones no pueden atacar la casilla que está directamente delante de ellos, de modo que su movilidad suele depender de la ayuda de otro peón. Debido

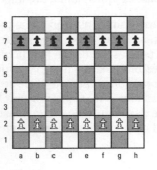

Diagr. 3-8:
La estructura de peones ideal (el principio de la partida)

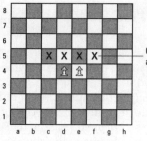

Diagr. 3-9:
Los peones
son más
fuertes en
compañía,
como en
esta pareja
de peones

Observa cuántas casillas
atacan estos peones

a esta limitación los peones son más fuertes juntos o en parejas que aislados. El diagrama 3-9 ilustra una pareja de peones. Cada uno de los peones de la pareja puede proteger la casilla que queda delante del compañero y, además, pueden apoyarse mutuamente en caso de que uno de los dos avance. Estos peones son móviles.

En el diagrama 3-10, los peones blancos siguen siendo móviles, pero su potencial de avance está limitado por los peones negros. Normalmente se trata de controlar una casilla antes de ocuparla, pero en este caso es difícil hacerlo porque las casillas que hay ante los peones están en disputa: los peones blancos y los negros atacan las mismas casillas, las que están marcadas con X.

El diagrama 3-11 muestra una posición en la que todos los peones están bloqueados: ningún bando puede avanzar y los peones necesitan ayuda para progresar. Los peones bloqueados llevan a lo que los ajedrecistas llaman *posiciones cerradas*, que se caracterizan por maniobras lentas más que por combates cuerpo a cuerpo. ¿Te das cuenta de cómo la estructura de peones dicta el curso de acción subsiguiente?

Diagr. 3-11:
Los peones
bloqueados
necesitan
ayuda
para poder
liberarse

Promover a los más pequeños: los peones pasados

Los peones desempeñan un papel crucial durante toda la partida. Hacia el final, adquieren una importancia mayor debido a la posibilidad de la *promoción*, o *coronación* (en el capítulo 10 se explica este concepto en detalle). Cuando los peones alcanzan la octava fila, puedes promoverlos, es decir, convertirlos en cualquier pieza que no sea el rey.

Si los peones están bloqueados o no pueden moverse por alguna otra causa, la probabilidad de promoverlos es pequeña. Sin embargo, si el peón tiene una ruta libre por delante (sin otros peones que la obstruyan), las oportunidades de llevarlo a la coronación son considerablemente mayores. Un peón de este tipo se llama un *peón pasado*.

En el diagrama 3-12, el peón blanco de la izquierda es un peón pasado. No hay un peón negro entre ese peón y la octava fila, y ningún peón negro puede capturarlo.

Hay que apoyar los peones pasados. Dicho de otra manera, tienes que moverlos hacia la octava fila. Un peón pasado se convierte en una ventaja tangible cuando está libre para avanzar y recibe el apoyo adecuado. Además, puede, o bien obligar a las fuerzas defensoras a que asuman una postura defensiva para detener su avance, o bien alejar las piezas enemigas de la verdadera acción.

La mejor clase de peón pasado es el que está protegido, como en el diagrama 3-13. Un peón de ese tipo no sólo tiene una ruta sin obstáculos hasta la octava fila, sino que también cuenta con el apoyo de uno de sus compañeros. En este caso, el rey negro no puede capturar los peones blancos. Si se moviera para capturar el peón de d, el peón de e avanzaría a la octava fila y coronaría.

Sólo las piezas pueden oponerse al peón pasado protegido, lo que con frecuencia impide que estas trabajen de forma más productiva. Si algún peón bloquea una pieza enemiga, está reduciendo la movilidad de esa pieza y, por lo tanto, su potencia.

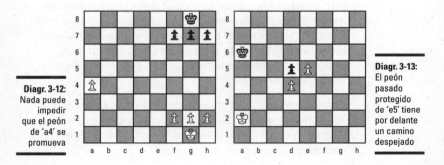

Diagr. 3-12:
Nada puede impedir que el peón de 'a4' se promueva

Diagr. 3-13:
El peón pasado protegido de 'e5' tiene por delante un camino despejado

La movilidad es clave: los peones aislados

Se considera que los peones están *aislados* cuando no tienen a su lado peones de su mismo bando. En el diagrama 3-14 el peón blanco de 'd4' está aislado.

Los peones aislados pueden estar *pasados* o no. Si están pasados o tienen movilidad, quizá puedan ganar en fuerza. Si no están pasados o están bloqueados, tal vez se debiliten. Debido a que los peones aislados no tienen peones que los apoyen y no pueden controlar la casilla que está directamente delante de ellos, pueden ser bloqueados fácilmente.

Aaron Nimzovich, que teorizó mucho sobre las formaciones de peones, demostró que un peón aislado con movilidad puede constituir una base sólida para el ataque (porque crea puestos avanzados en las casillas de ataque del peón y porque las torres tienen abiertas las líneas en las columnas adyacentes a él); asimismo, puso de manifiesto que un peón aislado bloqueado puede sufrir un ataque fuerte (porque las piezas, sobre todo las pesadas, deben defender el peón amenazado y no pueden atender otras tareas relevantes).

Para inmovilizar un peón aislado basta con bloquearlo. El caballo es una pieza de bloqueo ideal. Un peón aislado no puede rechazar a un caballo que se halle delante de él; tampoco sus compañeros. La dama, en cambio, es una mala pieza de bloqueo, porque debe retirarse en caso de que la ataquen caballos, alfiles o torres y no puede mantener el bloqueo. Una vez roto el bloqueo, el peón aislado recupera su movilidad y su fuerza.

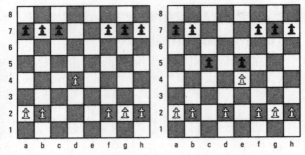

Diagr. 3-14:
Las blancas
tienen un
peón aislado
cuya suerte
aún no está
echada

Diagr. 3-15:
El peón
retrasado
de 'd2' está
en peligro

Rezagados en las columnas abiertas: los peones retrasados

El primo del peón aislado es el *peón retrasado* o *rezagado*. Un peón retrasado todavía cuenta con uno o más peones en las columnas vecinas, pero esos peones están más avanzados. Puede ser difícil o incluso imposible que el peón retrasado alcance a sus camaradas; en ese caso el peón quedará incomunicado. Es posible que el peón retrasado (el peón en 'd2' del diagrama 3-15) sienta la presión de la artillería enemiga porque la columna está abierta para que lo ataquen la dama y las torres contrarias.

En la mayoría de los casos debes evitar tener un peón retrasado porque es posible que acabes haciendo uso de tus piezas para proteger a un insignificante peón. Las piezas se vuelven apáticas y se aburren, y así no te sirven.

Casi aislados: los peones colgantes

Los peones colgantes son primos segundos del peón aislado y de los peones retrasados. Los *peones col-*

gantes son una pareja de peones, fuertes por definición, pero que no tienen a su alrededor otros peones
que los apoyen; están aislados de los demás. Esta falta de apoyo significa que si uno de esos dos peones
avanza, el otro quedará retrasado. Si adelantas uno,
trata de avanzar el otro para que llegue a su lado. En
el diagrama 3-16 los peones blancos avanzados en
'c4' y 'd4' son peones colgantes.

Delante de un peón hermano: los peones doblados

Se habla de *peones doblados* cuando un peón captura
una pieza o un peón y se pone delante de otro peón
del mismo color. El diagrama 3-17 muestra peones
doblados. Los peones negros en la esquina superior
izquierda del tablero están amontonados. El que estaba en 'd7' se movió para capturar una pieza en 'c6'
y eso dio lugar a peones doblados. Aunque en esa
esquina hay cuatro, en realidad tienen la movilidad
de tres.

Cuando esto ocurre, los peones pierden la capacidad
de protegerse entre sí y se reducen las probabilidades

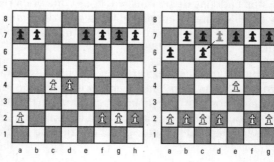

Diagr. 3-16:
Los peones
en las
columnas c
y d corren
el riesgo de
convertirse
en peones
retrasados

Diagr. 3-17:
Los peones
en 'c6' y 'c7'
son peones
doblados

de efectuar *rupturas* (el acto de desplazar un peón enemigo para que no bloquee los propios; se explica en
el capítulo 2). Lo que es más importante, la movilidad
de los peones (especialmente la del peón que queda
atrás) merma notablemente. Si hay tres del mismo color en la misma columna, se llaman *peones triplicados*
y es muy difícil protegerlos.

Si en una partida te encuentras con peones doblados
(o triplicados) o aislados, tendrás dificultades para
arreglar la situación. El único remedio es usar uno
de esos peones en una captura, con la idea de que
vuelva a una de las columnas adyacentes. Como es
mejor prevenir que curar, trata de impedir que tu
adversario se coma tus piezas cuando sólo puedas
contestar con una captura de peón que implique que
estos queden doblados.

Líneas pintadas: las cadenas de peones

Las *cadenas de peones* están formadas por peones
alineados en una diagonal en la que cada peón apoya
a otro más avanzado hasta la cabeza de la cadena.
Estas cadenas de peones son como una línea pintada
y es difícil que el enemigo la cruce. El diagrama 3-18
muestra dos cadenas de peones, una blanca y otra
negra.

Debido a que las piezas tienen dificultades para cruzar la cadena de peones y entrar en contacto entre sí,
esta disposición puede favorecer una partida larga y
con pocos cambios, así que la decisión de crear una
cadena depende de si te gusta ese tipo de partidas.

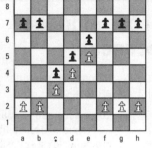

Diagr. 3-18:
Tanto las blancas como las negras poseen una cadena de peones

Además, una cadena de peones divide el tablero en dos campos: uno en el que las piezas blancas gozan de más libertad para desplazarse y otro en el que las piezas negras vagan a sus anchas. Sin embargo, si puedes cruzar una cadena de peones, es casi seguro que obtendrás ventaja.

El eslabón más débil de la cadena de peones se halla en la *base*, que es el peón que inicia la cadena. Desde el punto de vista de las blancas, este peón es el más cercano a la segunda fila o el que se encuentra en ella. Si destruyes la base, debilitarás la cadena de peones. Después de eliminar una base, otro peón desempeña ese papel, pero cada uno de ellos se vuelve más fácil de atacar y destruir. Si no puedes atacar la base de la cadena, ataca la *cabeza*. Esta estrategia no es tan eficaz como la anterior, pero podría crear debilidades en la cadena que pueden ser explotadas más tarde.

Consejos sobre el juego de peones

No tienes que memorizarte estos consejos, pero es útil que los leas con atención:

4 Trata de conservar intacta la estructura de peones.

4 Como siempre hay que avanzar algunos peones para que puedan jugar el resto de las piezas, intenta mantenerlos móviles o en parejas porque los peones bloqueados son fáciles de atacar.

4 Si algunos peones quedan bloqueados, usa otros peones para liberarlos.

4 Si tienes un peón aislado, mantenlo móvil para que se conserve fuerte; si tu adversario tiene uno, bloquéalo.

4 Crea un peón pasado y, cuando sea posible, intenta tener un peón pasado protegido.

4 Empuja los peones pasados hacia la octava fila y promuévelos si es posible.

4 Ataca los peones retrasados con las piezas pesadas (la dama y las torres) para que tu contrincante se vea obligado a defenderlos.

4 Trata de forzar el avance de un peón colgante y, luego, bloquéalo para inmovilizarlo.

4 Evita doblar peones, pero si no puedes, intenta cambiar uno de ellos para reparar la estructura.

4 En una cadena de peones, ataca su base, ya que es el eslabón más débil.

Capítulo 4

Atento al rey: jaque, ahogado y jaque mate

· ·

En este capítulo

▶ Hacer que el rey preste atención: jaque

▶ Cuando nadie puede ganar: ahogado

▶ La jugada que gana la partida: jaque mate

· ·

*E*n caso de que tengas alguna duda, recuerda que el objetivo del juego es dar jaque mate al rey enemigo. No basta con atacarlo: tienes que ir a por él de tal manera que no pueda escapar. Si logras ese resultado, amigo mío, ya has ganado la partida y puedes dar la vuelta de la victoria (pero en privado, por supuesto, no es necesario ser maleducado).

Como no siempre se puede predecir el desenlace de una contienda, conviene conocer un par de situaciones más que tienen que ver con el resultado final. En este capítulo se señalan las diferencias entre jaque, jaque mate y ahogado. Ten presente que uno siempre quiere dar jaque mate si es posible. Lamentablemente, tu adversario también intentará darte jaque mate. A veces la ventaja que tienes es tan abrumadora que la resistencia de tu oponente no sirve de nada. Este capítulo te muestra cómo rematar a tu enemigo sin que importe los esfuerzos que él haga.

Jaque: atacar al rey enemigo

Dar jaque significa, simplemente, atacar al rey enemigo. En el diagrama 4-1, las blancas tienen un rey y una dama contra el rey solitario de las negras. El rey negro está en jaque porque la dama blanca fue a la columna g (1 Dg6+) y ahora lo ataca (puedes consultar el capítulo 17 para aprender a descifrar la notación de ajedrez).

Puesto que el jaque es un ataque contra el rey, la víctima no puede hacer caso omiso. Ante un jaque hay tres respuestas posibles:

4 Capturar la pieza atacante.

4 Interponer una pieza o un peón entre la pieza que da jaque y el rey para bloquear el ataque.

4 Mover al rey para sacarlo del jaque.

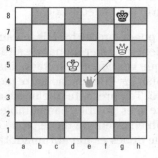

Diagr. 4-1:
La dama blanca avanza a una posición en la que puede atacar al rey negro. ¡Jaque!

En el ejemplo que se muestra en el diagrama 4-1, la única opción del rey negro es salir del jaque porque las negras no tienen más piezas en el tablero.

En el ajedrez es importante posponer la venganza. A veces, cuando damos un jaque (especialmente al principio de la partida), puede salirnos el tiro por la culata. Si tu contrincante escapa del jaque y bloquea el ataque, por ejemplo, es posible que te veas obligado a retirarte. Quienes nos dedicamos al ajedrez usamos un proverbio para acordarnos de no dar jaques insensatos: "Jaque que veo, jaque que arreo". Cuando decidas dar jaque, asegúrate de que sea útil; dar jaque para luego batirse en retirada es, simplemente, una pérdida de tiempo. Los jugadores experimentados dan jaque sólo si eso mejora su posición. Por ejemplo, si el rey tiene que moverse al principio de la partida para escapar de un jaque, pierde la posibilidad de enrocarse (en el capítulo 10 se explica los detalles sobre el enroque). Si das un jaque que empeora tu posición, puede decirse que el ataque se ha vuelto en tu contra.

Puedes decir "jaque" cuando ataques al rey adversario, pero no es obligatorio hacerlo y los jugadores con experiencia normalmente no lo hacen. Si lo dices, hazlo en voz baja para no molestar a los demás jugadores. Levantar el puño y gritar "¡Jaaaaaaaaque!" se considera de mal gusto. ¡Bajo ningún concepto es correcto levantarse y dar pasos de baile! Los ajedrecistas tratan de mantener en todo momento sus emociones bajo control.

No todos los jaques son iguales

Aparte del jaque mate, el jaque más fuerte es el *jaque a la descubierta*. Este tipo de amenaza ocurre cuando se desplaza una pieza que se halla entre otra propia, que está detrás, y el rey enemigo. Esto es, la pieza "descubre" un jaque de manera repentina al desaparecer de la línea de acción de la segunda pieza y el rey adversario. La pieza que al moverse descubre el jaque puede hacerlo a cualquier lugar y, a su vez, comerse cualquier pieza enemiga que quede a su alcance, porque el rey contrario debe responder al jaque. Si la pieza que se mueve también da jaque, la combinación se llama *jaque doble* y el rey enemigo ha de huir, porque la única forma de hacer frente a ambos ataques es correr como un loco.

Si puedes seguir dando jaque al rey enemigo en cada jugada, pero no puedes dar mate, tienes un *jaque perpetuo* o *continuo*. El jaque perpetuo conduce a *tablas* porque el mate es imposible (pues el rey escapa a cada jaque) y porque el rey no tiene la pretensión de evitar los jaques continuos, así que ningún bando puede ganar. Este tipo de jaques puede ser una vía de escape útil si vas perdiendo (conseguir tablas no es una mala alternativa a una derrota).

Cuando un jugador, ante una derrota segura, insiste en dar jaques en lugar de abandonar el juego, se dice que está dando *jaques a la desesperada*. Cuando la derrota es inminente, su comportamiento está considerado un ejemplo de mala conducta.

Atrapado en una rutina: ahogado

Se denomina *ahogado* a un jugador al que no le quedan jugadas legales y su rey no está en jaque. En ajedrez, uno no puede pasar su turno de juego: está obligado a mover siempre. A pesar de ello, si tu oponente te coloca en una situación en la que no puedes hacer nada (ten en cuenta que no está permitido mover el propio rey para que quede en jaque), se declara que la partida ha acabado en tablas debido al ahogado. No obstante, hay que aclarar que si un jugador no puede hacer movimientos reglamentarios y está en jaque, se halla en una situación completamente diferente: jaque mate, como se explica en la sección siguiente.

Rey y dama contra rey es la combinación de dos piezas con la que más fácilmente se puede lograr el jaque mate, pero llegados a ella, debes evitar ahogar al enemigo. Como la dama puede controlar tantas casillas, es muy fácil ahogar al rey enemigo. Por ejemplo, en el diagrama 4-2, si es el turno de las negras,

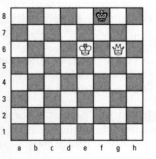

Diagr. 4-2:
El rey y
la dama
blancos ahogaron al rey
adversario

entonces la partida termina en tablas; el rey negro no tiene ningún lugar a donde ir, porque todas las casillas que puede ocupar están atacadas por el rey o la dama blancos.

Sin escape para el rey: jaque mate

El *jaque mate* ocurre cuando un rey está en jaque y no puede escapar de él. Por lo tanto, con el jaque mate se termina una partida. Puede producirse en cualquier momento y con cualquier número de piezas en el tablero, pero es conveniente aprender a dar jaque mate con el menor número posible de piezas.

En el diagrama 4-3 encontrarás un ejemplo de jaque mate. La dama blanca se mueve a 'f7' para dar jaque al rey negro, que no puede hacer nada:

4   No puede capturar a la dama porque el rey blanco está protegiéndola.

4   No existe ninguna pieza negra que pueda interponerse.

4 No puede salir del jaque e ir a una casilla que no esté siendo atacada.

Por lo tanto, las negras están en jaque mate y las blancas cantan victoria. Recuerda la máxima: "Es mejor dar jaque mate que recibirlo".

El proceso de dar mate se logra gracias al método de *cortar las casillas* (reducir sistemáticamente el número de casillas a las que el rey tiene acceso). Cuando cortas casillas, usas tu propio rey y la pieza o piezas que te queden para obligar al rey de tu oponente a mantenerse en un borde del tablero, donde será más fácil la ejecución. Los reyes no pueden darse mate uno al otro, de manera que si las únicas piezas que quedan son dos reyes, la partida termina en tablas (y si cuentas con un rey solitario contra un rey y una pieza mayor –la pareja de alfiles o alfil y caballo–, lamento decirte que vas a perder).

Así como el rey no puede dar jaque mate por sí solo, ninguna pieza puede dar jaque mate sin la ayuda del rey. Una pieza solitaria –que no sea la dama– ni siquiera puede obligar al rey enemigo a ir al borde del tablero, donde es más fácil rematarlo. Tienes que llevar tu propio rey hasta una posición en la que pueda ayudar a arrinconar al enemigo.

Reducir las casillas con el rey y la dama

Dado que la dama es la pieza más poderosa, es bastante fácil dar jaque mate con rey y dama contra rey. La clave de este mate es empujar al rey enemigo a una de las bandas o bordes del tablero (¡cuidado!, hay que permanecer atentos a los posibles ahogados).

El diagrama 4-4 muestra el escenario para un jaque mate inminente: revisa las posiciones iniciales del rey negro, así como las del rey y de la dama blancos.

Las blancas cortan más casillas mediante un movimiento de dama a 'f6' (1 Df6), como se muestra en el diagrama 4-5a (las casillas que están ahora fuera del

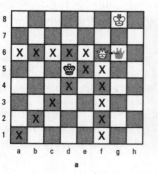

Diagr. 4-3:
La dama blanca da jaque mate

Diagr. 4-4:
El final de la partida está próximo y las blancas están decididas a dar jaque mate

alcance del rey negro están marcadas con X). El rey negro tiene sólo tres casillas para elegir –'c4', 'c5' y 'e4'–, así que se retira a 'e4' (1 ... Re4); mira el diagrama 4-5b para entenderlo.

Para apoyar a su dama, el rey blanco avanza a 'f7' (2 Rf7); se ilustra en el diagrama 4-6a. Incluso la poderosa dama no puede dar jaque mate sin la ayuda del rey: te pasarías todo el día jugando al ratón y al gato y no llegarías a nada. El rey negro intentará permanecer en el centro del tablero tanto tiempo como sea posible, porque sabe que los bordes del tablero

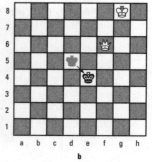

Diagr. 4-5:
La dama blanca reduce el espacio del rey negro y el rey negro se mueve

a

b

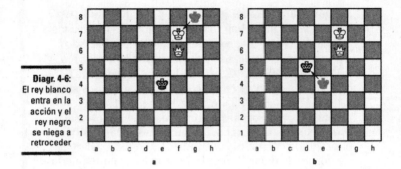

Diagr. 4-6:
El rey blanco
entra en la
acción y el
rey negro
se niega a
retroceder

son zonas peligrosas. El rey vuelve a 'd5' (2 ... Rd5),
como muestra el diagrama 4-6b.

Recuerda que la mejor defensa contra el jaque mate
es permanecer tan alejado de los bordes del tablero
como sea posible.

La dama blanca, acercándose un poco más al rey
negro (3 De6+), puede quitarle todavía más espacio, como se muestra en el diagrama 4-7 (las X en el
diagrama 4-7 muestran las casillas que están cortadas). En ese diagrama, la dama está dando jaque al
rey negro, pero el objetivo real es restarle espacio.

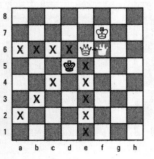

Diagr. 4-7:
El rey negro
tiene sólo
dos casillas
a las que
puede
moverse

Si comparamos los diagramas 4-7 y 4-4, podemos percibir que las blancas han reducido el número de casillas al alcance del rey negro. En el diagrama 4-4, los lados del rectángulo dominado por las negras son de 'a1' a 'a5', de 'a5' a 'f5', de 'f5' a 'f1' y de 'f1' de vuelta a 'a1'. En el diagrama 4-7 el rectángulo es menor: sus lados son de 'a1' a 'a5', de 'a5' a 'd5', de 'd5' a 'd1' y de 'd1' a 'a1'. A veces los ajedrecistas llaman a esta secuencia *arrinconar*. No obstante, si cortas demasiadas casillas corres el riesgo de dejar a tu contrincante ahogado, así que asegúrate de dejar al menos una casilla a la que pueda moverse el rey contrario si no está en jaque.

Puesto que en este ejemplo las negras no tienen más opción que alejarse de la dama a una de las casillas abiertas, las blancas pueden continuar cortando casillas hasta que el rey negro se vea forzado a ir al borde del tablero. Entonces, el rey acude al lado de la dama y las blancas dan un jaque mate inevitable a las negras, como se muestra en el diagrama 4-8a.

Observa que la manera más segura de evitar el ahogado es empujar al rey enemigo a una esquina del tablero. Para ello, la dama debe montar guardia a fin

Diagr. 4-8:
El rey negro se encuentra arrinconado en una esquina y sucumbe al jaque mate

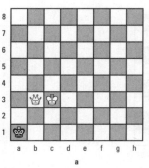

a

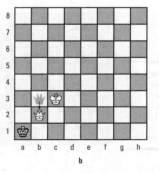

b

de mantenerlo atrapado ahí y el rey debe avanzar en
su busca. Mantén la dama a una distancia prudencial
del rey enemigo y deja que tu rey se acerque; para
acabar, da jaque mate como en el diagrama 4-8b.

Dar mate con rey y torre

El jaque mate de rey y torre contra rey sigue los mismos principios que el jaque mate de rey y dama contra rey; sin embargo, este mate es más lento porque
la torre no es tan poderosa como la dama. Aunque
los pasos son largos y tediosos, es esencial conocerlos
si se quiere dar jaque mate; los diagramas de esta
sección te enseñarán cómo empujar al rey enemigo
a uno de los lados.

El rey y la torre deben formar un equipo para obligar
al rey enemigo a alejarse del centro y acercarse a un
borde del tablero.

Paso 1: Adelantar el rey
para ayudar a reducir casillas

La técnica para dar jaque mate en los finales de rey
y torre contra rey requiere que el rey atacante se
adelante para acudir en ayuda de la torre, y así poder
ir empujando al rey solitario a uno de los bordes del
tablero. Con el rey blanco a sus espaldas, la torre
blanca del diagrama 4-9a está reduciéndole casillas
al rey negro (en esa posición, el rey blanco está protegiendo la torre para que las negras no puedan capturarla). El rey negro debe replegarse, en este caso a
'c5' (1 ... Rc5; diagrama 4-9b).

El rey blanco avanza a 'f6' (2 Rf6) para ayudar a cortar más casillas, como se muestra en el diagrama

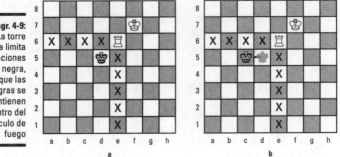

Diagr. 4-9: La torre blanca limita las opciones de la negra, así que las negras se mantienen dentro del círculo de fuego

4-10a. El rey negro retrocede a su puesto original en el centro del tablero (2 ... Rd5), tratando de alejarse lo más posible del borde (diagrama 4-10b).

El rey blanco avanza un poco más, ahora a 'f5' (3 Rf5; diagrama 4-11a), y el rey negro se ve, una vez más, obligado a retroceder, en esta ocasión a 'c5' (3 ... Rc5), como se ve en el diagrama 4-11b; (las negras podrían moverse a 'd4', por supuesto, pero el principio de cortar casillas sigue siendo el mismo).

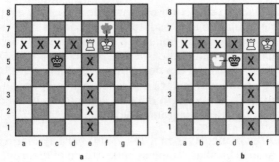

Diagr. 4-10: El rey blanco se prepara para cortar casillas y el negro vuelve al centro

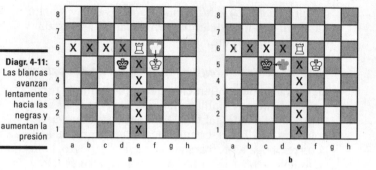

Diagr. 4-11:
Las blancas avanzan lentamente hacia las negras y aumentan la presión

Observa en el diagrama 4-12a, que el rey blanco ha llegado a 'e4' (4 Re4) y está cortando las casillas 'd3', 'd4' y 'd5'. Un detalle técnico importante es que el rey agresor debe colocarse al lado del rey enemigo, no frente a él. Las razones se aclararán en el siguiente paso, que se explicará con detalle en la próxima sección. El rey negro responde yendo a 'c4' (4 ... Rc4) y tratando de alejarse del borde del tablero todo lo que las piezas blancas le permitan

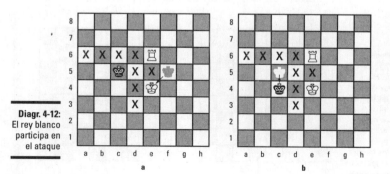

Diagr. 4-12:
El rey blanco participa en el ataque

(diagrama 4-12b). Ahora, no obstante, el rey blanco ha avanzado lo suficiente para pasar a la segunda fase de la operación.

Paso 2: Llevar al rey enemigo al borde del tablero

En esta fase de la operación del jaque mate, la torre y el rey blancos combinan fuerzas para empujar al rey negro al borde del tablero. Mediante un jaque en la columna c (5 Tc6+), como muestra el diagrama 4-13a, la torre obliga a acercarse al borde al rey negro. Este se mueve a 'b5' (5 ... Rb5) para atacar, a su vez, la torre (diagrama 4-13b).

Por su parte, el rey blanco avanza a 'd5' (6 Rd5) para defender la torre y seguir ayudando a cortar casillas, como se muestra en el diagrama 4-14a. En consecuencia, el rey negro ha de ceder terreno una vez más. Para no quedarse encajonado en una sola columna, el rey negro se mueve a 'b4' (6 ... Rb4), tal como queda en el diagrama 4-14b.

Paso 3: Cortar más casillas

Una vez que las blancas han logrado el objetivo preliminar de obligar al rey negro a retirarse, deben

Diagr. 4-13: Las blancas dan jaque a las negras y obligan al rey negro a acercarse al borde, pero las negras contraatacan

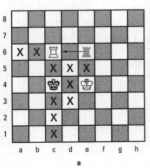

a

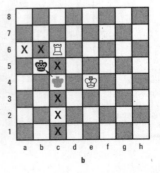

b

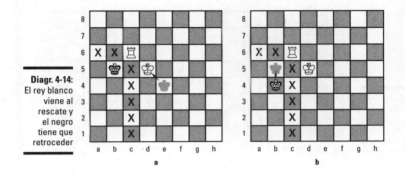

Diagr. 4-14:
El rey blanco
viene al
rescate y
el negro
tiene que
retroceder

retomar la idea de cortar casillas para empujarlo
más. En el diagrama 4-15a las blancas llevan la torre
a 'c5' (7 Tc5) a fin de poder cortar más casillas. En el
diagrama 4-15b el rey negro se retira a 'b3' (7 ... Rb3)
para permanecer lo más alejado posible del borde del
tablero.

Luego, la torre baja otro escalón más (8 Tc4) para
reducir el espacio del rey negro (diagrama 4-16a).
Este tiene que retroceder una vez más (1 ... Rb2),
como se ve en el diagrama 4-16b. ¿Has captado ya el
patrón? Observa que la torre blanca está reduciendo

Diagr. 4-15:
Las blancas
continúan
reduciendo
casillas y el
rey negro
sigue man-
teniéndose
alejado del
borde

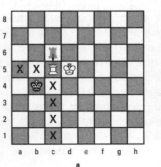

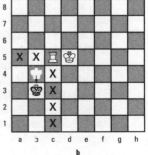

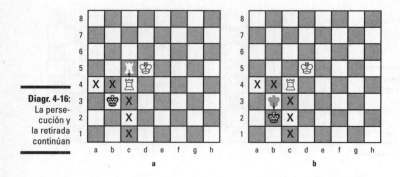

Diagr. 4-16:
La perse-
cución y
la retirada
continúan

el acceso del rey negro a todas las casillas, excepto a las tres de la esquina inferior izquierda.

Paso 4: Adelantar el rey y cortar aún más casillas

Ahora que hay más casillas cortadas, las blancas vuelven a adelantar su rey. Este paso es simple: cortar casillas cuando se puede y avanzar el rey cuando no se puede.

En el diagrama 4-17a, el rey blanco avanza a 'd4' (9 Rd4) para estar junto a la torre. Ahora ya sabemos por qué se tarda tanto en lograr el jaque mate. El proceso en sí es muy sencillo; el agresor hace el mismo tipo de jugadas una y otra vez, pero debido a que se necesita el rey para dar jaque mate (y el rey se mueve sólo una casilla cada vez) y a que la torre es menos poderosa que la dama, se requieren muchas jugadas para consumar el plan. En el diagrama 4-17b, las negras mueven el rey a 'b3' (9 ... Rb3) para atacar la torre; no obstante, como el rey blanco está protegiendo la torre, el ataque no tiene sentido. A pesar de todo, las negras no pueden evitar una muerte lenta y dolorosa.

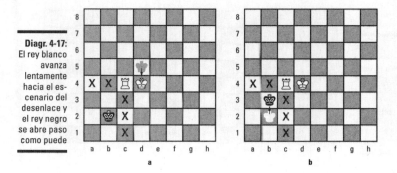

Diagr. 4-17:
El rey blanco avanza lentamente hacia el escenario del desenlace y el rey negro se abre paso como puede

En el diagrama 4-18a, el rey blanco sigue avanzando hacia la esquina inferior izquierda y se mueve a 'd3' (10 Rd3). En el diagrama 4-18b, el rey negro se retira en la forma usual. Se mueve a la única casilla alejada del borde, 'b2' (10 ... Rb2).

En el diagrama 4-19a, las blancas vuelven a usar la torre para cortar casillas (11 Tc4) y, finalmente, obligan al rey negro a ubicarse en el borde del tablero (11 ... Rb1), como queda en el diagrama 4-19b.

Diagr. 4-18:
La historia continúa: el rey blanco avanza y el negro se escabulle

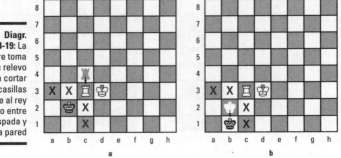

Diagr. 4-19: La torre toma su relevo para cortar casillas y pone al rey negro entre la espada y la pared

Llevando la torre a 'c2' (12 Tc2), las blancas acorralan al rey negro en el borde del tablero (diagrama 4-20a). El proceso de cortar casillas ha concluido y las blancas ya están preparadas para dar el golpe de gracia. Todo lo que las negras pueden hacer es moverse en la esquina inferior izquierda (12 ... Ra1), tal como se ve en el diagrama 4-20b.

Paso 5: ¡Jaque mate!

Para poder dar jaque mate, las blancas sólo necesitan mover el rey a la posición adecuada para que la torre

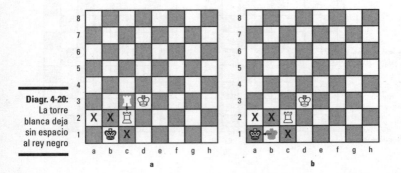

Diagr. 4-20: La torre blanca deja sin espacio al rey negro

no tenga que seguir cortando casillas a lo largo de la segunda fila. Para acercarse a esa meta, el rey blanco va a 'c3' (13 Rc3), como se muestra en el diagrama 4-21a. Al rey negro sólo le quedan dos casillas, así que retrocede a 'b1' (13 … Rb1), como en el diagrama 4-21b.

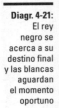

Diagr. 4-21:
El rey negro se acerca a su destino final y las blancas aguardan el momento oportuno

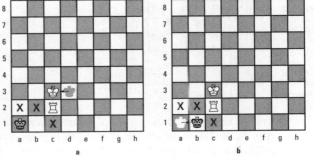

Las blancas acercan un poco más su rey 4-22a (14 Rb3), pero el negro sólo puede moverse a la esquina (14 … Ra1) y esperar su destino (diagrama 4-22b).

Finalmente, llegó la hora de dar jaque mate. La torre se mueve a 'c1' (15 Tc1++) y el rey negro no puede

Diagr. 4-22:
El rey blanco llega a la posición oportuna y el negro hace la única jugada que puede

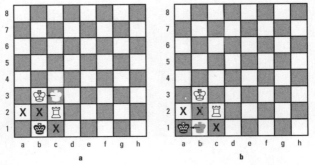

moverse a ninguna parte sin ser capturado (diagrama 4-23).

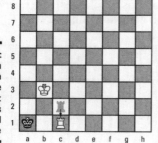

Diagr. 4-23:
Es hora
de dar la
vuelta de
la victoria:
las blancas
consuman el
jaque mate

Ten en cuenta que es más fácil jugar esta secuencia que se acaba de describir, que explicar. Tienes que practicar este jaque mate elemental de torre y rey hasta que lo entiendas bien.

Parte II
Ganar experiencia

The 5th Wave   Rich Tennant

"ES EL FINAL CLÁSICO DE LA COMIDA:
REY, TORRE, SALERO, MATE."

En esta parte

En los próximos capítulos examinaremos la táctica en ajedrez y aprenderemos qué son las combinaciones, a fin de que aumenten tus probabilidades de victoria. Este combate cuerpo a cuerpo es la parte que tiene mayor atractivo estético para casi todo el mundo. Veremos lo que significa hacer un sacrificio y por qué a veces es necesario hacerlo, a pesar de que entregar material siempre sea desagradable. También mostraremos la importancia de reconocer patrones en el desarrollo del juego y veremos algunos patrones de mate específicos de ciertas estructuras de peones.

Capítulo 5

Táctica y combinaciones en el combate cuerpo a cuerpo

• •

En este capítulo

▶ Mover las piezas para lograr un objetivo a corto plazo

▶ Sorprender al adversario con una combinación cuidadosamente planeada

• •

¡Que comience la lucha a muerte! Cuando las piezas entablan batalla entre sí, a distancia o cuerpo a cuerpo, lo que impera es la táctica. De hecho, a veces incluso las más elementales combinaciones –basadas en ideas tácticas– deciden la mayoría de las partidas de ajedrez. Así que familiarizarse con los ejemplos más básicos e identificarlos durante la partida es crucial. Puedes hacer treinta y nueve jugadas magníficas y, aun así, perder la partida si pasas por alto una celada en la jugada cuadragésima.

Las combinaciones, que responden a una táctica, también forman parte del bagaje técnico de cualquier ajedrecista. Tal vez te dé la impresión de que todo lo que lleva a una combinación no es más que el desarrollo de un argumento, porque las combinaciones son el equivalente en el ajedrez de las persecuciones de coches en el cine. Una combinación puede aparecer como un relámpago en un día tranquilo, pero a pesar de ese componente casi inevitable de sorpresa, una combinación, casi siempre, es el resultado de un plan cuidadoso.

Este capítulo te ayudará a evitar los típicos errores garrafales que hacen que una partida bien jugada se pierda por no haber tenido en cuenta un detalle táctico. También aprenderás algo sobre las combinaciones y los dispositivos tácticos más comunes; cuando estés familiarizado con estos temas, podrás reconocerlos en las partidas y responder adecuadamente. Conocer los nombres de las tácticas no es tan importante como comprender cómo y por qué funcionan, así que vamos a contestar esas preguntas.

Los dispositivos tácticos

Una *idea táctica,* que puede ser una simple jugada o una serie de jugadas que reportan beneficios a corto plazo, suele conducir a adquirir ventaja en uno o más elementos del ajedrez (que se analizan con detalle en el capítulo 3). El estudio y la comprensión de los elementos tácticos pueden hacer que mejores de manera inmediata tu juego. Por supuesto, no se trata de un atajo hacia el dominio del ajedrez, pero si llegas a ser un jugador tácticamente hábil, podrás ganar muchos puntos en el camino.

No hagas una maniobra con la esperanza de que tu rival no vea la amenaza. En lugar de eso, juega según los principios básicos del juego.

Hostigar a dos tipos a la vez: el ataque doble

La *horquilla*, o *ataque doble* o *doble*, es una de las ideas tácticas más básicas. Consiste en un ataque simultáneo a dos o más piezas del adversario por parte de una sola pieza propia (para que quede más breve y claro, aquí incluiremos los peones al hablar de piezas). Tanto los caballos como los peones son los máximos especialistas en hacer horquillas (se suele hablar de *horquillas de peón* o *de caballo*), aunque cualquier pieza puede dar un doble (para el resto de piezas se dice que hacen un ataque doble). Cuando se aplica una horquilla con éxito, el enemigo no puede proteger a la vez todas las piezas amenazadas y, en consecuencia, perderá una.

Como veremos a continuación, una variante de la *Apertura Vienesa* (una secuencia de jugadas de apertura que se hizo popular después de un torneo celebrado en Viena) brinda un buen ejemplo de horquillas de caballo y peón. Casi todas las jugadas de esta apertura suponen una amenaza, que es la esencia de la táctica en ajedrez.

Los ajedrecistas dicen que una apertura que tiene muchas posibilidades tácticas es *arriesgada*. Esta variante de la Apertura Vienesa, gracias a un riqueza táctica, es una de las más arriesgadas del ajedrez. La Apertura Vienesa comienza con dos jugadas de peón simétricas: tanto las blancas como las negras avanzan los peones de rey dos pasos, como en el diagrama 5-1a (en notación de ajedrez, la jugada se escribe: 1 e4 e5; en el capítulo 17 se explica este tipo de notación). En el siguiente turno, ambos ejércitos sacan uno de los caballos, como en el diagrama 5-1b (2 Cc3 Cf6).

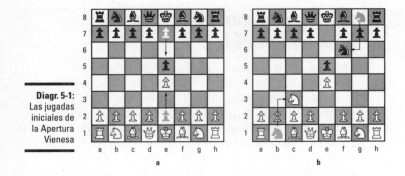

Luego, las blancas *desarrollan* (sacan) el alfil (3 Ac4), como muestra el diagrama 5-2, y el caballo negro se come el peón de 'e4' (3 ... Cxe4), como muestra el diagrama 5-2b, con la intención de hacer una horquilla de peón más tarde.

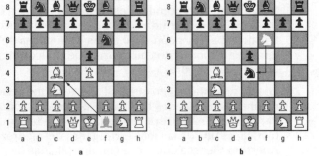

Si el caballo blanco de 'c3' captura el caballo negro en 'e4' (4 Cxe4), como muestra el diagrama 5-3a, entonces un peón negro puede hacer una horquilla al alfil y al caballo yendo a 'd5' (4 ... d5), como se aprecia en el diagrama 5-3b. De esta manera, las negras recuperan la pieza perdida y tienen una *partida o juego libre* (eso significa que el desarrollo del resto de las piezas será relativamente fácil). Por supuesto, las blancas pueden capturar el peón agresor de 'd5' con el alfil (5 Axd5), pero, entonces, la dama negra se comería el alfil blanco (5 ... Dxd5). Observe que las blancas pueden salvar una de las piezas, pero no ambas.

Diagr. 5-3:
El peón de dama negro les hace una horquilla al alfil y al caballo blancos

Normalmente, las blancas evitan la horquilla de peón con una amenaza mayor que la planteada por las negras. En lugar de capturar el caballo negro, las blancas sacan la dama a 'h5' con la amenaza inmediata de jaque mate (4 Dh5); se ve en el diagrama 5-4a.

Si las negras no respondiesen bien, entonces las blancas podrían matar el peón negro en 'f7' con la dama (5 Dxf7++) y anunciar: ¡jaque mate! (el jaque y el jaque mate se explican en el capítulo 4). Sin embargo, como ahora las negras tienen el turno de juego, retiran a 'd6' (4 ... Cd6) el caballo, que defiende la amenaza de mate y a la vez *ataca* (es decir, amenaza) el alfil de las blancas (diagrama 5-4b).

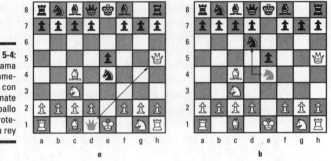

Diagr. 5-4:
La dama blanca amenaza con jaque mate y el caballo negro protege a su rey

En una de las variantes principales de esta apertura, las blancas optan por alejar el alfil del caballo atacante y moverlo a 'b3' (5 Ab3), como muestra el diagrama 5-5a. Entonces las negras desarrollan el otro caballo a 'c6' para defender el peón de rey que se halla en 'e5' (5 ... Cc6); esta parte se ve en el diagrama 5-5b.

Las blancas adquieren ventaja gracias a que uno de los caballos negros está obligado a defender 'f7' (donde las negras recibirían mate) mediante un ataque directo al defensor de esa casilla. El caballo de 'c3' se

Diagr. 5-5:
El alfil blanco escapa de la amenaza y el caballo negro defiende el peón de rey

mueve a 'b5' (6 Cb5), como muestra el diagrama 5-6a. La *destrucción de la defensa* (eliminar el defensor) es una táctica muy habitual en el ajedrez.

Las negras no pueden capturar el insolente caballo debido a la amenaza de jaque mate. Las negras tampoco pueden impedir que su caballo sea capturado por el caballo blanco. Esta pérdida pondría al rey negro en *jaque* (esto significa que el rey negro sería atacado) y permitiría a las blancas dar jaque mate en la siguiente jugada. En lugar de eso, las negras avanzan el peón de 'g7' una casilla hacia adelante (6 ... g6) para defenderse del jaque mate y atacar a la dama blanca al mismo tiempo (diagrama 5-6b).

Diagr. 5-6: Las negras responden a la amenaza renovada de jaque mate

a

b

Una jugada que defiende y ataca al mismo tiempo siempre es una buena jugada.

Ahora la dama blanca debe retirarse, pero se dirige a una casilla que mantiene viva la amenaza a las negras, 'f3' (7 Df3). Como se ve en el diagrama 5-7a, defensa y ataque al mismo tiempo. Las negras tienen el mismo problema que antes (el rey y el peón de 'f 'están sintiendo la presión) y dan dos pasos con el peón de f (7 ... f5), como refleja el diagrama 5-7b. Esta maniobra bloquea una vez más la amenaza de mate porque la dama ya no está atacando la casilla 'f7'.

Las negras amenazan, de nuevo, con capturar el caballo blanco avanzado a 'b5' porque no está protegido (colgando). A pesar de ello, las blancas encuentran la forma de renovar la amenaza de mate con otro movimiento de dama, esta vez a 'd5' (8 Dd5) (diagrama 5-8a). A las negras no les quedan jugadas defensivas de peones y necesitan sacar la dama para defenderse del mate (8 ... De7), como se aprecia en el diagrama 5-8b.

Diagr. 5-7: La dama blanca amenaza una vez más al rey negro, pero un soldado negro le hace frente

Finalmente, la hora de la *horquilla de caballo*. El caballo blanco captura el peón negro en 'c7' (9 Cxc7+), con lo que pone en jaque al rey y, al mismo tiempo, ataca la torre que está en la esquina (diagrama 5-9). Las negras deben salir del jaque y permitir que las blancas se coman la torre.

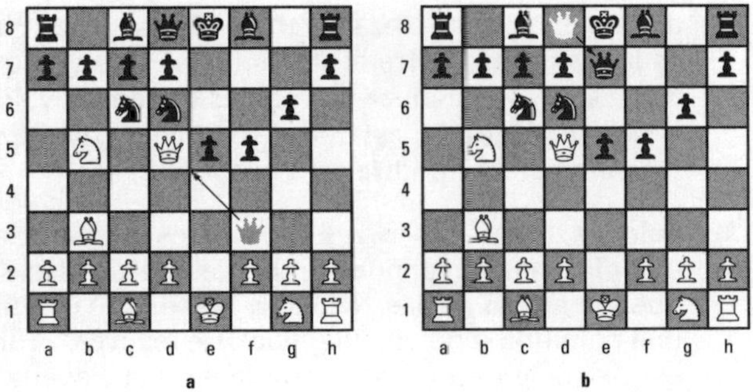

Diagr. 5-8:
Las negras
protegen la
casilla 'f7'
con la dama

a

b

La torre y el rey negros son víctimas
de la horcuilla de caballo

Diagr. 5-9:
El caballo
les hace una
horquilla al
rey y a la
torre

Ataque al guardaespaldas: la clavada

La clavada es la idea táctica de ajedrez que se emplea con más frecuencia. Si los abogados de patentes hubieran existido antes de que surgiera el ajedrez, alguno de ellos ya sería multimillonario gracias a la patente de esta idea.

Para lograr una *clavada* se necesita una pieza que ataque a otra pieza enemiga que esté detrás, en la misma línea, otra pieza de su bando. La pieza clavada es la que queda entre el atacante y la pieza restante. Normalmente, la pieza clavada es de menor valor que la que queda atrás, así que si se moviera, la pieza más importante podría ser capturada.

Sólo las damas, las torres y los alfiles pueden clavar una pieza enemiga, porque son las únicas piezas que pueden atacar varias casillas a lo largo de una fila, de una columna o de una diagonal. De los tres, el alfil es el que suele usarse para establecer una clavada, ya que es el que tiene más posibilidades de atacar piezas con más valor que él.

Las piezas clavadas pueden moverse (aunque tal vez no quieras que lo hagan), excepto cuando lo que hay detrás es un rey. No está permitido exponer al rey a ser comido, así es que las piezas clavadas, cuando se interponen entre un agresor y el rey, están verdaderamente inmovilizadas (*clavada absoluta*).

En el diagrama 5-10a, el caballo negro de 'c6' es atacado por el alfil blanco de 'b5', pero no está clavado. En el diagrama 5-10b, no obstante, si las negras mueven

Diagr. 5-10: El caballo negro quedará clavado cuando el peón de d se mueva

el peón de 'd7' a 'd6', el alfil blanco clavará el caballo, de modo que este no podrá moverse.

Hay cuatro maneras de desclavar una pieza:

4 **Capturar la pieza que clava.** Una clavada no es demasiado dañina si puedes eliminar la pieza que clava, así que, no sueles tener la opción de capturar esa pieza.

4 **Atacar la pieza que clava y obligarla a capturar o a retirarse.**

4 **Poner una pieza menos valiosa o un peón entre la pieza clavada y la más valiosa.** Esta jugada se llama *interposición*.

4 **Quitar la pieza más valiosa de la ruta de la clavada.** En este caso hablamos de escapar de la clavada.

La clavada que se produce cuando la dama y el rey están alineados en una fila, en una columna o en una diagonal es mortal. Si se da esa situación, un alfil o una torre pueden clavar la dama. Ten cuidado si tu rey y tu dama están en la misma línea, y estate atento por si te surge la oportunidad de hacer una clavada cuando el rey y la dama de tu oponente estén alineados.

Lo que no se mueve se pierde: la enfilada

La prima de la clavada es la enfilada, o rayos X, ya que también explota la posición de dos piezas enemigas a lo largo de una fila, una columna o una diagonal. La *enfilada* ocurre cuando un alfil, una torre o una dama atacan una pieza enemiga que tiene detrás de ella otra pieza o un peón. A diferencia de la clavada, en la enfilada se ataca primero la pieza más valiosa. Si la pieza amenazada se mueve, deja expuesta a ser capturada la pieza que tiene detrás. El alfil es la pieza ideal para esta maniobra, y el rey y la dama son sus blancos más frecuentes.

¿Cómo enfilarías el rey y la dama en el diagrama 5-11? Mueven las blancas (con dama negra contra alfil, las negras tienen una abrumadora ventaja material, pero las blancas pueden empatar si usan la enfilada).

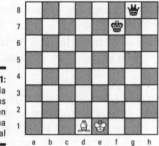

Diagr. 5-11:
El rey y la dama negros están en la misma diagonal

El siguiente diagrama muestra una enfilada en acción. En el diagrama 5-12a, las blancas mueven el alfil a 'b3' (1 Ab3+) para poner en jaque el rey negro. El diagrama 5-12b muestra cómo el rey negro fue obligado a moverse para escapar del jaque (1 ... Rg7). Y ahora el alfil blanco puede capturar a la dama negra.

En la práctica, la enfilada es menos frecuente que la horquilla y la clavada, pero la jugada es tan poderosa que, cuando se produce, suele decidir la partida. Así que presta atención a que surja en cualquier momento la posibilidad de una enfilada, especialmente cuando el

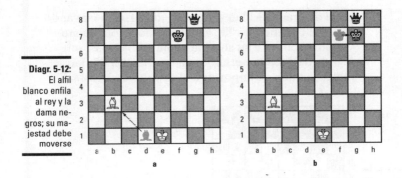

Diagr. 5-12:
El alfil
blanco enfila
al rey y la
dama ne-
gros; su ma-
jestad debe
moverse

rey y la dama están expuestos a lo largo de una fila,
una columna o una diagonal.

Todo un espectáculo: ataques descubiertos

El *ataque descubierto*, o *descubierta*, consiste en que
una pieza o un peón se mueven de la casilla en que se
hallan y, al hacerlo, descubren la acción de otra pieza
de su propio ejército que está más atrás. Cualquiera de
las dos piezas que implica un descubierto puede cau-
sar estragos en las filas enemigas. De hecho, la diferencia entre un ataque doble y un ataque descubierto
es que en el segundo caso son dos piezas las que
atacan dos o más objetivos y no una, como ocurre en
el caso del ataque doble u horquilla.

Un ataque descubierto famoso ocurrió en la partida Legal-St. Brie, en París, 1750. Se denomina
mate de Legal al patrón de mate que se produjo en
aquella partida y que se muestra en los siguientes
diagramas.

En el diagrama 5-13 el alfil negro de 'g4' está clavando el caballo blanco de 'f3': el caballo no se puede mover sin exponer a su soberana. Sin embargo, si una jugada de caballo permitiese a las blancas dar jaque mate, ¿a quién le importaría el destino de la dama?

Diagr. 5-13:
El caballo de 'f3' está clavado por el alfil negro de 'g4'

En el diagrama 5-14a el caballo blanco captura el peón negro de 'e5' (1 Cxe5). Ahora, el alfil de 'c4' y el caballo de 'e5' están amenazando el peón negro de 'f7'. Lo más inteligente para las negras en esta situación es capturar el caballo.

Diagr. 5-14:
Las blancas suman fuerzas contra 'f7'

a

b

No obstante, la jugada del caballo también expuso el alfil negro a un ataque de la dama blanca. Si las negras se comen el caballo (1 ... dxe5), entonces las blancas toman el alfil (2 Dxg4) y se embolsan el peón capturado. En la partida original, el rival de Legal no pudo resistir la tentación de matar a la dama blanca con el alfil (1 ... Axd1), como se muestra en el diagrama 5-14b, y recibió mate muy pronto.

Legal obtuvo la victoria tras capturar el peón negro en 'f7' con el alfil (2 Axf7+). En esa situación, se observa que el rey negro está en jaque y lo único que puede hacer es ir a 'e7' (2 ... Re7), como refleja el diagrama 5-15b.

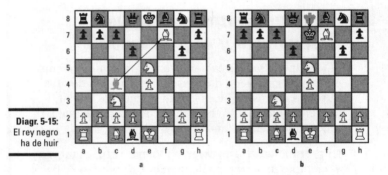

Diagr. 5-15:
El rey negro
ha de huir

En el diagrama 5-16 el caballo blanco de 'c3' se mueve a 'd5' (3 Cd5++) y le da jaque al rey, ya que corta su casilla de escape en 'f6'. El resultado es jaque mate.

Cuando te sorprenda un ataque descubierto (y seguro que antes o después te encontrarás uno de esos), la mejor opción será reducir las pérdidas. En la partida Legal-St. Brie, París, las negras recibieron mate, pero

Diagr. 5-16:
Al moverse
a 'd5', el ca-
ballo blanco
asesta
el golpe
de gracia

podían haber reducido las pérdidas a un sólo peón.
Elige siempre el mal menor.

Cómo enfrentarse al jaque descubierto y al jaque doble

El término *jaque descubierto* se refiere al movimiento
de una pieza o peón que descubre la acción de otra
que está detrás y que es la que se encarga de dar
jaque. Un *jaque doble* ocurre cuando la pieza que se
mueve también da jaque al rey.

La partida Reti-Tartakower, en Viena, 1910, es tal vez
el ejemplo más famoso de un jaque doble. No se trataba de una partida de torneo ordinario sino de una
partida rápida, lo que los ajedrecistas conocen como
una *partida relámpago*. De cualquier forma, el final es
sorprendente. En algún momento del juego, el tablero
estaba como se ve en el diagrama 5-17.

En ese momento, las blancas dan jaque mate en
tres jugadas. La primera es un sacrificio de dama (1
Dd8+), como se muestra en el diagrama 5-18a, lo que

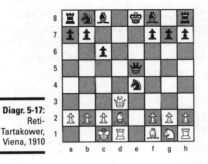

Diagr. 5-17:
Reti-
Tartakower,
Viena, 1910

seguramente fue un golpe duro para Saviely
Tartakower. Ya que no es posible hacer caso omiso
a un jaque, las negras deben capturar a la dama
(1 ... Rxd8) (diagrama 5-18b).

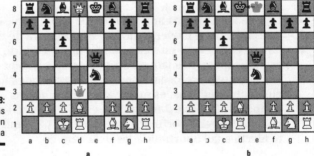

Diagr. 5-18:
Las blancas
sacrifican
la dama

El alfil entonces pone en jaque en 'g5' (2 Ag5+) al rey
negro (diagrama 5-19); y esta jugada también descubre
un jaque de la torre de 'd1', lo que crea un jaque doble
que sella la suerte de las negras. Las blancas darán jaque
mate en 'd8' sin importar lo que hagan las negras. Si
el rey negro huye a 'c7' (2 ... Rc7), el alfil se moverá a

'd8' (3 Ad8++). Si, por otra parte, el rey negro escapa a
'e8' (2 ... Re8), la torre será la encargada de ajusticiar
al soberano enemigo en 'd8' (3 Td8++). En cualquier
caso, el resultado es jaque mate. Este tipo de mate es
conocido como el *mate de Reti*.

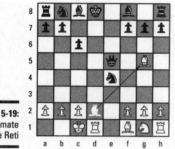

Diagr. 5-19:
El mate
de Reti

Uno de los aspectos importantes del jaque doble es
que el rey debe moverse: no hay otra manera de escapar de él. Si el rey no tiene ningún lugar a donde ir,
es jaque mate. Los jaques descubiertos y dobles son
armas muy poderosas. Como ocurre con todos los
elementos tácticos, es mejor asestar los golpes que
recibirlos. Debes estar atento y emplear la táctica
cuando tengas oportunidad de hacerlo, pero mantente alerta a las oportunidades del enemigo.

Combinar jugadas para que se acelere el progreso

Si combinas amenazas tácticas cuando inicias una secuencia de maniobras con una meta concreta, estás

haciendo una *combinación*. Gracias a la combinación de amenazas, se puede forzar al rival a escoger malas continuaciones. Con frecuencia, las combinaciones implican un sacrificio (se explica en el capítulo 6), pero la idea es haber obtenido algún beneficio tangible cuando termine la secuencia forzada. Este beneficio puede ser de cualquier tipo, desde una pequeña mejora en la posición hasta el jaque mate. Aunque en cualquier fase de la partida se pueden gestar las combinaciones, estas se dan por regla general en el medio juego (que se aborda en el capítulo 13).

Las combinaciones se fundamentan en la táctica e incorporan los patrones de mate (tratados más a fondo en el capítulo 7), de tal manera que no es posible plantear una combinación a menos que se entiendan las ideas tácticas subyacentes que hacen que funcionen (y la única manera de que las detectes en una partida es que estés bien familiarizado con ellas, así que lee muchas veces la sección anterior y el capítulo 7 hasta que las hayas comprendido). Algunas combinaciones están documentadas en la bibliografía ajedrecística y pueden aparecer en tus propias partidas, pero se te pasarán por alto si no estás bien entrenado para identificarlas.

Las combinaciones se dan cuando supones que es cierto algo que no lo es. Puede parecer que una torre esté protegiendo un peón, pero en realidad no lo está si también tiene que proteger una dama. Quizá te parezca que una de tus piezas está segura, pero en realidad no lo está si tu rival puede desviarla a una casilla más peligrosa. En el ajedrez, las cosas no siempre son lo que parecen. Las combinaciones revelan verdades más profundas.

En el transcurso de una combinación, tu oponente va a tener que tomar una decisión (llamada *variante*) ante cada una de tus jugadas (eso está bien, siempre y cuando las respuestas de tu adversario no funcionen). Si tu combinación produce el resultado deseado, se considera *exacta*, pero si una de las respuestas de tu contrincante hace que tu combinación funcione mal, entonces la combinación es *errónea*.

Lo cierto es que un jugador débil puede derrotar a otro más fuerte gracias a las combinaciones. Se puede llegar a esta situación cuando el jugador más fuerte se confía y espera una cierta secuencia de jugadas, de forma que se ve sorprendido por una combinación con una secuencia diferente de lo que él había calculado. Así que si eres el que tiene menos posibilidades, usa las combinaciones de esta sección para tumbar al enemigo.

Sacrificar una pieza para despejar una ruta

Sin duda, habrá ocasiones en las que quieras hacer una jugada pero no puedas ejecutarla debido a que una de tus propias piezas está entorpeciendo el camino; eso ocurre con frecuencia cuando quieres emplear una combinación. La solución puede ser sacrificar esa pieza, lo que se llama un *sacrificio de despeje* (porque estás despejando una ruta para otra pieza; el capítulo 6 te ayudará a saber más sobre sacrificios). Un sacrificio de despeje de líneas puede anticipar cualquier idea táctica o patrón básico de mate. Algunos jugadores ni siquiera piensan en hacer esos sacrificios, porque no suele ser deseable mermar las fuerzas de las propias tropas, pero debes recordar lo importante que es el factor sorpresa en el ajedrez. Si buscas secuencias tácticas y tu adversario no lo hace, tendrás muchas posibilidades de sorprenderlo y obtener una ventaja importante (o incluso la victoria).

Un ejemplo de una combinación de sacrificio de despeje es el mate de Damiano (se trata en el capítulo 7). En este caso, las blancas sacrifican ambas torres para quitarlas del camino, de modo que la dama pueda dar jaque mate. El diagrama 5-20 muestra la posición inicial de una combinación de sacrificio de despeje que se produjo en la partida Kárpov-Csom, 1977. La clave de esta combinación es identificar el patrón de mate (de nuevo el capítulo 7 tiene más información) de la torre y la dama. Si la dama blanca se pudiera mover a la casilla 'g7', daría jaque mate, pero ¿cómo puede llegar hasta ahí?

La intención de Kárpov (blancas) era llevar la dama de 'c7' a 'h2' para dar jaque al rey negro y finalmente rematarlo (con la dama en 'g7'). Sin embargo, el caballo de 'g3' obstruía el camino de la dama. La solución fue mover el caballo a 'f5' (1 Cf5), como se ilustra en el diagrama 5-21, para poder despejar la ruta de la

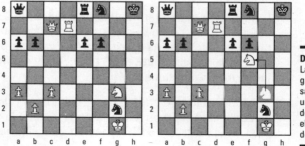

Diagr. 5-20:
La posición inicial para el sacrificio de despeje en la partida Kárpov-Csom, 1977

Diagr. 5-21:
Las blancas, gracias a sacrificar un caballo, despejan el camino de la dama

dama, aunque el peón de las negras pudiera capturar el caballo.

El peón negro de 'e6' puede comerse el caballo (1 ... exf5), como se indica en el diagrama 5-22a. No obstante, cuando la dama blanca llegue a 'h2' (2 Dh2+), atacará al rey negro por la columna h, como se ilustra en el diagrama 5-22b.

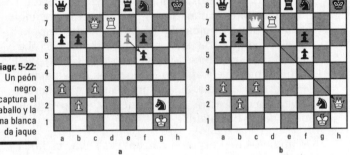

Diagr. 5-22: Un peón negro captura el caballo y la dama blanca da jaque

El rey puede escapar del jaque yendo a 'g8' (2 ... Rg8), como se observa en el diagrama 5-23a, pero la dama no ha terminado. El diagrama 5-23b muestra su siguiente ataque, un simple desplazamiento a 'g3' (3 Dg3+) para volver a dar jaque.

Las negras pueden huir del jaque moviendo al rey a 'h8' (3 ... Rh8), como se muestra en el diagrama 5-24a, pero el jaque mate es inevitable. La dama simplemente avanza directamente a 'g7' (4 Dg7++) y anuncia el jaque mate (diagrama 5-24b).

Volviendo a lo que podían hacer las negras (el peón se come el caballo blanco), tal como estaba la situación en el diagrama 5-21, no tenían que eliminar el

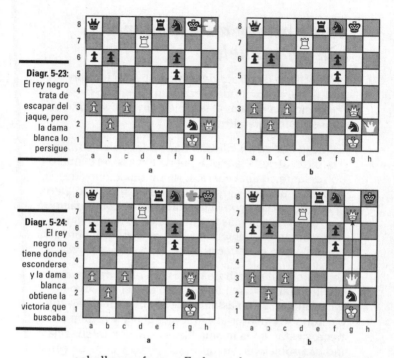

Diagr. 5-23: El rey negro trata de escapar del jaque, pero la dama blanca lo persigue

Diagr. 5-24: El rey negro no tiene donde esconderse y la dama blanca obtiene la victoria que buscaba

caballo por fuerza. En lugar de eso, podrían haberse desviado de la variante principal con otra jugada. Sin embargo, todas las variantes posibles hubieran acabado en mate. Las blancas podrían crear otra variante de despeje de línea, en este caso sacrificando la torre en 'h7', pues el caballo negro de 'f8' estaría obligado a capturar la torre, porque las negras deben responder a (2 Th7+) con (2 ... Cxh7). La dama entonces se movería a 'g7' y daría jaque mate (3 Dg7++). Como ninguna de las opciones de las negras puede impedir el mate, la combinación de sacrificio de despeje de Kárpov se considera correcta.

Cómo atraer a tu oponente con un señuelo

Un sacrificio de *atracción* sirve, como su nombre indica, para atraer una pieza a una casilla o *línea* (es decir, una columna, una fila o una diagonal), con consecuencias fatales.

La pieza que se sacrifica lo hace por el bien común y la pieza atraída, aunque pueda llevarse el señuelo por delante, al final caerá. Las combinaciones de atracción pueden darse en cualquier momento, pero, igual que sucede con la mayoría de las combinaciones, ocurren con más frecuencia en el medio juego. Normalmente, el objetivo es ganar material, pero si la combinación conduce al mate, tanto mejor.

La posición del diagrama 5-25 está preparada para que las blancas usen un señuelo con el objetivo de ganar material (un asunto que se trata en el capítulo 3). Aunque el material es parejo, el rey y la dama negros están en la misma fila, lo que con frecuencia indica problemas. Siempre que el rey y la dama estén

Diagr. 5-25:
Tener al rey y la dama en la misma fila suele ser fuente de problemas

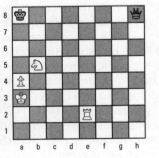

alineados en la misma fila, columna o diagonal, busca una idea táctica, como una clavada o una enfilada, para explotar la posición. Si no la encuentras, mira a ver si puedes ejecutar una combinación, en la que, por lo general, se sacrifica una pieza para que la idea táctica sea viable.

Las blancas explotan la posición del rey y la dama negros moviendo la torre a 'e8' para usarla como señuelo (1 Te8+), como se aprecia en el diagrama 5-26a. Las negras no tienen más opción que aceptar el regalo (1 ... Dxe8), como se observa en el diagrama 5-26b: si el rey se sale de la posición de jaque, la torre blanca simplemente captura a la dama.

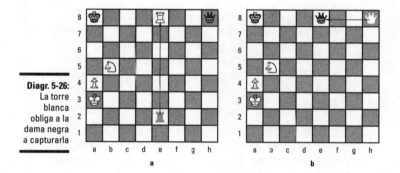

Diagr. 5-26: La torre blanca obliga a la dama negra a capturarla

Las negras están ahora preparadas para una horquilla (se explica en este mismo capítulo el ataque doble u horquilla) asestada por el caballo blanco en 'c7' (2 Cc7+), que ataca al rey y a la dama negros (diagrama 5-27). El caballo capturará a la dama negra en el siguiente turno de las blancas, puesto que las negras deben responder al jaque moviendo al rey.

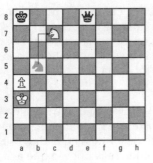

Diagr. 5-27:
El caballo blanco avanza para hacerles una horquilla al rey y a la dama negros

Desviar una pieza del rival de una casilla clave

La combinación que implica una desviación es similar a la atracción, pero en vez de atraer una pieza del oponente a un lugar en que encuentre su fin, la *desviación* hace que una pieza enemiga abandone una casilla, fila, columna o diagonal clave. Luego tú podrás usar en tu provecho esa casilla, fila, columna o diagonal.

A primera vista, la posición del diagrama 5-28a parece ser de *tablas* seguras (una situación en la que parece que ninguno de los dos jugadores pueda ganar). El material es parejo y no existen posibilidades de que ninguno de los dos pueda dar un mate del pasillo (en el capítulo 3 se dan los valores de piezas y en el capítulo 7 se explica el mate del pasillo). Sin embargo, la torre negra está defendiendo a la dama negra y si las blancas pueden obligar a la torre negra a que abandone la columna d, entonces las negras perderán su dama.

La torre blanca puede desviar la torre negra de la defensa de la dama moviéndose a 'e8', pues pone en jaque al rey negro (1 Te8+); puedes ver la situación en el diagrama 5-28b.

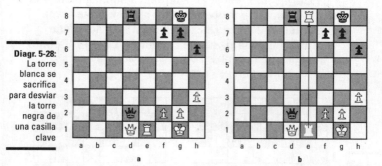

Diagr. 5-28:
La torre blanca se sacrifica para desviar la torre negra de una casilla clave

a

b

Si la torre negra captura la blanca (1 ... Txe8), como se muestra en el diagrama 5-29a, entonces la dama negra queda indefensa. Las blancas pueden comérsela con su propia dama (2 Dxd2), como se indica en el diagrama 5-29b, y así quedarán con una clara ventaja material.

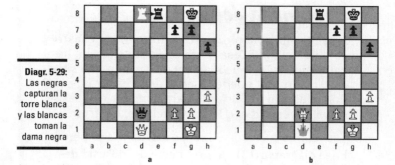

Diagr. 5-29:
Las negras capturan la torre blanca y las blancas toman la dama negra

a

b

Las negras pueden no tomar la torre que se ofrece, pero esa variante también es mala. Si el rey negro sale del jaque (1 ... Rh7), como en el diagrama 5-30a, entonces la torre blanca captura la torre negra (2 Txd8), como refleja el diagrama 5-30b. La torre y la dama blancas se protegen entre sí, aunque la dama negra se halle entre ellas: la dama negra no puede capturar ninguna pieza sin sucumbir a su vez. Debido a que ambas variantes son malas para las negras, esta combinación es correcta.

Diagr. 5-30: Aunque las negras no capturen la torre blanca, la dama sufrirá

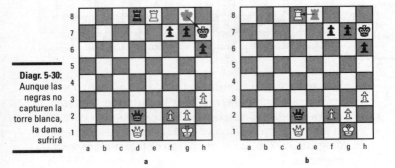

Destruir la defensa

A veces una sola pieza está evitando un desastre y la eliminación de esa pieza puede iniciar una hecatombe. Así es que si te encuentras en una situación como esa, puede valer la pena hacer un sacrificio material importante para eliminar al defensor clave o, como dicen los ajedrecistas, destruir la defensa.

En el diagrama 5-31, la torre negra de 'd8' está defendiendo a las negras de un mate del pasillo (que se describe en el capítulo 7). La torre es todo lo que hay entre la vida y la muerte. La dama blanca de 'g5' ataca la torre negra, que el caballo negro en 'c6' sostiene. A pesar de todo, como el caballo se mueve en forma de *L*, no podrá proteger la última fila si ocupa el lugar de la torre.

Diagr. 5-31: La torre negra, que está defendiendo la última fila, siente la furia de la dama blanca

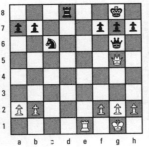

En el diagrama 5-32a, la dama blanca, al ir a 'd8' (1 Dxd8), se sacrifica para destruir la defensa (la torre). El caballo negro reemplaza la torre al capturar a la dama (1 ... Cxd8), como se muestra en el diagrama 5-32b, pero no puede cumplir la tarea de la torre.

Diagr. 5-32: El caballo no puede defender la última fila

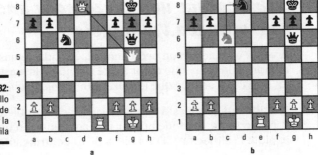

a

b

Aunque las blancas perdieron una dama por una torre, la oportunidad de asestar un jaque mate del pasillo con el movimiento de la torre blanca a 'e8' (2 Te8++), como se aclara en el diagrama 5-33, hace que el sacrificio material valga la pena.

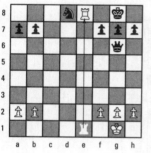

Diagr. 5-33:
Jaque mate;
la torre
blanca ases-
ta el mate
del pasillo

Cuando una pieza de tu rival esté desempeñando una función crucial, como en el caso de la torre negra, busca la manera de eliminarla. No tengas miedo de considerar cualquier posibilidad, incluso la pérdida de tu dama.

Sobrecargar una pieza para hacer que otra sea vulnerable

A veces una pieza o un peón tienen la agenda demasiado apretada y hay que elegir a qué reunión van a asistir. En este caso, se dice que la pieza está *sobrecargada*.

Cuando una pieza está sobrecargada, tiene problemas, y, por lo tanto, hay que buscar una combinación que explote la situación. Si una pieza de tu contrincante ha de atender a dos tareas críticas (tal vez defender dos piezas diferentes), es posible que puedas obligarla a que elija una de ellas en detrimento de la otra.

En el diagrama 5-34, la torre negra de 'd7' está sobrecargada: tiene a su cargo la defensa de la dama negra de 'd6' (que está siendo atacada por la dama blanca desde 'a3') y el peón negro de 'f7' (al que atacan el alfil y la torre blancos).

Diagr. 5-34: La torre negra de 'd7' está sobrecargada

Si las blancas capturan a la dama negra con su propia dama (1 Dxd6), como queda reflejado en el diagrama 5-35a, entonces la torre se ve obligada a abandonar la

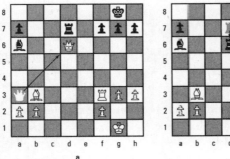
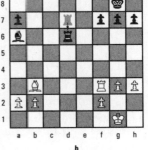

Diagr. 5-35: La dama blanca desvió la atención de la torre negra sobre el peón de 'f7'

a

b

defensa del peón de 'f7'. La torre debe capturar a la dama blanca (1 ... Txd6) para restaurar el equilibrio material (diagrama 5-35b).

Con la torre negra ahora en 'd6', no hay nadie que proteja el peón de 'f7' y las blancas tienen las manos libres para capturarlo. Tanto la torre blanca de 'f3' como el alfil de 'b3' pueden hacer el trabajo sucio (2 Txf7 o 2 Axf7+), como muestra el diagrama 5-36; sea como fuere, el peón ya no existirá.

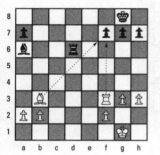

Diagr. 5-36: Las blancas pueden capturar el peón negro con el alfil o la torre

Capítulo 6

Sacrificios: cuando es mejor dar que recibir

● ●

En este capítulo

▶ Renunciar desde el principio a un peón: el gambito

▶ Traicionar al rey enemigo: el sacrificio clásico de alfil

▶ Recuperar una pieza poco después de un sacrificio

▶ Hacer planes: sacrificar a cambio de una compensación a largo plazo

● ●

Si fueras un rey o una dama, estuvieras separado y necesitaras dos empleos para poder pagar la escuela de tus peoncitos, sin duda creerías que ese esfuerzo es un sacrificio importante. En el tablero de ajedrez, en cambio, un *sacrificio* (real o de otro tipo) es simplemente una pérdida intencionada de una pieza valiosa (una pérdida *involuntaria* de algo valioso se llama, técnicamente, un *error garrafal*).

No obstante, en ocasiones uno puede pensar que está haciendo un sacrificio cuando, en realidad, no está haciéndolo; por ejemplo, si ganas la dama rival al precio de un caballo, podría parecer un simple sacrificio. Sin embargo, esa apreciación no es del todo correcta: es posible que creas que estás sacrificando el caballo, pero estás cambiándolo por una pieza de mayor valor.

Una de las cosas raras del ajedrez es que cada jugada tiene un lado positivo y otro negativo. Tienes que dar algo, ya sea material o espacio, para obtener algo, por ejemplo, una ventaja en el desarrollo (el capítulo 3 cuenta lo que necesitas saber acerca de estos elementos del ajedrez). Así, en general, cada jugada en una partida de ajedrez implica un cierto sacrificio.

Aunque es técnicamente correcto hablar de un sacrificio en cualquiera de los elementos del ajedrez, el sacrificio más frecuente es el material. Los sacrificios concretos y planeados de ciertas piezas, en los momentos oportunos, pueden ayudar a los jugadores a obtener ventaja. Los caballos pueden ser alanceados para que otras piezas se infiltren detrás de las líneas enemigas; los peones pueden arrojarse bajo los cascos de la caballería con tal de frenar un avance enemigo; y la dama puede interceptar una flecha dirigida al rey; todo para que algún día el resto del ejército viva en la abundancia (esto es, en el territorio ocupado por el vencedor). Lo más emocionante es sacrificar la dama porque es la pieza más poderosa. Los ajedrecistas tienen una tendencia a lo dramático; si alguno te entrega la dama y aun así te gana, puede esperar muchos comentarios irónicos y de mofa.

 Ningún verdadero amante del ajedrez puede negar que los sacrificios se cuentan entre los actos más dramáticos de una partida. Introducen un factor de desequilibrio entre las posiciones y, con frecuencia, actúan como un relámpago en un día tranquilo, al igual que las combinaciones (lee el capítulo 5 para saber más sobre combinaciones, ya que se suele recurrir a los sacrificios para poder combinar). Que tu rival haga un sacrificio que tú no habías considerado, puede ser muy perturbador. Lo mejor ante ese tipo de situaciones es tomarse unos momentos para recuperar la calma, y luego tratar de imaginarse qué está pasando y cuál es la mejor manera de proceder. La regla práctica es que la única manera de refutar un sacrificio es aceptarlo. Si no sabes qué hacer, mata la pieza que te ofrecen.

En este capítulo se analiza el sacrificio intencionado de un peón o de una pieza, ya sea de forma temporal o permanente, que un jugador ejecuta con la esperanza de recibir compensación o, en último término, de ganar la partida.

Sacrificar un peón a cambio de una ventaja de desarrollo: el gambito

Para que el ajedrez parezca difícil y misterioso, los ajedrecistas le han dado un nombre específico a un tipo muy frecuente de sacrificio. Llamamos *gambito* a sacrificar un peón durante la apertura. Los gambitos siempre implican el sacrificio de un peón, a cambio de una ventaja de posición. En otras palabras, cambias un peón por acelerar el *desarrollo* (el elemento del tiempo, cuyos detalles puedes leer en el capítulo 3) de tus piezas. El razonamiento es sencillo: si puedes poner en formación de ataque más piezas que tu adversario y en menos tiempo que él, es muy probable que acabes recuperando el material sacrificado, y con creces, pues tu rival estará muy ocupado en detener todas tus amenazas.

 Los gambitos gustan mucho, pero debes tener siempre en consideración que pueden ser muy peligrosos. Si no obtienes una ventaja que compense la entrega, te quedarás en inferioridad de condiciones, a la larga, habrás salido perdiendo en material.

Uno de los gambitos más legendarios del ajedrez es el *Gambito de Rey*; en él, se sacrifica el peón de f de las blancas. Este gambito sólo se puede dar cuando el jugador que conduce las negras contesta a 1 e4 con 1 ... e5, (aperturas abiertas). Las blancas y las negras avanzan dos casillas el peón de rey (diagrama 6-1).

Diagr. 6-1: El Gambito de Rey comienza con una jugada doble de peones de rey

La siguiente jugada de las blancas es avanzar el peón de alfil de rey dos casillas (2 f4), con lo que el peón blanco amenaza al peón de e negro a la vez que es amenazado por este (diagrama 6-2a). Las negras pueden aceptar el gambito y ganar material capturando el peón ofrecido (2 ... exf4), como se muestra en el diagrama 6-2b. Las blancas no pueden comerse inmediatamente el peón negro.

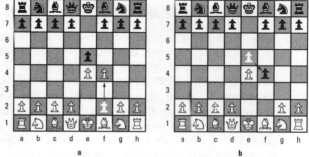

Diagr. 6-2:
El peón de
alfil de rey
blanco pone
su vida en
juego... y la
pierde

Las blancas estaban deseando entregar un peón con la esperanza de obtener una ventaja de espacio y controlar el centro (si el peón de rey de las negras captura el peón de f de las blancas, ya no disputa la casilla 'd4'). ¿Es el elemento material (las blancas tendrán un peón menos) más importante que el elemento espacial (las blancas tendrán ahora más control del centro)? En el ajedrez, este tipo de pregunta no tiene una respuesta definitiva; por eso uno juega las partidas y observa cómo se resuelven las situaciones.

Al igual que ocurre con la mayoría de los gambitos, muchos ajedrecistas tienen diferencias de opinión acerca de la eficacia del Gambito de Rey. A algunos jugadores les gusta y a otros no. En la alta competición, el Gambito de Rey se juega en raras ocasiones, por lo que se infiere que los mejores jugadores no piensan que sea la mejor apertura posible. No obstante, este gambito sigue siendo peligroso en los niveles inferiores de juego, en los que un sólo error de las negras puede permitir que las blancas se impongan.

Renunciar a un alfil

Uno de los primeros sacrificios registrados aparece en el famoso manual de ajedrez de Gioacchino
Greco (apodado *el calabrés*) publicado en 1619. Su
movimiento, llamado sacrificio clásico de alfil, se
ha ejecutado de forma notable desde entonces y se
aconseja que el estudiante serio de ajedrez conozca a
fondo este tipo de sacrificio. Casi todo jugador experimentado se ha aprendido esa maniobra porque en
la práctica se presenta con relativa frecuencia,
lo que significa que aparece en algunas variantes de
apertura habituales.

Un sacrificio de alfil es especialmente poderoso si
con él se consigue exponer al rey enemigo a un ataque. De tanto en tanto, la jugada puede llevar directamente al jaque mate, como en el siguiente ejemplo,
pero con frecuencia la maniobra sólo comporta la
recuperación de material (con intereses).

En el *sacrificio clásico de alfil* descrito por Greco, un
jugador sacrifica un alfil para dejar al rey enemigo
expuesto a un ataque violento de la dama en 'd1' y
un caballo en 'f3'. El alfil blanco de 'd3' tiene acceso
al rey negro por mediación del peón negro de 'h7',
y la dama blanca de 'd1', junto con el caballo de 'f3',
está preparada para entrar en la refriega. El diagrama
6-3 muestra la disposición básica para el sacrificio
clásico de alfil.

Para iniciar el sacrificio, el alfil blanco captura el
peón de 'h7' (1 Axh7+), lo que pone al rey enemigo
en jaque (diagrama 6-4a). Por supuesto, el rey negro
puede escapar del jaque yéndose una casilla a la

Diagr. 6-3: La disposición básica para el sacrificio clásico de alfil

derecha a 'h8', pero si no se come el alfil, entonces habrá perdido un peón a cambio de nada (se puede ver la captura del rey en el diagrama 6-4b).

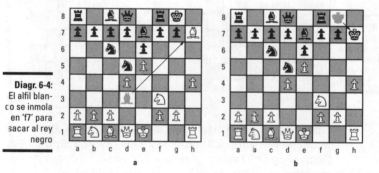

Diagr. 6-4: El alfil blanco se inmola en 'f7' para sacar al rey negro

a   b

Las blancas van ahora a la zaga en material, después de haber entregado un alfil por un peón, o tres puntos por uno (en el capítulo 3 están los detalles sobre el valor relativo de las piezas). Sin embargo, esta pérdida material es insignificante si las blancas pueden dar jaque mate.

Ahora, el caballo de 'f3' salta a la arena (2 Cg5+) y pone al rey negro en jaque (diagrama 6-5a). El alfil negro de 'e7' puede comerse el caballo merodeador, pero, si lo hace, su suerte estará echada. Las blancas podrían capturar el alfil con el peón de 'h4' y la torre blanca de 'h1' daría jaque al rey negro. La dama blanca podría luego unirse al festín en la siguiente jugada moviéndose a 'h5', y eso sería el fin para el rey negro. Si volvemos a la situación que estamos analizando, las negras evitan este fatal desenlace regresando con el rey a 'g8' (2 ... Rg8), como se aprecia en el diagrama 6-5b.

Diagr. 6-5: El caballo blanco da jaque al rey negro y este huye

Aunque las negras han evitado temporalmente el mate, se ven superadas una vez más por el despiadado avance de la dama blanca a 'h5' (3 Dh5), como se muestra en el diagrama 6-6. El jaque mate es inevitable: no importa lo que hagan las negras, las blancas moverán la dama a 'h7'. Por ejemplo, si las negras avanzan el peón de f a 'f6' (3 ... f6), entonces la partida acaba con la jugada de dama a 'h7' (4 Dh7++), ¡jaque mate!

Diagr. 6-6:
El rey negro
siente el
hedor de
la muerte
mientras la
dama blanca
lo persigue

Satisfacción inmediata: el sacrificio temporal

Los ajedrecistas dicen que los sacrificios que llevan directamente a la ganancia de más material son *sacrificios temporales*. Este tipo de sacrificio implica una pérdida inicial de material, pero a esta le sigue una recuperación inmediata o casi inmediata de material.

El siguiente ejemplo ilustra un sacrificio temporal. La posición es muy similar a la del diagrama 6-3 en la sección "Renunciar a un alfil", pero en este caso las blancas sólo ganan material y no llegan hasta el jaque mate (compara las posiciones de los diagramas 6-7 y 6-3: existen unas cuantas diferencias sutiles).

Como en el sacrificio clásico de alfil, las blancas sacrifican el alfil de casillas claras mediante la captura del peón de 'h7' (1 Axh7+), lo que pone al rey negro en jaque (diagrama 6-8a). El rey negro debe capturar el alfil (1 ... Rxh7) o sufrir la pérdida de un peón sin recibir compensación alguna, como se ve en el diagrama 6-8b.

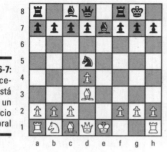

Diagr. 6-7:
El escenario está listo para un sacrificio temporal

Las blancas, entonces, sacan la dama a 'h5' (2 Dh5+) y con ello dan jaque al rey negro y, al mismo tiempo, atacan el caballo desprotegido de 'd5' (diagrama 6-9a). El rey negro se ve obligado a retirarse a 'g8' (2 ... Rg8, diagrama 6-9b).

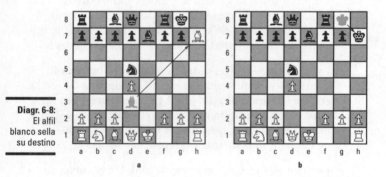

Diagr. 6-8:
El alfil blanco sella su destino

a

b

La retirada del rey negro permite que la dama blanca capture el caballo de 'd5' (3 Dxd5), como se observa en el diagrama 6-10. Las blancas ganan un caballo y un peón a cambio de un sacrificio temporal de alfil.

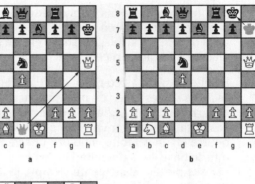

Diagr. 6-9:
La dama
blanca
amenaza
dos piezas
negras, así
que el rey
negro se
oculta

Diagr. 6-10:
La dama
blanca
captura
el caballo
negro

Un movimiento estratégico para quien no pierde la compostura: el sacrificio permanente

Un *sacrificio permanente* es aquel en que el material no se recupera inmediatamente. Usualmente, el objetivo al hacer este tipo de sacrificio es de tipo estratégico. Un bando cede material para obtener una ventaja duradera en otro elemento, como espacio o desarrollo (detallados en el capítulo 3). Este tipo de sacrificios no se pueden calcular: son un producto de la intuición y la imaginación, y elevan una partida de ajedrez a la categoría del arte.

En el ejemplo clásico de un sacrificio permanente, las blancas se deshacen de un peón para perturbar el desarrollo de las negras. En este caso, las blancas no se limitan a entregar un peón por desarrollo, como ocurre en un gambito, sino por una ventaja duradera que se base en la dificultad de las negras para coordinar sus piezas. El siguiente ejemplo te dará una idea de cómo puede funcionar un sacrificio de ese tipo. Revisa la posición inicial (una variante de la Defensa Caro-Kann) en el diagrama 6-11.

Diagr. 6-11: El tablero justo antes de que las blancas hagan un sacrificio permanente

Para iniciar el sacrificio, las blancas avanzan su peón en 'e5' a 'e6' (1 e6) y lo exponen a la muerte (diagrama 6-12a). El peón negro de 'f7' toma el peón blanco (1 ... fxe6); fíjate en el diagrama 6-12b.

Como respuesta a este sacrificio, las blancas no tratarán de recuperar el peón, sino que, simplemente, seguirán desarrollando sus piezas comenzando por

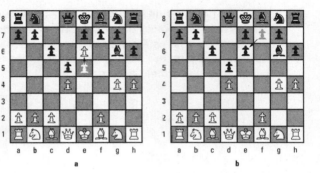

Diagr. 6-12:
El peón blanco acepta la muerte por el bien del equipo

mover el caballo del flanco de rey a 'f3' (2 Cf3); míralo en el diagrama 6-13. ¿Ha pasado inadvertida la valentía del peón blanco? De ninguna manera. La posición de las negras está desorganizada gracias al sacrificio de las blancas y les será difícil llevar las piezas a casillas buenas. En particular, las negras tienen peones doblados en la columna de rey; el peón de 'e7' no se puede mover mientras no lo haga el que está en 'e6' (el capítulo 3 explica el tema de los peones doblados); así que ninguna de las piezas negras puede desplazarse hacia la casilla 'e7' hasta que se muevan los peones

Diagr. 6-13:
Las blancas desdeñan la captura del peón negro y se concentran en el desarrollo

de rey. Es posible que las blancas necesiten muchas jugadas más para sacar partido del desorden de su contrincante, y no está claro que el peón pueda ser capturado, ni siquiera si será recuperado; por eso se dice que el sacrificio es permanente.

Capítulo 7

Los patrones del jaque mate

ualquier persona interesada en el ajedrez debería dedicarse a estudiar con seriedad los patrones del jaque mate. Por si tienes alguna duda, el *mate* del ajedrez no tiene nada que ver con la infusión: en ajedrez, *mate* significa combinar las facultades de las piezas para matar al rey enemigo, la posición que indica la victoria (suele decirse *mate*, la forma abreviada de jaque mate). Una de las mejores maneras de familiarizarse con la fuerza de cada pieza de ajedrez es tratar de dar jaque mate a un rey solitario con cada una de ellas, por separado. En seguida descubrirás que, incluso con el auxilio del rey, ni el caballo ni el alfil pueden dar jaque mate sin la ayuda de otra pieza, pero la torre y la dama sí (por supuesto, siempre y cuando el rey las ayude).

Algunos de los mates que se repiten con cierta frecuencia y que han sido estudiados en la bibliografía
ajedrecística se conocen, por lo general, como *patrones
de mate*. La mayoría de los buenos jugadores se saben de memoria muchísimos de ellos. Memorizar esos
patrones facilita el cálculo de jugadas, por lo que se
recomienda que todo ajedrecista asimile al menos algunos de los patrones descritos en este capítulo. En las
partidas de ajedrez, se repiten una y otra vez, y no hay
nada comparable a la sensación de ver que uno de ellos
surge en una partida que estamos jugando. Por otro
lado, si conoces un patrón, podrás anticipar las jugadas
necesarias para llegar hasta él. Te emocionarás cuando
veas el modo de dar jaque mate a tu rival, o te hundirás
cuando te des cuenta de que eres tú el que ha caído.

Cuidado con dejar la última fila sin protección: los mates del pasillo

El primer patrón de mate, y con mucho el más común, es el *mate del pasillo*, que implica una última fila
sin protección y un rey atrapado en ella. Una vez que
el rey se ha enrocado (en el capítulo 10 se describe
el enroque), suele encontrarse bajo la protección de
tres infantes (*peones del enroque*); pero, a veces, esos
guardianes se vuelven contra él: los peones protegen
al rey pero también lo encierran (diagrama 7-1). La
diferencia entre las posiciones de las blancas y de
las negras, en el diagrama 7-1, es que la torre blanca
protege su primera fila, pero la torre negra no está
haciendo lo propio.

Cuidado
con el mate del pastor

Suele ocurrir que los principiantes quedan seducidos por el poder de la dama y la mueven demasiado a menudo y demasiado pronto. Esta tendencia se refuerza cuando aprenden a dar el *mate del pastor* (mate es una forma breve de decir jaque mate). El mate del pastor es uno de los mates más rápidos que existen, pero es posible defenderse de él con facilidad. Primero, ambos jugadores adelantan los peones que están delante de sus reyes (1 e4 e5). Luego, ambos desarrollan los alfiles en una casilla central (2 Ac4 Ac5). Mira los dos diagramas siguientes.

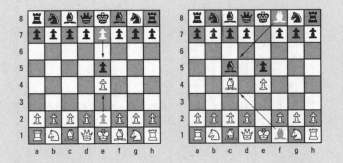

En la tercera jugada, las blancas sacan la dama para atacar varios peones negros (3 Dh5) y el caballo negro defiende el peón central (3 ... Cc6), que no es el peón que hay que defender. Observa en los siguientes dos diagramas esta escena llena de suspenso.

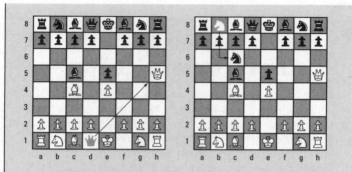

¡Las blancas dan jaque mate (4 Dxf7++)! El rey negro está atrapado, no tiene a donde moverse y no hay nadie que lo ayude. Mira el siguiente diagrama.

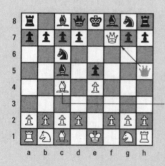

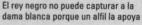

El rey negro no puede capturar a la dama blanca porque un alfil la apoya

El mate del pastor no es peligroso. He aquí una idea que impide que las blancas lo lleven a cabo: sacar el caballo antes que el alfil. Con ello, las negras no sólo impiden la jugada de la dama, sino que también amenazan el peón blanco avanzado; mira el diagrama siguiente. El plan de las blancas queda frustrado en la segunda jugada.

El caballo negro capturaría a la dama blanca si esta ocupara esta casilla

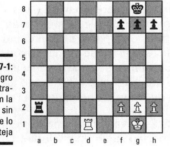

Diagr. 7-1:
El rey negro está atrapado en la última fila sin nadie que lo proteja

Las blancas aprovechan la falta de protección de la última fila y mueven la torre a 'd8' para dar mate al rey negro (1 Td8++), como se ve en el diagrama 7-2.

Si el turno de juego hubiera sido de las negras, estas podrían haber evitado el jaque mate moviendo cualquier peón hacia adelante y, con ello, el rey negro habría tenido una puerta para huir de la amenaza enemiga.

El rey negro está atrapado

Diagr. 7-2:
La torre
blanca da
mate a las
negras con
facilidad

Combinar lo pesado y lo liviano: mates de dama y peón

La dama no puede dar jaque mate sin ayuda, pero puede hacerlo incluso con la simple asistencia de un peón. Muchas partidas de ajedrez se han decidido por una variante de este mate de dama y peón. Primero veremos la forma más sencilla, que se encuentra en el ejemplo del diagrama 7-3, y luego una versión más complicada, aunque frecuente.

Por supuesto, las blancas llevan una dama de ventaja en esta situación y deberían ganar en cualquier caso,

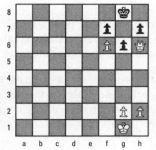

Diagr. 7-3:
El rey negro
no tiene
ningún lugar
a donde
escapar

pero la clave aquí es concentrar las fuerzas en las inmediaciones del rey negro. La posición del diagrama 7-3 ilustra un patrón de mate típico de dama y peón. El rey negro no puede escapar y es incapaz de evitar la amenaza de mate de las blancas. Como las blancas son mano, la dama avanza a 'g7' y pone en jaque a las negras (1 Dg7++); mira el diagrama 7-4. Las negras no tienen casillas abiertas a las cuales moverse y, debido a que el peón blanco de 'f6' sostiene a la dama, el rey negro no puede capturarla: ¡jaque mate!

El patrón de los diagramas 7-3 y 7-4 también se presenta cuando el peón blanco avanzado está en 'h6' y la dama está en 'f6'. La dama también puede dar jaque mate en 'g7'.

Ahora pasemos a la versión más compleja: En 1512, un boticario portugués llamado Damiano publicó un estudio del patrón de mate de dama y peón. El estudio concluye con un mate clásico de dama y peón que se conoce como el *mate de Damiano*.

El patrón de mate es esencialmente el mismo que en el primer ejemplo: el rey queda atrapado detrás de

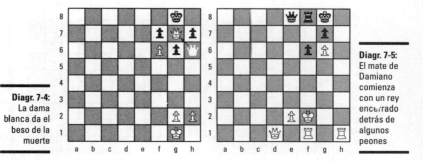

Diagr. 7-4: La dama blanca da el beso de la muerte

Diagr. 7-5: El mate de Damiano comienza con un rey encerrado detrás de algunos peones

una amalgama de peones blancos y negros (diagrama 7-5).

Una vez que se ha reconocido el patrón de mate, es fácil decidirse por el escalofriante *sacrificio de torre* (la torre entrega su vida por el bien común; se explica este concepto en el capítulo 5). En el diagrama 7-6a, las blancas sacrifican la torre que está en 'h1' llevándola a 'h8' (1 Th8+) y dan jaque al rey enemigo. Puesto que el rey negro no tiene otra jugada posible, ha de capturar la torre (1 ... Rxh8) para poder escapar del jaque (diagrama 7-6b).

La razón de sacrificar la torre de esta manera es que aunque la torre no puede dar jaque mate en 'h7', la dama sí puede hacerlo. El peón de 'g6' protegería a su soberana si esta llegara a 'h7'. El truco es imaginarse cómo dirigirla hasta esa casilla. Esta idea lleva a las blancas a buscar una secuencia forzada (en la que las negras no tengan tiempo de contraatacar) para conducir la dama a esa casilla. El concepto de apartar las torres del camino para permitir que la dama dé jaque mate es ahora un clásico del ajedrez. Los ajedrecistas hablan de *sacrificios de despeje* (lee el capítulo 5 para saber más sobre la combinación que implica el sacrificio de despeje).

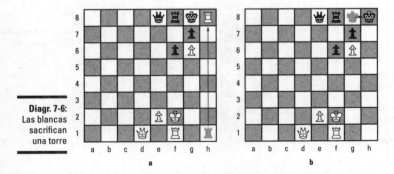

Diagr. 7-6: Las blancas sacrifican una torre

En el diagrama 7-7a las blancas dan jaque al rey con el movimiento de torre de 'f1' a 'h1' (2 Th1+). El rey de las negras sólo tiene una jugada para escapar del jaque y regresa a 'g8' (2 ... Rg8), donde estaba antes de la captura de la torre (diagrama 7-7b).

Diagr. 7-7:
Las blancas vuelven a dar jaque al rey negro con la torre restante

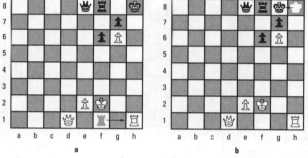

Ahora las blancas inmolan la otra torre moviéndola a 'h8' (3 Th8+), como muestra el diagrama 7-6, para despejar la ruta de la dama a lo largo de la primera fila (diagrama 7-8a). Las negras deben capturar la torre (3 ... Rxh8), igual que antes, como se ve en el diagrama 7-8b.

Diagr. 7-8:
Las blancas hacen un segundo sacrificio

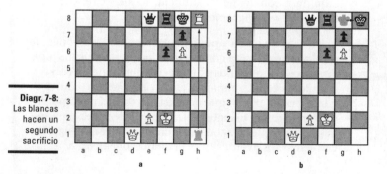

Ahora la dama blanca puede avanzar a la columna h (4 Dh1+) y poner en jaque al rey negro, como muestra el diagrama 7-9a. En respuesta a esta agresión, las negras deben retroceder al lugar de donde salieron, 'g8' (4 ... Rg8); se ve en el diagrama 7-9b.

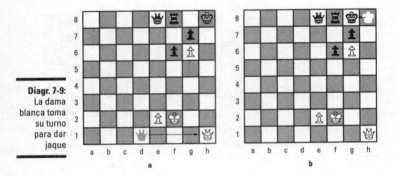

Diagr. 7-9:
La dama blanca toma su turno para dar jaque

Después de todas estas vueltas, ¿qué han logrado las blancas? Para empezar, perdieron dos torres. Sin embargo, en este caso el material no importa.

La siguiente jugada de las blancas es avanzar la dama a 'h7' (5 Dh7++), una casilla que está bajo la protección del peón de 'g6', y anunciar jaque mate; ahí han llegado en el diagrama 7-10.

Los mates de dama y peón ocurren con poca frecuencia en el ajedrez de alta competición porque todos los jugadores los conocen bien. En las competiciones de niveles inferiores, sin embargo, estos patrones de mate de dama y peón puede que no sean tan del dominio público; por lo tanto, el mate de Damiano puede ser un arma importante que se aconseja incorporar cuando alguien comienza sus aventuras en el mundo del ajedrez.

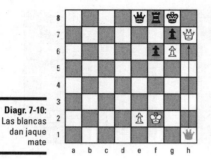

Su alteza se pasea a caballo: mates de dama y caballo

La combinación de dama y caballo es especialmente potente para dar mate. Esto es así porque el caballo tiene una capacidad de movimiento muy distinta de la de la dama: las dos piezas se complementan a la perfección, así que unen sus fuerzas de diversas maneras para producir patrones de mate.

El diagrama 7-11a muestra el principio de un patrón común de mate con dama y caballo. El caballo y la dama están atacando la casilla 'h7' y la amenaza directa es mate a la siguiente jugada (1 Dh7++). Observa que mover cualquiera de esos peones no ayudaría a las negras, porque el movimiento de la dama a 'h7' seguiría siendo jaque mate. La única oportunidad con la que cuentan las negras para escapar al jaque mate es alejar hasta 'c8' (1 ... Tc8) la torre que está cerrando el paso al rey, como refleja el diagrama 7-11b.

La retirada de la torre sólo prolonga la agonía; no obstante, las blancas, de todas formas, dan jaque

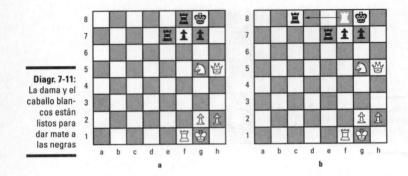

Diagr. 7-11: La dama y el caballo blancos están listos para dar mate a las negras

moviendo la dama a 'h7' (2 Dh7+), según se aprecia en el diagrama 7-12a. El rey negro se ve forzado a retirarse a 'f8' (2 ... Rf8) para escapar del jaque (diagrama 7-12b). Fíjate en que el papel del caballo es principalmente el de apoyar la incursión de la dama en la posición del rey negro.

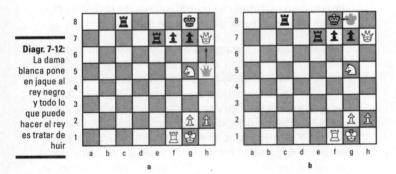

Diagr. 7-12: La dama blanca pone en jaque al rey negro y todo lo que puede hacer el rey es tratar de huir

El rey negro está atrapado en la octava fila, así que la dama blanca da jaque mate yendo a 'h8' (3 Dh8++), como queda patente en el diagrama 7-13.

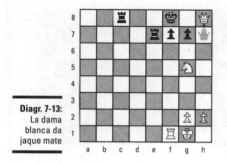

Diagr. 7-13:
La dama blanca da jaque mate

Dama y caballo también pueden combinarse para dar jaque mate de otras maneras. Una de estas combinaciones se conoce como el *mate de la coz*; en él, el agresor se aprovecha de la precaria situación de las piezas adversarias, que encierran a su propio rey. El mate de la coz es un poco más raro que los otros mates de dama y caballo, pero también vale la pena conocerlo. Si alguna vez se te presenta la oportunidad de dar mate de esta manera, considérate casi un genio.

En el diagrama 7-14a, la dama blanca en 'c4' pone en jaque al rey negro, así que el rey tiene que moverse. Si el rey negro se mueve una casilla a la izquierda, junto a la torre, la dama blanca podría dar jaque mate de inmediato acercándose a 'f7'. Observa cómo en ese caso, el caballo en 'g5' estaría apoyando una vez más a la dama. Así que las negras tratan de escapar de la amenaza huyendo con el rey a la casilla de la esquina, 'h8' (1 ... Rh8); se muestra en el diagrama 7-14b.

El caballo blanco salta a 'f7' (2 Cf7+), como ilustra el diagrama 7-15a, poniendo al rey negro en jaque y obligándolo a volver al lugar de donde partió (2 ... Rg8); míralo en el diagrama 7-15b.

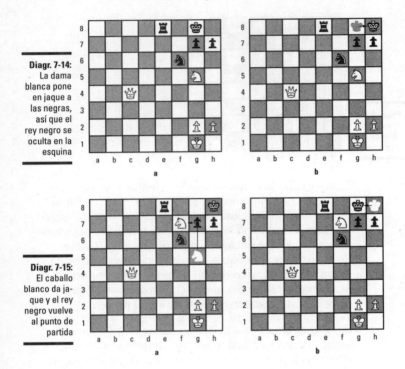

Diagr. 7-14: La dama blanca pone en jaque a las negras, así que el rey negro se oculta en la esquina

Diagr. 7-15: El caballo blanco da jaque y el rey negro vuelve al punto de partida

El caballo entonces se mueve a 'h6' (3 Ch6+), y da jaque doble. (El *jaque doble* ocurre si dos piezas a la vez, en este caso la dama y el caballo blancos, atacan al rey; diagrama 7-16a.) Este tipo de jaque es muy poderoso, porque obliga al rey a moverse. Las negras no disponen de recursos para bloquear ambos jaques ni para capturar las dos piezas que dan jaque. El rey ha de volver a la esquina (3 ... Rh8), como revela el diagrama 7-16b.

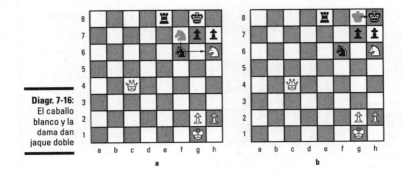

La siguiente jugada de las blancas te parecerá sumamente extraña si no conoces el patrón del mate de la coz: la dama blanca se sacrifica en 'g8' (4 Dg8+), situación reflejada en el diagrama 7-17a. Al hacerlo, la dama permite que el caballo dé jaque mate después. El caballo blanco defiende a la dama de 'g8', de modo que el rey negro no puede eliminarla. Realmente, no importa qué pieza capture a la dama (el caballo o la torre), puesto que en cualquier caso las blancas darán mate. En este ejemplo, las negras toman la dama con la torre (4 ... Txg8); observa el diagrama 7-17b.

Diag. 7-17:
La dama
blanca se
sacrifica
para que
finalmente el
caballo sea
el protago-
nista

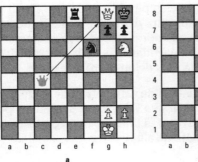

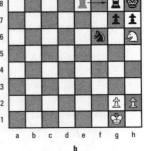

El caballo blanco salta a 'f7' (5 Cf7++) y anuncia jaque mate, como se muestra en el diagrama 7-18.

Diagr. 7-18: En honor de la dama caída, el caballo blanco da un valiente jaque mate

Crear una batería de alfil y torre

Además de dama y caballo, las otras dos piezas (la torre y el alfil) hacen una pareja estupenda para dar mate. Las dos piezas se complementan porque la torre controla las columnas y las filas, mientras el alfil domina las diagonales.

El *mate de Morphy*, llamado así en honor de Paul Morphy, es un ejemplo de lo bien que el alfil y la torre trabajan juntos para dar mate. Morphy fue uno de los más grandes jugadores de todos los tiempos. Jugó algunas de las partidas más bellas de la historia del ajedrez y legó más de un patrón de mate.

La posición inicial de este patrón de mate se representa en el diagrama 7-19. No te preocupes por cuántas piezas haya en el tablero; sólo concéntrate en el patrón de mate de alfil y torre.

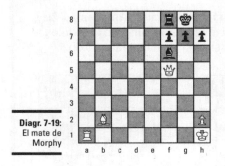

Diagr. 7-19:
El mate de
Morphy

A partir de la posición inicial, las blancas hacen una jugada sorpresa para producir de manera inevitable un jaque mate. La dama blanca captura el alfil negro de 'f6' (1 Dxf6), como se refleja en el diagrama 7-20a, y con ello obliga a que el peón de 'g7' abra la posición del rey (1 … gxf6); obsérvalo en el diagrama 7-20b. De otro modo, la dama blanca podría capturar en la jugada siguiente el peón de g, el cual protege al rey negro (fíjate en que el alfil de 'b2' está apoyando a lo largo de esa diagonal larga).

La captura de las negras crea una línea hasta el rey negro a lo largo de la columna g abierta. La torre de 'a1'

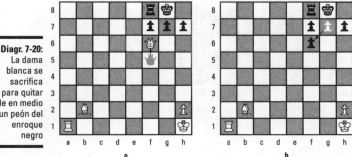

Diagr. 7-20:
La dama
blanca se
sacrifica
para quitar
de en medio
un peón del
enroque
negro

a   b

se dirige a 'g1' (2 Tg1+) para dar jaque (diagrama 7-21a), de manera que obliga al rey a refugiarse en la esquina (2 ... Rh8); está representado en el diagrama 7-21b.

Diagr. 7-21: La torre blanca da jaque al rey negro, que ha de poner pies en polvorosa

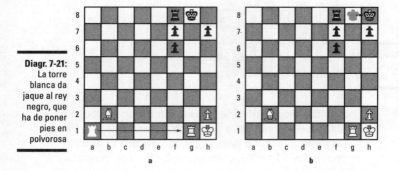

a   b

Como la torre corta la columna g, las blancas dan jaque mate capturando el peón de 'f6' con el alfil (3 Axf6++), lo que deja al rey negro sin posibilidad de escape; mira el diagrama 7-22.

Diagr. 7-22: La torre y el alfil forman equipo para dar jaque mate

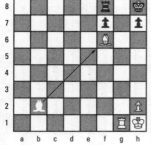

Capítulo 8

Reconocimiento de patrones

· ·

En este capítulo

▶ Saber por qué y cómo planear

▶ Analizar la estructura de peones

▶ Prepararse para el final

· ·

*U*no de los grandes mitos que rodea al ajedrez es que uno debe ser una calculadora humana para jugar. Si bien es cierto que toda partida –y toda jugada– implica hacer ciertos cálculos, cuando los jugadores de ajedrez toman decisiones, confían principalmente en el *reconocimiento de patrones* (la capacidad de identificar configuraciones repetidas de piezas y peones) y en la intuición. Rara vez lo dicen, porque la mayor parte del tiempo este proceso es inconsciente. Si les preguntas por qué hicieron una jugada en lugar de otra, con frecuencia responden "Simplemente, sabía cuál era la jugada correcta" o alguna otra frase similar que tampoco aclara gran cosa.

Si no estás familiarizado con el ajedrez, posiblemente todas las posiciones del tablero te parecerán igual de caóticas. Si, en cambio, has visto decenas y decenas de partidas, podrás comprender de un vistazo el significado de muchas posiciones de las piezas en relación con otras. Algunos estudiosos y psicólogos del ajedrez han comparado esta acumulación de patrones reconocibles con una especie de vocabulario de ajedrez. Las palabras de cualquier idioma extranjero suenan poco familiares la primera vez que se oyen, pero después de construir un vocabulario, uno entiende muchas palabras, términos y conceptos del lenguaje sin pensarlo conscientemente. Esa misma idea funciona, en general, con el ajedrez.

En este capítulo se explicará de qué forma el ajedrez es un continuo reconocimiento de patrones. A medida que vayas asimilando tácticas, como la clavada o el ataque doble (explicados en el capítulo 5), aprenderás a reconocer un patrón. Y cuando estudies los patrones de mate (capítulo 7) construirás un acervo de conocimientos que te ayudará durante las partidas. Poco a poco podrás anticipar posibles maniobras y jugarás mucho mejor. Lo que es más importante: si puedes recordar los detalles de unos cuantos patrones de estructuras de peones, tu juego en la apertura y en el principio del medio juego se hará mucho más coherente e intencional. Si, además, desarrollas una técnica de finales adecuada, conseguirás jugar una buena partida.

Analizar las posiciones y hacer planes

Los buenos jugadores pueden evaluar rápidamente muchos tipos de posiciones porque han visto antes posiciones similares. Por supuesto, la mayoría de las posiciones de ajedrez tienen características y sutilezas particulares, pero los ajedrecistas toman como punto de partida una base común de conocimientos acerca del juego y calculan a partir de ahí las variantes posibles. Puedes, por lo tanto, concentrarte sólo en algunas jugadas principales y estudiarlas con detenimiento para reducir así el cálculo de variantes.

Procesar y analizar posiciones de ajedrez parece ser una de esas cosas relacionadas con los dos hemisferios cerebrales. Las personas que tienen mejores habilidades en cuanto a las relaciones lógicas y espaciales parecen ser capaces de asimilar los patrones de ajedrez con mayor facilidad que las que no son tan duchas en ese área. Los jugadores con mejor orientación espacial construyen su vocabulario ajedrecístico con más rapidez que quienes no tienen tanta orientación. No obstante, cuando realmente se desarrolla la habilidad del reconocimiento de patrones es cuando se adquiere experiencia. Una vez que hayas aprendido suficientes posiciones, empezarás a saber qué jugadas son dignas de consideración casi sin tener que meditarlas y no te molestarás en examinar todos los movimientos posibles.

A casi todos los maestros del ajedrez les han hecho la siguiente pregunta: "¿Cuántas jugadas puede prever?". Un gran maestro contestó que sólo una, la mejor. Esta declaración tiene su parte de verdad. Cuando me preguntan a mí, siempre respondo que eso depende. Si quieres saber si analizo todas las posibilidades que tengo en cualquier posición dada, la respuesta es un no rotundo. Si lo que deseas es saber cuántas jugadas puedo anticipar en alguna secuencia en especial, la respuesta es que en ciertos casos puedo ver muy lejos y en otros casos puedo prever sólo unas cuantas jugadas. Cuando la posición es de naturaleza forzosa, lo que significa que las jugadas son muy predecibles y reconozco el patrón, entonces puedo calcular por anticipada hasta una docena de jugadas, y a veces más. Cuantos más patrones reconozca, más jugadas puedo anticipar.

Aprender formaciones de peones

Los patrones más fáciles de reconocer, además de los de jaque mate (consulta el capítulo 7), son las formaciones de peones, conocidas también como estructuras de peones. Cuando hablamos de *formaciones de peones* nos referimos a las relaciones existentes entre los peones blancos y los negros. La mayoría de los maestros son capaces de ver la estructura de peones de un tablero a mitad de partida y hacer una suposición bastante acertada de cómo empezó. Pueden hacerlo porque los peones son más lentos que las piezas y tardan más en cambiar sustancialmente de una fase de la partida a la siguiente.

En virtud de su naturaleza relativamente estática, los peones indican cuáles son las mejores casillas para las piezas, tanto para atacar como para defenderse de los ataques. Debido a que los peones no tienen tanta movilidad como las piezas, gran parte de la estrategia del medio juego –en el que ocurre el grueso de la batalla– gira alrededor de las formaciones de peones, y muchos de los finales –aun cuando sean ligeramente diferentes– que surgen de estas formaciones están vinculados entre sí por hilos comunes; por lo tanto, que comprendas las formaciones de peones es muy importante para que mejore tu juego.

Estudiar las formaciones de peones comunes a unos cuantos sistemas de apertura te dará el conocimiento de una estrategia general que te guiará en la selección de jugadas concretas cada vez que te toque mover. Puesto que es imposible aprenderse todas las aperturas del ajedrez, la mayoría de los jugadores se concentran en una o dos aperturas para jugarlas cuando conducen las blancas y un par más para cuando llevan las negras. Si te familiarizas con las formaciones, podrás elegir jugadas buenas, por lo general, aunque no siempre sean las mejores (los aspectos básicos de las formaciones de peones se abordan aquí, pero en el capítulo 9 hay detalles sobre formaciones más avanzadas).

La Defensa Francesa y la cadena de peones

La formación de peones que mejor entiendo surge de una apertura llamada *Defensa Francesa*. La Defensa Francesa recibió este nombre en 1834, cuando un equipo parisino la empleó para derrotar a un equipo londinense en un encuentro por correspondencia. El diagrama 8-1a reproduce la posición inicial de la Defensa Francesa. Las blancas (los ingleses) abren el juego moviendo el peón de rey dos casillas (1 e4). Las negras (los franceses) responden avanzando una casilla con el peón de rey (1 ... e6). La idea subyacente en la Defensa Francesa es asediar el peón central de las blancas para disputar el dominio del centro del tablero. La primera jugada negra es el trampolín de la segunda jugada. Cuando las blancas avancen dos casillas el peón de dama (2 d4), las negras harán lo propio, moviendo el peón en 'd7' a 'd5' (2 ... d5; diagrama 8-1b). Las negras han formado ahora una *cadena de peones* –que es el término que los ajedrecistas usan para referirse a los peones que están vinculados entre sí– en las casillas 'f7', 'e6' y 'd5'.

Las blancas no disponen de muchas opciones, pero hay una variante que nos brindará la oportunidad de analizar la cadena de peones. Las blancas, si dan otro paso con el peón de rey (3 e5), crearán, a su vez, una cadena de peones en las casillas 'd4' y 'e5', como se observa en el diagrama 8-2a.

Las cadenas de peones se presentan en muchas partidas y la capacidad de manejar correctamente esas cadenas es una de las claves para jugar bien al ajedrez. Aaron Nimzovich, un gran experto en la Defensa Francesa, enseñaba a los ajedrecistas que debían atacar una cadena de peones por su base. Si la base se destruye, toda la cadena se debilita.

Armado con las enseñanzas de Nimzovich, uno puede predecir fácilmente la respuesta más usual de las ne-

Diagr. 8-1: En la Defensa Francesa, las blancas ocupan dos casillas centrales y las negras una

a

b

gras: un avance del peón de 'c7' (3 ... c5) para atacar el peón blanco de 'd4', la base de la cadena (como refleja el diagrama 8-2b).

Diagr. 8-2:
Las blancas crean una cadena de peones y un peón negro se mueve para atacar la base

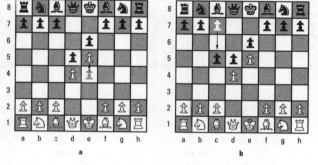

a

b

Atacar de manera agresiva una cadena de peones avanzada, sin demora y con insistencia, es vital. Si no atacas la cadena de esta manera, tu rival obtendrá ventaja de espacio: el peón de 'e5' está avanzado y es preciso deshacer la cadena para evitar que tu rival monte un ataque aprovechando que tú no tienes espacio para maniobrar y hacer frente a dicho ataque.

La siguiente jugada de las blancas es fácil de comprender si sabes donde radica la fuerza de la cadena de peones (diagrama 8-3a). Cuando el peón blanco de 'c2' se mueve a 'c3' (4 c3), las blancas establecen una cadena de peones aún más larga, cuya base está muy adentro del territorio blanco y, por lo tanto, es muy difícil de atacar. Ahora, la estrategia de las negras es mover el caballo de 'b8' a 'c6' (4 ... Cc6) con la intención de continuar atacando el peón central y tratar de romper la cadena, como se muestra en el diagrama 8-3b.

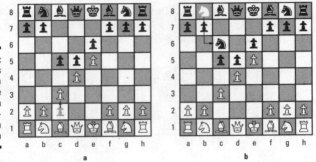

Diagr. 8-3:
Las blancas amplían la cadena de peones y un caballo negro intenta romperla

Las blancas saben exactamente lo que las negras están tratando de lograr y traen refuerzos (5 Cf3) para proteger el peón central amenazado (diagrama 8-4a). La siguiente jugada de las negras puede resultar extraña si no se entiende el juego estratégico negro. Una vez más, la meta es fundir el punto vulnerable de la cadena, el mismo punto que el peón y el caballo negros están atacando, y que el peón y el caballo blancos están defendiendo. La estrategia en la variante del avance de la Defensa Francesa se centra en el ataque y la defensa de ese único punto.

Diagr. 8-4:
El caballo blanco responde al ataque de las negras, así que la dama negra se lanza con toda su furia

Para continuar la agresión, la dama negra de 'd8' se mueve a 'b6' (5 ... Db6); estamos en el diagrama 8-4b. La dama ataca 'd4' al lanzar su peso para apoyar al peón negro.

En este punto, las opciones de las blancas son muy variadas, pero todas se basan en el ataque y la defensa de la cadena de peones. Si las blancas protegen la cadena, entonces obtendrán ventaja espacial ya que la cadena se encuentra muy avanzada (en el capítulo 3 puedes leer algo sobre el tema del espacio). Como consecuencia de esta ventaja espacial, las piezas blancas tendrán más opciones que las negras y –a menos que las negras dispongan de muchos recursos– podrán crear amenazas contra las cuales las negras no tengan defensa.

Las negras, por su parte, seguirán tratando de socavar la cadena de peones. Si la cadena de peones se debilita (por ejemplo, si la base se puede atacar fácilmente), entonces las piezas blancas están obligadas a defenderla. Estas piezas dedicadas a la defensa pueden volverse pasivas (si no hacen gran cosa aparte de estar de guardia). En general, las piezas pasivas son menos poderosas que las activas, y si las negras consiguen que las piezas blancas asuman posiciones pasivas, podrán tomar el mando de la partida, volverse agresivas y lanzar un ataque.

Este tira y afloja de los puntos clave es justamente lo que llena de tensión una partida de ajedrez. Quien logre a corto plazo asegurar (o socavar) la cadena de peones podrá concentrarse en una meta a largo plazo, como ganar material.

Después de la Defensa Francesa: formaciones de peones típicas

Desde el principio de la apertura, ambos jugadores tienen a su disposición una gran variedad de opciones por lo que al juego de peones se refiere. Los jugadores pueden elegir entre cambiar peones, atacar los contrarios con piezas o con otros peones, o proteger peones asimismo con piezas o con otros peones. A pesar de ello, el número de formaciones de peones resultantes siempre se reduce a una cantidad manejable. Cuando te hayas familiarizado con ellas, lo mejor que puedes hacer es examinar partidas magistrales. Es posible que empieces a comprender algunas jugadas que antes te desconcertaban. Pronto tendrás una idea de cómo hay que jugar esas formaciones y, entonces, ninguna jugada de tu rival te desconcertará.

La primera de las formaciones típicas de peones que surgen de la Defensa Francesa, y que quiero que analices en esta sección, es la más básica. Ahora usaremos los diagramas para mostrar sólo el juego de peones y para que puedas ver claramente las formaciones de peones sin interferencias (observa el diagrama 8-5), aunque, por supuesto, las piezas siguen formando una parte importante de la estrategia.

En la posición básica del diagrama 8-5, la partida se centra en el ataque y la defensa del punto 'd4'. A veces, las blancas renuncian a él cuando capturan en 'c5' con el peón de 'd4' (1 dxc5) para lanzarse a un ataque rápido. Las negras capturan el peón blanco de 'c5' con una pieza (que sigue siendo invisible porque estamos mostrando sólo los peones). La formación de peones resultante aparece en el diagrama 8-6. Las

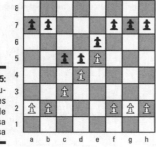

Diagr. 8-5:
La estructura de peones típica de la Defensa Francesa

negras podrían comenzar un ataque contra el peón avanzado de 'e5', que, momentáneamente, ha quedado sin protector, lo que obliga a las blancas a encontrar una nueva manera de defenderlo.

Las blancas deberán usar una pieza para defender el peón avanzado (recuerda que a las piezas no les gusta montar guardia, prefieren estar atacando algo) o traer otro peón, el de 'f2' a 'f4', que haga las veces de defensor. Si las blancas optan por el segundo curso de acción, la formación resultante puede parecerse a la del diagrama 8-7a. Las negras pueden golpear entonces la cabeza de la cadena de peones con el

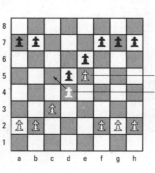

El peón ha perdido su protector

El peón blanco que estaba aquí ha capturado una pieza, pero, a su vez, otra pieza negra lo hace desaparecer del tablero

Diagr. 8-6:
La cadena blanca de peones está rota

peón de f (...f6) y crear un estructura similar a la del
diagrama 8-7b.

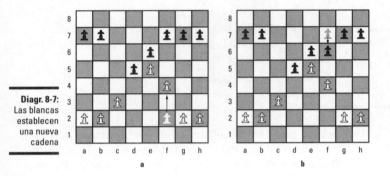

Diagr. 8-7:
Las blancas
establecen
una nueva
cadena

Los peones cuentan con la posibilidad de comerse entre
sí, pero podría haber dos tipos diferentes de formaciones
si lo hicieran. Si el peón blanco captura el peón negro
(exf6) y una pieza negra hace lo propio con el peón
blanco de 'f6', la estructura se verá tal como aparece en
el diagrama 8-8 (con la salvedad, recuérdalo, de que no
estamos mostrando las piezas sino sólo los peones).

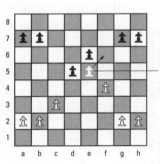

Diagr. 8-8:
El peón
blanco ha
capturado el
peón negro
y luego
sucumbe

El peón blanco se ha movido para
capturar el peón negro y sucumbe
inmediatamente

Si, por otra parte, las blancas deciden no capturar el peón negro y hacen alguna otra jugada (que no se muestra para mantener la atención en la formación de peones), la partida tomará otro cariz. El peón negro puede comerse el peón blanco (fxe5) y las blancas pueden volver a capturar. La estructura se vería como la del diagrama 8-9.

Evidentemente, las blancas, a partir del diagrama 8-5, pueden emplear una estrategia completamente diferente. Las blancas no tienen por qué abandonar la cadena de peones. Si las blancas juegan de esta manera, las negras pueden *cambiar peones* (las negras capturan el peón de 'd4' con el peón de 'c5' (... cxd4), y las blancas hacen lo propio con su peón de c (cxd4). La base de la cadena estaría entonces en 'd4'. La formación sería la del diagrama 8-10.

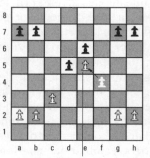

Diagr. 8-9: El peón blanco de f captura y las blancas mantienen 'e5'

Este peón blanco se ha comido el peón negro que acababa de eliminar el peón blanco avanzado

Diagr. 8-10: Las negras juegan (... cxd4) y las blancas hacen lo mismo

Después de que el peón negro capture un peón blanco, este peón blanco lo elimina

Los patrones de los finales

Algunos finales son teóricos y sabemos que se ganan,
se pierden o quedan en tablas, pero dependiendo de tu
habilidad para reconocer ciertos patrones de final serás
capaz o incapaz de lograr el resultado deseado. Puedes
imaginar qué patrones de final funcionan y cuáles no
mientras juegas, o puedes aprenderlos previamente en
casa (se recomienda lo segundo). Una vez que hayas
incorporado a tu repertorio algunos de estos patrones,
notarás un gran avance en tu fuerza de juego.

Los patrones de final de partida son una parte importante del ajedrez y todos los jugadores deben
comprenderlos. Los jugadores novatos, no obstante,
pueden pensar que se podrán preocupar del final de
la partida cuando lleguen a él, si es que llegan. Esa
manera de pensar es errónea, principalmente debido
a la enorme dificultad que implica inventar (o, más
exactamente, reinventar) la línea de juego correcta
cuando se llega a esa parte de la partida (lo que probablemente tendrás que hacer si has sido perezoso y no
has estudiado finales). Por supuesto, la mayoría de los
jugadores encuentra muy útil la capacidad de determinar si cierto patrón de final conduce a la victoria, a las
tablas o a la derrota, antes de ponerlo en práctica. Es
probable que muchas de las decisiones que tomes en
el medio juego dependan del conocimiento de esos patrones (por ejemplo, ¿debo cambiar damas e ir al final,
o mantener la dama en el tablero e ir al ataque?).

Lo bueno del asunto es que no tienes que estudiar todos los finales que existen, sobre todo si lo único que
pretendes es echar algunas partidas. Sin embargo,
si tu meta es convertirte en un maestro de ajedrez,
tendrás que dominar la última fase del juego.

Hay que precisar que los patrones de final no deben confundirse con los patrones de mate, que tanto pueden presentarse en el medio juego como en el final.

El patrón de final conocido como la *posición de Lucena* fue registrado por primera vez en el libro más antiguo de ajedrez conocido, escrito en 1497 por Luis Lucena. Este patrón, con sus dos métodos de juego, es sólo uno de los muchos patrones de final que puedes usar para fortalecer tu juego. No obstante, enriquecer tu vocabulario ajedrecístico con éste y otros patrones de final exige mucho estudio, y, como el verdadero estudio en cualquier otro campo, el dominio requiere trabajo.

El diagrama 8-11 muestra la disposición inicial de la posición de Lucena.

En este patrón de final, las blancas están tratando de *coronar el peón* de 'd7' (avanzarlo hasta la última fila y convertirlo en dama; en el capítulo 10 se trata esta jugada especial conocida como *promoción de peón*), y las negras quieren impedirlo. Si las negras evitan que el peón corone, la partida terminará en tablas porque ha desaparecido la única ventaja de que

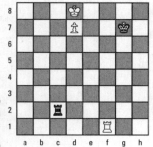

Diagr. 8-11:
La posición
de Lucena

disponían las blancas. Si las blancas consiguen que las negras sacrifiquen la torre por el péon de 'd7' para que éste no corone, las blancas darán mate usando el mismo patrón que hemos descrito en el capítulo 7.

Lucena demostró que existen dos métodos que conducen a la victoria blanca. El primer método es probablemente el más sencillo, pero hay que conocerlos ambos porque cualquier leve desplazamiento de las piezas –respecto a la posición que estamos estudiando– puede obligarte a usar un método en detrimento del otro.

Transferir la torre

La primera idea es que las blancas transfieran –en dos tiempos– la torre de 'f1' a la octava fila, específicamente a 'c8', para apoyar el avance del peón. El primer paso en la transferencia se muestra en el diagrama 8-12a: la torre blanca se desliza a 'a1' (1 Ta1). Las negras contestan llevando al rey a 'f7' para acercarse al peón (1 ... Rf7), como se ve en el diagrama 8-12b.

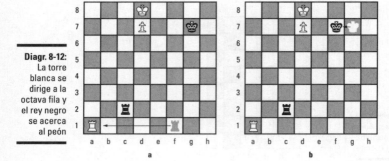

Diagr. 8-12: La torre blanca se dirige a la octava fila y el rey negro se acerca al peón

Las blancas transfieren la torre a la octava fila (2 Ta8; diagrama 8-13a). Las negras hacen una jugada de espera con la torre porque no tienen nada mejor que hacer (2 ... Tc1; diagrama 8-13b). Observa que si las negras intentan atacar el peón con el rey, en realidad estarían sirviendo de escudo para el rey blanco, que podría moverse a 'e8', lo que permitiría que el peón se coronara a la siguiente jugada (fíjate en que el rey negro impediría que la torre negra diera jaque al rey blanco).

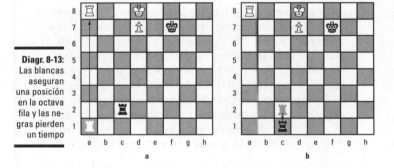

Diagr. 8-13:
Las blancas
aseguran
una posición
en la octava
fila y las ne-
gras pierden
un tiempo

Las blancas atacan la torre negra (3 Tc8), como se muestra en el diagrama 8-14a, y la obligan a abandonar la columna c. La torre negra, por lo tanto, no tiene nada mejor que hacer que atacar el peón blanco, así que se mueve a 'd1' (3 ... Td1); mira el diagrama 8-14b. La primera parte de la estrategia blanca ha concluido; ahora el rey blanco dispone de una vía de escape.

El rey blanco se mueve a 'c7' (4 Rc7), porque la torre negra ya no está atacando la columna c, para despejar el camino del peón, como se muestra en el diagrama 8-15a.

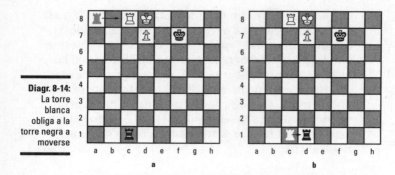

Ahora las negras deben dar jaque al rey para impedir que el peón corone, de modo que la torre de 'd1' jaquea en 'c1' (4 ... Tc1+), como en el diagrama 8-15b. Si en lugar de eso el rey negro se aproxima otra vez al peón (4 ... Re6), las blancas podrían ganar con un jaque de torre (5 Te8+). Esto obligaría al rey a retirarse y permitiría que el peón se coronara (6 d8=D). Las negras, pues, tendrían que ceder la torre por la dama (6 ... Txd8) y dejarían a las blancas con rey y torre contra rey (un mate que se estudió en el capítulo 4).

El rey blanco sale del jaque (5 Rb6), como se muestra en el diagrama 8-16. Las negras pueden continuar

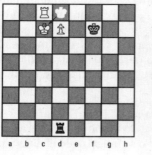
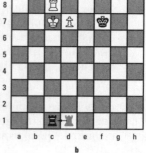

dando jaques al rey con la torre pero sólo hasta que el rey se acerque a la torre para atacarla. Llegados a ese punto, las negras deberán entregar la torre por el peón y posteriormente recibirán mate.

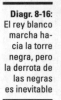

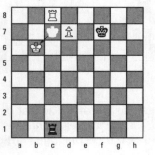

Diagr. 8-16: El rey blanco marcha hacia la torre negra, pero la derrota de las negras es inevitable

Construir un puente

El segundo método para ganar se llama *construir el puente*. En este método, las blancas emplean la torre para evitar que el rey sea objeto de jaques.

El patrón inicial para la construcción de un puente es la posición de Lucena (diagrama 8-11). A partir de ahí, el primer paso para las blancas es mover la torre a la cuarta fila (1 Tf4), como se muestra en el diagrama 8-17a (el sentido de esta jugada quedará claro al final de este ejemplo). Debido a que la torre negra no tiene nada mejor que hacer, sólo puede perder tiempos de diversos modos (en este caso 1 … Tc1), nada de lo cual afectará el resultado final (diagrama 8-17b).

El rey blanco sale de debajo de la cobertura del peón (2 Re7), como ilustra el diagrama 8-18a. La mejor

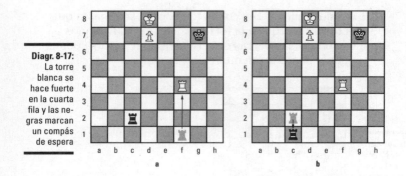

defensa con que cuentan las negras es acosar constantemente al rey blanco, así que las negras dan jaque al
rey adversario (2 ...Te1+); mira el diagrama 8-18b.

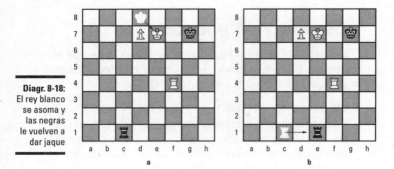

El rey se mueve a la misma columna que el peón
(3 Rd6; como se muestra en el diagrama 8-19a). Las
negras dan jaque al rey (3 ... Td1+); mira el diagrama 8-19b.

Las blancas alejan al rey (4 Re6) y siguen protegiendo
el peón (diagrama 8-20a). Las negras dan jaque al rey

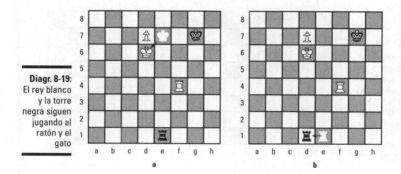

Diagr. 8-19:
El rey blanco y la torre negra siguen jugando al ratón y el gato

una vez más (4 ... Te1+), como comprobarás en el diagrama 8-20b.

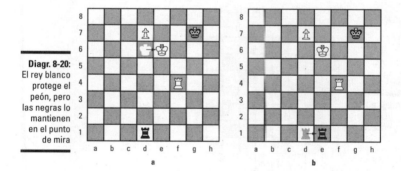

Diagr. 8-20:
El rey blanco protege el peón, pero las negras lo mantienen en el punto de mira

Las blancas avanzan al rey hacia la torre negra (5 Rd5) y, una vez más, salen del jaque; mira el diagrama 8-21a. Las negras dan jaque de nuevo (5 ... Td1+); mira el diagrama 8-21 b.

Entonces las blancas construyen el puente, que es un término acuñado por Aaron Nimzovich, al cubrir

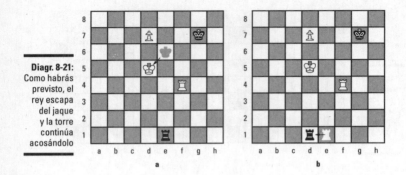

Diagr. 8-21:
Como habrás
previsto, el
rey escapa
del jaque
y la torre
continúa
acosándolo

al rey con la torre (6 Td4), como en el diagrama 8-22.
Ahora la razón por la cual las blancas movieron la
torre a la cuarta fila en el diagrama 8-17 es clara: la torre
protege de los jaques al rey.

Diagr. 8-22:
La torre
blanca
completa
el puente y
deja el peón
libre

Capítulo 9

Cómo reconocer las formaciones de peones

• •

En este capítulo

► Comprender por qué son importantes las formaciones de peones

► Preparar las formaciones más comunes

► Identificar los puntos fuertes y débiles de ciertas formaciones

• •

Cuando uno comienza a jugar al ajedrez, a veces parece como si los peones se interpusieran en el camino de las piezas. Sólo los mueves porque tienes que hacerlo para sacar a los chicos fuertes (comandados por la jefa del grupo) que están detrás. Es posible que también pienses que estos peones insignificantes se mueven en el tablero con demasiada ceremonia: sólo pueden avanzar hacia adelante y la mayoría de las veces dan únicamente un paso. Es posible que entorpezcan la marcha de las piezas y sean lentos, pero aún así tienen una enorme influencia en la partida (en el capítulo 3 se trata más a fondo su influencia y su estructura).

En este capítulo verás varias formaciones de peones practicadas y estudiadas por los grandes maestros.

Cuando comprendas donde deben ubicarse las piezas en las distintas formaciones, habrás recorrido un buen trecho del camino que te llevará a jugar una buena partida de ajedrez. Algunas formaciones de peones son específicas de una apertura o una defensa, pero, en teoría, pueden darse en ambas situaciones.

El poder de las formaciones de peones

Una *formación de peones*, que es un grupo de peones con unas características concretas, puede determinar, en gran medida, la manera en que se juega una partida. Los grandes maestros son capaces de llegar a una sala de juego con las partidas comenzadas y determinar con gran aproximación las jugadas de apertura que se han efectuado en cada tablero. Pueden hacerlo porque algunas aperturas producen, a menudo, los mismos tipos de formaciones de peones. En su mayoría estas formaciones determinan cuál deberá ser la colocación óptima de las piezas en el tablero, lo que brinda, en efecto, una guía para el juego subsiguiente.

¿No sabías que los peones tuvieran tanto poder? La buena noticia es que no tienes por qué deducir donde deben ir los peones. Algunas formaciones concretas resisten la prueba del tiempo. Lo malo es que no siempre se puede elegir la formación que se desea. Tu rival también tomará la palabra, porque su juego afectará el curso posterior de la partida. Por eso debes estar familiarizado, al menos ligeramente, con los diversos tipos de formaciones.

De qué modo las formaciones de peones pueden afectar el curso de la lucha

Ya que los peones son más lentos que el resto de las piezas –no pueden retroceder y normalmente se quedan en la misma casilla durante un tiempo–, es muy difícil recuperarse de una jugada de peón equivocada. Así que es importante moverlos bien. Saber en qué escaques deben ir te servirá de guía para ubicar el resto de las piezas. Es posible, pues, que consigas evaluar con tino qué piezas deben conservarse y cuáles no.

El diagrama 9-1 muestra una posición típica de la variante del avance de la Defensa Francesa (puedes ver en el capítulo 8 los elementos básicos de esta defensa) después de las jugadas de peones de la apertura (1 e4 e6, 2 d4 d5, 3 e5); ve al capítulo 17 si necesitas ayuda para descifrar la notación. La cadena de peones

Estos peones bloquean el alfil
negro de casillas blancas

Diagr. 9-1:
El alfil está
encerrado

negros en las casillas claras limita de manera importante la movilidad del alfil negro, que corre por esas casillas, lo que hace, por tanto, que éste sea menos valioso.

Ya habrás notado cuán importante es entender las diferentes formaciones de peones. El poder de una pieza se basa en su movilidad, y el alfil de casillas claras de las blancas tiene mucha más movilidad que el de las negras, que está encerrado detrás de sus propios peones. Las negras intentarán *cambiar* los alfiles de casillas blancas para lograr algo de movilidad; pero las blancas deberán evitar ese cambio de piezas. ¿Por qué dar una pieza fuerte a cambio de una débil?

A veces los principiantes dan jaque tan pronto como les es posible, pero eso suele ser un error. Por ejemplo, las blancas pueden dar un jaque de alfil (3 Ab5+), como refleja el diagrama 9-2a, pero esa jugada es débil. El diagrama 9-2b muestra por qué. Si el alfil negro sale (4 ... Ad7), las blancas tienen que retirarse, lo que es una pérdida de tiempo, o tienen que permitir el cambio de alfiles. Con los peones centrales de las blancas en casillas oscuras, las blancas deberán mantener en el tablero el alfil de casillas claras.

La movilidad del alfil blanco de casillas claras no está impedida por los peones, de manera que esa pieza puede proteger las casillas que los peones no controlan. La movilidad del alfil negro de casillas claras está limitada, pues protege las mismas casillas que sus propios peones. El alfil de las blancas es relativamente fuerte y el de las negras es parcialmente débil. Deberás intentar conservar tus piezas fuertes e intercambiar las débiles.

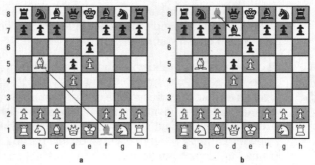

Diagr. 9-2:
Dar jaque
a un rival
demasiado
pronto suele
ser un gesto
imprudente

Cómo aprovecharse del juego de peones para lograr ventaja

Reconocer las formaciones de peones te permitirá progresar mucho en la percepción estratégica: podrás identificar y sopesar las opciones viables cuando vayas a emprender alguna acción, y te servirá de guía a la hora de ubicar tus piezas; además te ayudará a definir tu plan y a aumentar tanto los puntos fuertes de tu posición, como a reducir los débiles. Es posible que los peones no sean tan poderosos como las otras piezas, pero son variables importantes en cualquier ecuación de ajedrez.

Una de las ventajas de mover primero es que es más fácil establecer una formación de peones, como la Inglesa Cerrada (mira las secciones correspondientes más adelante en este capítulo). Parte del combate en una partida de ajedrez gira en torno a qué formación de peones surgirá. A algunos ajedrecistas les gustan las formaciones cerradas, como el Muro de Piedra, pero otros prefieren las formaciones abiertas, en las que las piezas circulan libremente. La partida se puede convertir en una auténtica lucha de voluntades si un jugador está intentando mantener la formación cerrada y el otro está tratando de abrirla.

La clave para comprender cualquier clase de formación de peones es evaluar sus puntos fuertes y los débiles. Algunas formaciones hacen que ciertas piezas se vuelvan más valiosas que otras, como ilustra el diagrama 9-2b. Existen muchos tipos de formaciones de peones y pueden cambiar durante el curso de una partida. Una formación cerrada puede abrirse súbitamente, por ejemplo si hay suficientes rupturas y cambios de peones.

La formación puede indicarte qué piezas debes conservar y de cuáles tienes que desprenderte, y puede dictarte si debes atacar por un flanco del tablero o por el otro. Por lo tanto, recuerda que las formaciones de peones ofrecen mucha información y es útil prestar atención a lo que tienen que decir.

Con la intervención del alfil: el fiancheto

Fiancheto es una palabra de origen italiano que significa 'en el flanco' y se aplica a una formación de peones y alfil muy común en muchas aperturas modernas. La formación de peones del fiancheto sería débil sin la presencia del alfil porque los peones sólo atacan casillas de un color. En el diagrama 9-3a, las casillas claras alrededor de los peones de flanco de dama de las negras, 'a6' y 'b7', no tienen defensa y son débiles; lo mismo ocurre con las casillas claras alrededor de los peones del flanco de rey de las blancas, como 'h3' y 'g4'. Los alfiles se colocan en 'b7' y 'g2', respectivamente para defender las casillas que los peones no protegen; las negras establecen un fianchetto en flanco de dama y las blancas establecen otro en el flanco de rey, como se aprecia en el diagrama 9-3b. Para mostrar claramente esta formación, hemos eliminado de los diagramas las piezas que no participan en ella.

Diagr. 9-3: Los peones se preparan para los fianchetos y los alfiles completan las maniobras

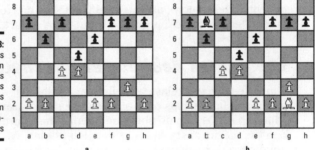

Los puntos fuertes del fiancheto

Los fianchetos en ajedrez no siempre han sido vistos con buenos ojos y los estudiosos del juego tardaron en aceptarlos, pues la teoría clásica consideraba que lo más importante era llevar las piezas al centro y no mover los peones del enroque para no debilitar el caparazón protector del rey. El fiancheto se hizo popular en el siglo xx con la llegada de las teorías propugnadas por Nimzovich, Breyer, Gruenfeld y Reti, entre otros, que llegaron a la conclusión de que ocupación y dominio central no necesariamente eran lo mismo (en el capítulo 10 está la información sobre el enroque).

Sin embargo, el fiancheto es un hueso duro de roer porque todas las casillas están cubiertas por los peones o por el alfil. El ataque no es fácil cuando no existen puntos débiles.

Otro punto fuerte del fiancheto es que el alfil se ubica en la gran diagonal, la más larga del tablero. Desde esa posición, el alfil puede desplegar todo su potencial de juego. Por último, esta diagonal pasa por el centro del tablero, así que el alfil está, en cierto modo, "en el centro", pero a una distancia segura.

Los puntos débiles del fiancheto

Si puedes arreglártelas para eliminar el alfil del fiancheto, las casillas que lo rodean se debilitarán (diagrama 9-3a). Es posible que puedas maniobrar con tus piezas hasta esas casillas debilitadas, en cuyo caso tu rival experimentará dificultades para rechazarlas. El diagrama 9-4 ilustra un modo de eliminación del alfil de fiancheto. En el diagrama 9-4a la dama blanca apoya la invasión inminente del alfil

Diagr. 9-4:
Una manera de atacar el fiancheto

a

b

blanco en 'h6'. Después de que el alfil vaya a 'h6' (1 Ah6), se puede capturar el alfil de las negras en 'g7' (2 Axg7). Aunque las negras puedan restaurar el equilibrio material comiéndose el alfil con el rey (2 ... Rxg7), las casillas oscuras en el lado del rey negro habrán perdido su principal defensor.

Una variante de la siciliana: el dragón

El dragón, que es el nombre de una variante de la Defensa Siciliana (en el capítulo 12 se dan detalles sobre esa apertura), incluye un fianchetto en el flanco de rey (descrito en el apartado anterior). Esta formación recibe su nombre de la constelación celeste homónima y surge después de las siguientes jugadas de apertura: 1 e4 c5, 2 Cf3 d6, 3 d4 cxd4, 4 Cxd4 Cf6 y 5 Cc3 g6.

Cuando examinamos la formación de peones del dragón (diagrama 9-5) podemos hacernos una idea del algunas de las piezas de las negras. El peón de dama de las blancas ha sido eliminado, así que no se le puede usar en la lucha por el control de las casillas 'd4' y 'e5'. Las negras usarán los peones y las piezas para controlar estas casillas. Las negras también quieren valerse de la diagonal larga ('a1'-'h8') para atacar la posición de las blancas. Así, el alfil de casillas oscuras de las negras estaría idealmente ubicado en la gran diagonal.

Las negras normalmente se enrocan detrás de la formación del dragón, y los caballos se mueven a sus casillas óptimas, 'c6' y 'f6', como se ilustra en el diagrama 9-6.

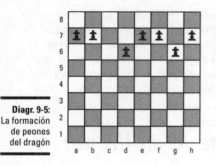

Diagr. 9-5:
La formación
de peones
del dragón

El dragón era muy apreciado hace décadas, pero a lo largo de los años las blancas han probado tantos sistemas de ataque y tan variados que al final el dragón se ha quedado sin colmillos. Todavía se puede jugar, pero es posible que sus días de gloria hayan pasado.

Abrirse paso en el tablero con las garras: las ventajas del dragón

El alfil negro de casillas oscuras es uno de los puntos fuertes de la formación del dragón. El peón de dama blanco ha desaparecido (diagrama 9-6), así que el alfil tiene normalmente una ruta despejada desde el flanco de rey de las negras hasta el flanco de dama de las blancas. Debido a que el peón de c negro ya no existe, las negras, de forma natural, mueven la torre de dama a la columna c. La presión combinada del alfil en la diagonal larga y la torre en la columna c pueden obligar a las blancas a asumir una postura defensiva. El dragón muestra sus colmillos cuando las negras están atacando de forma agresiva y las blancas tienen que defenderse con pasividad.

Diagr. 9-6:
La formación
del dragón
permite a
los caballos
proteger
las casillas
centrales

Superar las desventajas del dragón

Una desventaja de esta formación es que no siempre
se puede alcanzar. Si las blancas no permiten que el
peón de c de las negras capture su peón de dama,
entonces las negras no formarán un dragón. Puede
resultar algo parecido, pero las diferencias, aunque a
primera vista parezcan triviales, son en realidad muy
importantes: tendrás que poner tus piezas en casillas
completamente diferentes.

Si las negras consiguen la formación del dragón, las
blancas tratarán de capturar el alfil de las casillas
oscuras de las negras. La eliminación de este alfil
debilita gravemente la formación del dragón. Las
blancas también tienen una ventaja espacial (consul-
te el capítulo 3 para saber más sobre ese elemento)
que deben usar para desarrollar un ataque central
y en el flanco de rey.

El dragón suele considerarse un arma de doble filo
porque ambos bandos juegan de forma agresiva. Las
negras atacan principalmente en el flanco de dama,
y las blancas atacan en el centro y en el flanco de rey.

Ejercitar la flexibilidad de los peones: la Scheveningen

La Scheveningen, que lleva el nombre de una ciudad holandesa, es una variante diferente de la Defensa Siciliana (mira el capítulo 12). Esta apertura muestra una formación de peones muy flexible, lo que significa que dispones de múltiples maneras de colocar tus piezas de forma efectiva y de varios modos de responder a las diversas maniobras de las blancas. Muchos de los mejores jugadores del mundo emplean la Scheveningen porque ha demostrado ser lo suficientemente flexible para soportar los diversos ataques que las blancas han concebido a lo largo de los años. Surge de las siguientes jugadas: 1 e4 c5, 2 Cf3 e6, 3 d4 cxd4, 4 Cxd4 Cf6 y 4 Cc3 d6.

Con la Scheveningen, las negras terminan normalmente con un peón más en el centro y con juego activo en el flanco de dama. Las blancas retienen una ventaja espacial y oportunidades de ataque en el centro y en el flanco de rey. El diagrama 9-7a muestra la formación de

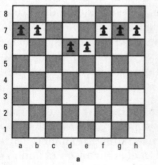

Diagr. 9-7:
La formación
Scheveningen,
desnuda
y vestida

peones de la Scheveningen, y el diagrama 9-7b muestra una constelación de piezas típica.

Observa que en el diagrama 9-7b el alfil negro de casillas oscuras se ha desarrollado por 'e7' de manera más clásica que cuando estábamos estudiando el dragón. Desde 'e7' puede ayudar a proteger el peón de dama negro. Mientras tanto, las blancas retienen una ventaja espacial dado que su peón central ('e4') se encuentra en la cuarta fila, mientras que los peones centrales negros no han pasado de la tercera.

Usar la Scheveningen para obtener ventaja

De manera similar al dragón, la Scheveningen es una defensa contra una apertura de peón de rey. Si las blancas no mueven el peón de rey en la primera jugada de la partida, no podrás plantear ninguna de las dos formaciones.

La Scheveningen busca establecer un refugio seguro para el rey negro. Las piezas menores del flanco de rey tienen una buena ubicación defensiva cerca del rey, pero también están disponibles para la acción en el centro. Los peones de d y e negros están situados para impedir que las piezas blancas penetren en territorio negro. Con un enroque en flanco de rey fuertemente defendido, las negras están libres para iniciar la acción en el flanco de dama.

Las negras suelen adelantar los peones del flanco de dama restantes, en parte para atacar las piezas blancas y en parte para ocupar más espacio. Las negras pueden desarrollar el alfil de casillas claras por 'd7' o 'b7', mientras su artillería pesada gravitará en la columna c, que está *semiabierta*.

Los inconvenientes de la Scheveningen

La única desventaja real de la Scheveningen es que cede a las blancas el dominio espacial. Con frecuencia, las blancas buscan capitalizar esta ventaja mediante un ataque en el centro y en el flanco de rey.

Una maniobra típica contra esta formación es el avance de peón f2-f4. Las negras deberán protegerse contra más avances de peones, ya que, a modo de arietes, amenazarán con romper las defensas del flanco de rey.

Construir el Muro de Piedra

La idea subyacente al Muro de Piedra es mantener el centro bloqueado y lanzar un ataque por los flancos. La formación de peones es rígida y queda poco margen de maniobra para las piezas. Cualquiera de los dos jugadores puede tratar de cimentar un Muro de Piedra, como las blancas lo hicieron en el diagrama 9-8a. Fíjate en que los peones de 'd4' y de 'f4' están bien protegidos y se usan para prevenir cualquier intento de avance en el centro por parte de las negras. El diagrama 9-8b ilustra una de las pocas opciones que las blancas tienen para colocar sus piezas, así que transferir las piezas del flanco de dama al de rey resultará complicado. La casilla 'e5' es el único punto de invasión central de las blancas.

Los jugadores inexpertos aprecian el Muro de Piedra porque les da la certeza de que están moviendo las piezas a las casillas adecuadas. Los jugadores experimentados prefieren disponer de estructuras más flexibles.

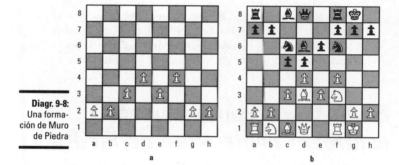

Diagr. 9-8: Una formación de Muro de Piedra

Confiar en los puntos fuertes del Muro de Piedra

La formación Muro de Piedra suele producir un centro cerrado, lo que hace difícil desplazar las piezas de un flanco del tablero al otro. Si puedes lanzar un ataque en uno de los dos flancos, el defensor será incapaz de pedir refuerzos. Dado que el peón de f ya se ha puesto en marcha (diagrama 9-8a), las blancas deberían atacar por el flanco de rey. En general, tendrás que atacar donde tengas ventaja de espacio.

Sobrellevar las debilidades del Muro de Piedra

La principal desventaja de la formación Muro de Piedra, además de su rigidez, es la debilidad de la casilla 'e4' (desde el punto de vista de las blancas): con todos los peones centrales de las blancas en casillas oscuras, las casillas claras son débiles. Fíjate en que ningún peón blanco puede proteger 'e4'. Por lo tanto, esa casilla puede convertirse en una garita para las piezas negras. Por norma, no es una buena idea permitirle al adversario una posición tan privilegiada. Esta desventaja es una de las razones por las que los jugadores experimentados rara vez plantean el Muro de Piedra.

Erigir una fortaleza en el centro: el doble Muro de Piedra

El doble Muro de Piedra limita las opciones de ambos contendientes. Esta estructura es una de las pocas en las que las negras pueden imitar las jugadas de las blancas. La posición es tan cerrada que la ventaja de la primera jugada es casi insignificante (para saber más sobre la ventaja de la primera jugada ve al capítulo 3).

El diagrama 9-9a muestra la formación de peones doble Muro de Piedra. Puedes ver que los peones centrales de 'd4' y 'd5' están bloqueados. Es improbable que los peones centrales avancen y, además, en realidad no existe ningún punto de *tensión* (posibilidad de cambios de peones), así que esta formación de peones será difícil de modificar. La casilla 'e5' es el único punto central de invasión posible para las piezas blancas y para las negras será 'e4' el único punto central de entrada. Cuando una formación de peones está fija, hay muy pocas decisiones sobre el lugar donde poner las piezas. El diagrama 9-9b ilustra una disposición especular típica.

Todo lo que se ha dicho en la sección anterior sobre el Muro de Piedra se aplica por duplicado aquí. Rara vez se ve esta formación en partidas magistrales, pero sí en los niveles inferiores.

Diagr. 9-9:
En la formación de doble Muro de Piedra las blancas se ven en el espejo

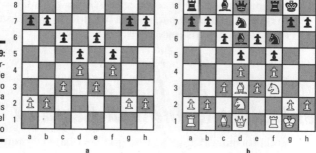

Conocer los beneficios del doble Muro de Piedra

Lo mejor del doble Muro de Piedra es que simplifica una partida complicada: se cierra el centro y luego se trata de atacar en el flanco de rey. Como las opciones de juego se reducen tanto, es muy fácil saber cómo hay que jugar, idea que reconforta a algunos jugadores porque reduce el número de decisiones que deben tomar. Sin embargo, la mayoría de los ajedrecistas piensa que tener opciones es más beneficioso que perjudicial; el doble Muro de Piedra, sencillamente, no es muy interesante.

Enfrentarse a las desventajas del doble Muro de Piedra

La principal debilidad del Muro de Piedra es el carácter estático de la formación de peones, porque no existe la oportunidad de adelantar ni de cambiar los peones del centro. Como se puede decir que el centro es tierra de nadie, el juego se limita a los flancos, lo que deja poco espacio para maniobrar y escasas opciones para los jugadores.

La batalla por las casillas centrales: la Inglesa Cerrada

En la formación Inglesa Cerrada las blancas intentan gobernar las casillas claras del centro con piezas y peones. A menos que las negras disputen el dominio central de las blancas en las casillas claras, el centro podrá permanecer cerrado por mucho tiempo. Las blancas, por lo general, se expanden en el flanco de dama y las negras se expanden en el flanco de rey. La formación de peones de la Inglesa Cerrada típica se ilustra en el diagrama 9-10a. Fíjate en que las blancas estarían dispuestas a cambiar el peón de c por el peón de d de las negras. De otro modo, las blancas se valdrían del peón de c para atacar la casilla 'd5'. Un desarrollo típico en esta apertura es: 1 c4 e5, 2 Cc3 Cc6, 3 g3 g6, 4 Ag2 Ag7 y 5 d3 d6; se ve en el diagrama 9-10b.

Observa que los peones de c y de d, así como el caballo y el alfil de las blancas atacan las casillas claras del centro ('d5' y 'e4'). Las negras controlan las casillas oscuras del centro con peones y piezas. Ambos jugadores dominan la mitad del centro y abandonan la otra mitad.

Los jugadores que no se sienten cómodos con las aperturas de peón de rey (1 e4) y –en mucha menor medida– con las de peón de dama (1 d4) con frecuencia juegan 1 c4, que constituye la llamada apertura inglesa. Aunque la jugada 1 c4 no es tan apreciada como 1 e4 y 1 d4, es tan fuerte como las otras. En otras palabras, la verás en todos los niveles de juego.

Pasar revista a los beneficios de la Inglesa Cerrada

Las blancas tienen una ventaja natural en el flanco de dama porque el peón de c ha avanzado. Observa también la ruta ininterrumpida del alfil del fiancheto (en 'g2') desde el flanco de rey blanco hasta el flanco de dama de las negras. Las blancas enrocarán en el flanco de rey y avanzarán los peones del flanco de dama para obtener más espacio aún.

La formación de fiancheto de los diagramas 9-10a y 9-10b, que han creado los peones de f, g y h, le indica el lugar en que debe apostarse el alfil de rey blanco ('g2').

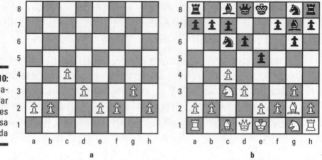

Diagr. 9-10:
Una formación popular de peones en la Inglesa Cerrada

Aceptar los riesgos de la Inglesa Cerrada

En el diagrama 9-l0b, el peón negro de 'e5' obtiene ventaja de espacio en el flanco de rey. Aunque las blancas han ganado terreno en el flanco de dama, las negras están haciendo lo mismo en el flanco de rey. Esto puede ser un poco arriesgado porque los reyes normalmente se enrocan en el flanco de rey. Si no te sientes cómodo otorgándole espacio al enemigo en el flanco del tablero en que va a resguardar su rey, tal vez la Inglesa Cerrada no sea la mejor opción.

Golpear en los flancos con la Nimzo-Botvínnik

La formación Nimzo-Botvínnik se caracteriza por los peones de 'c4' y 'e4', así como por el fianchetto en el flanco de rey, como se muestra en el diagrama 9-11a. Las blancas acumulan presión en las casillas centrales claras, crean un centro fuerte y cerrado y se preparan para un ataque en cualquiera de los flancos. El desarrollo típico de la Nimzo-Botvínnik es: 1 c4 c5, 2 Cc3 Cc6, 3 g3 g6, 4 Ag2 Ag7 y 5 e4, como se ilustra en el diagrama 9-11b.

Esta variante de la inglesa se produce con mayor asiduidad que la variante cerrada (lee el apartado anterior). Es una disposición muy sólida que también conserva una buena dosis de flexibilidad.

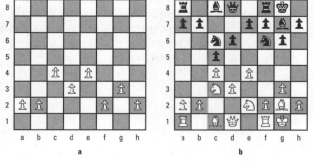

Diagr. 9-11: En la formación Nimzo-Botvínnik, dos peones protegen el centro y un fiancheto guarda un flanco

En el diagrama 9-11b el caballo se ha desarrollado por 'e2' para no interferir en la acción del alfil de fiancheto o en el posible avance del peón de f de las blancas. Además, en caso de que el caballo de dama blanco se mueva o sea capturado, el caballo de 'e2' podrá ocupar su lugar.

Descubrir las ventajas

La gran ventaja de la formación Nimzo-Botvínnik es que las blancas tienen bien aseguradas las casillas centrales y tienen la posibilidad de expandirse en cualquier flanco; de modo que esta formación de peones proporciona un poco más de flexibilidad que la Inglesa Cerrada.

Y reconocer las debilidades

La debilidad principal de esta formación es la falta de timón en la casilla 'd4'. Si las negras tratan de establecer un control firme en los escaques oscuros del centro –al igual que las blancas lo tienen en los claros–, es posible que las blancas tengan que batallar por el dominio central. Así, con tantos peones blancos en casillas claras, el alfil de casillas claras puede ser difícil de activar.

Capítulo 10

Las jugadas especiales

. . . .

En este capítulo

▶ Capturar un peón al paso

▶ Promover un peón a un rango superior

▶ Enrocarse para mover la torre antes

. . . .

Si juegas al ajedrez durante algún tiempo, llegará un momento en que te toparás con alguien que siga unas reglas diferentes de las oficiales. Es posible que esa persona haya aprendido a jugar al ajedrez guiada por alguien que conocía la mayoría de las reglas pero desconocía otras o se inventó algunas. Lamentablemente, y a menos que lleves contigo un reglamento, puede ser un poco difícil convencer a esa persona de que las reglas que tu aplicas son las correctas.

En este capítulo se explican las jugadas que más se prestan a confusión. Es posible que conocer las jugadas especiales no te ayude a evitar el desacuerdo que puede presentarse de vez en cuando, pero al menos podrás argumentar con cierto aire de autoridad, lo que para algunos amantes del ajedrez es casi tan bueno como ganar. Además, saber cuáles son las opciones que tienes a tu disposición en el juego tarde o temprano da frutos.

Capturar un peón que de un gran salto se coloca a tu lado: comer al paso

Comer *al paso* es un método especial de captura que sólo puede aplicar un peón cuando ha llegado a su quinta fila. Un peón en quinta puede comerse un peón enemigo si este, desde su casilla de salida, avanza dos pasos y se coloca junto a él. El peón que captura se mueve diagonalmente una casilla hacia adelante y se come el peón contrario como si este, en lugar de haber dado dos pasos, sólo hubiese dado uno. Esta situación puede plantearse varias veces en una partida, pero el derecho de capturar al paso prescribe si no se ejerce inmediatamente. Sólo después del avance de dos casillas de un peón enemigo, se puede capturar al paso. Es en ese momento, o se pierde la oportunidad con ese peón del rival.

La captura al paso

El siguiente ejemplo ilustra la captura al paso. En el diagrama 10-1, el peón blanco de 'd2' se halla en su casilla

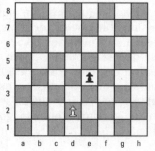

Diagr. 10-1: Los peones están casi listos para una captura al paso

inicial y está listo para moverse. Para dejar perfectamente clara la captura al paso, los demás peones y piezas se han quitado del tablero representado en el diagrama; en una partida real, por supuesto, habría piezas.

Las blancas avanzan dos casillas con su peón (1 d4; observa el diagrama 10-2a). Durante una sola jugada las negras pueden capturar legalmente el peón de las blancas (1 … exd3), como si el peón blanco se hubiera movido hacia adelante sólo una casilla. El peón negro toma la posición que el peón blanco hubiera ocupado si hubiese avanzado una sola casilla (diagrama 10-2b).

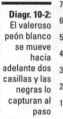

Diagr. 10-2:
El valeroso peón blanco se mueve hacia adelante dos casillas y las negras lo capturan al paso

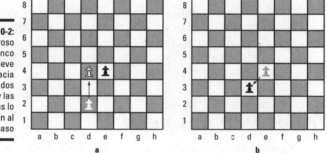

Por supuesto, si tu adversario no sabe nada de la captura al paso, esta jugada puede sorprenderlo. Y si le cuentas que has capturado al paso, puede decirte que tú inventas las reglas. Conserva la calma y explícale que el ajedrez es un juego internacional y que la regla de comer al paso fue adoptada en el siglo xv. También puedes añadir que la regla se aceptó de forma universal a finales del siglo xix. No obstante, si estás jugando una partida sólo para divertirse, la conducta deportiva dicta que debes dejar que tu rival repita la jugada. Pero si la partida es de torneo, debes llamar al árbitro. No es culpa tuya que tú conozcas esa regla y tu contrincante no.

Los detalles que debes recordar de la captura al paso

4 El peón capturado debe avanzar previamente dos casillas para que la captura al paso sea válida.

4 Si no capturas inmediatamente, pierdes el derecho de hacerlo.

4 No tienes obligación de capturar al paso; de hecho, a veces esta captura no es la mejor jugada que se puede hacer. Por ejemplo, si otro movimiento llevase a un mate forzado, olvídate de la captura al paso.

Promoción del peón

Cuando un peón alcanza el extremo del tablero, es posible *promoverlo* para convertirlo en cualquier pieza que se elija, salvo el rey (cada jugador puede tener sólo un rey). En esencia, después de la promoción, el peón muda de vestimenta (se saca el peón del tablero y se coloca en su lugar la pieza elegida). Casi siempre, los jugadores convierten el peón en una dama, porque la dama es la pieza más poderosa del tablero (lee el capítulo 2 para saber más sobre las piezas y su poder). Sólo en algunas posiciones extrañas y problemáticas los jugadores al promover un peón lo convierten en otra pieza (por ejemplo, cuando coronar un peón en dama da como resultado un

ahogado); esta situación se conoce como *promoción
menor* o *subpromoción*.

En teoría podrías tener nueve damas a la vez: los
ocho peones promovidos y la dama original. ¡Todo un
harén para el rey! Sin embargo, esta situación es muy
improbable.

En el siguiente ejemplo, las blancas tienen un peón
más que las negras, pero no pueden dar jaque mate
al rey negro sólo con el peón y el rey. (¿No sabes por
qué? En el capítulo 4 está todo lo que necesitas saber
acerca del jaque mate). Las blancas mueven el peón
a la octava fila para poder promoverlo (diagrama
10-3a). En este caso, promover el peón a dama tiene
sentido, especialmente porque la dama promovida da
jaque mate de inmediato (diagrama 10-3b). Con todo,
promover el peón a torre también daría jaque mate en
este ejemplo, así que cualquiera de las dos opciones
es igualmente válida. Una promoción menor de caballo o alfil sería una insensatez, dado que estas piezas
no pueden dar jaque mate al rey por sí mismas.

Se suele llamar *casilla de coronación* a la casilla en
la cual un jugador puede promover un peón, porque

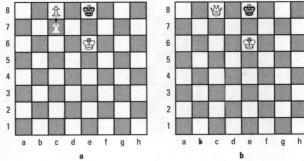

Diagr. 10-3:
Las blancas
promueven
el peón a
dama y dan
jaque mate
inmediata-
mente

lo más probable es que el peón se convertirá en una dama (es decir, se coronará) tras llegar a esa casilla. Es importante controlar la casilla de coronación para que, en caso de que el peón contrario llegue a ese escaque, puedas matarle inmediatamente la nueva dama.

Una jugada que protege al rey y pone una torre en movimiento: el enroque

El *enroque* es una maniobra que protege al rey y activa una torre al mismo tiempo. También es el único momento en una partida de ajedrez en que puedes mover dos piezas a la vez. Puedes enrocarte en el *flanco de rey* o en el *flanco de dama*, el procedimiento y las normas son iguales: el rey se mueve dos casillas a la izquierda, o a la derecha, y la torre pasa por encima del rey y ocupa la casilla adyacente a él, terminando en el lado opuesto al rey. Revisa la posición

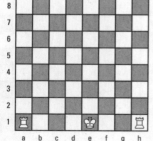

Diagr. 10-4:
Alineación inicial del rey blanco y las torres

inicial del rey y de las torres en el diagrama 10-4 (date cuenta de que no aparecen las demás piezas en el tablero).

El rey de las blancas pueden enrocarse en el flanco de rey (diagrama 10-5a) o en el flanco de dama (diagrama l0-5b).

Diagr. 10-5:
Las blancas tienen dos opciones: enrocarse en el flanco de rey o en el de dama

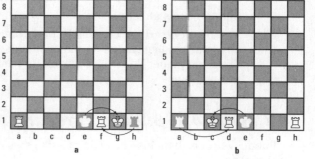

a   b

En ambos casos, el rey da dos pasos a un lado y la torre se desplaza hasta el otro lado de él. La jugada sólo es legal si tocas primero al rey. Técnicamente, si tocas la torre antes, debes jugar esa pieza. Evita discusiones y cuando quieras enrocarte, toca al rey antes que la torre. (Para saber más sobre el comportamiento en el ajedrez, pasa al capítulo 15.)

Ahora que sabes cómo es el enroque, debes ser consciente de que esa jugada no siempre es reglamentaria; se han presentado muchas quejas respecto a este aspecto técnico.

Cuándo no puedes enrocarte

No puedes enrocarte en ninguna de las situaciones siguientes:

- 4 Si hay otra pieza entre el rey y la torre.
- 4 Si el rey ya se ha movido.
- 4 Si la torre ya se ha movido (no obstante, es posible que puedas enrocarte con la otra torre).
- 4 Cuando estás en jaque.
- 4 Si el rey debe cruzar una casilla que domina tu adversario o llega a una casilla en la que quedarías en jaque. No puedes enrocarte pasando por un jaque.

Y cuándo sí puedes enrocarte

Puedes enrocarte incluso si se da una de estas circunstancias:

- 4 La torre está siendo atacada.
- 4 La torre (pero no el rey) debe cruzar una casilla controlada por el rival.

Parte III
Hora de jugar: cómo avanzar

The 5th Wave   Rich Tennant

En esta parte...

En esta parte te ayudaremos a que perfecciones tu juego. Desde elegir una estrategia que funcione hasta sumergirte en las procelosas aguas de la apertura, todo lo que necesitas para arrancar lo encontrarás en estos capítulos. También se analizan el medio juego, en el que el combate es más feroz, y el final, para que puedas asegurar la victoria.

Capítulo 11

Selecciona tu estrategia: los principios del juego

*P*oco después de que empezara a competir en torneos, un amigo se me acercó durante una de sus partidas para lamentarse. Me decía que había llegado a la posición que deseaba, pero no sabía cómo continuar. Todos los jugadores de ajedrez se han sentido así en uno u otro momento durante una partida.

La cuestión es: ¿qué hacer si no se puede clavar y ganar, usar una horquilla o encontrar un patrón de mate? La respuesta se hace más clara cuando se estudia el juego de posición. Incluso en los momentos en que no hay a mano golpes tácticos (de los que se habla en el capítulo 5) se puede concebir un plan, es decir, pensar en términos estratégicos.

De hecho, la táctica no se materializa a partir de la nada, sobre todo en la alta competición. La táctica surge como el desarrollo lógico de un plan bien ideado: una *estrategia*. Y en realidad son los esfuerzos estratégicos de largo alcance los que preparan estas escaramuzas tácticas a fin de que un jugador tenga más posibilidad de éxito que el otro. Se dice que el gran maestro del ataque, Rudolf Spielmann (1883-1942), afirmó que podía hacer sacrificios tan buenos como los de Alexander Alekhine (que fue campeón mundial desde 1927 hasta 1935 y desde 1937 hasta su muerte en 1946), pero que no podía llegar a las mismas posiciones.

Se han escrito libros enteros sobre cómo elaborar planes en el ajedrez; así que este escueto capítulo sólo sirve de introducción al tema. No obstante, espero que aun siendo breve, el capítulo deje huella en la parte de tu cerebro dedicada al ajedrez. Emplear la estrategia, aunque sea mínimamente, es mejor que no usarla en absoluto; o, como decimos los amantes del ajedrez, incluso un mal plan es mejor que ningún plan. Conforme vayas progresando, te darás cuenta de que el ajedrez tiene sutilezas incluso más profundas de lo que habías imaginado. Este proceso interminable de descubrimiento constituye el atractivo del juego.

Apuntar al centro

No todas las casillas del tablero tienen el mismo valor. Las cuatro casillas centrales, 'd4', 'e4', 'd5' y 'e5', son las más importantes del ajedrez (diagrama 11-1). Las casillas contiguas a estas son las siguientes en importancia, y así sucesivamente. Lógicamente, el jugador que domina el centro del tablero controla la partida.

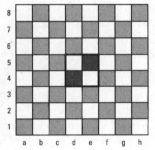

Diagr. 11-1: Las casillas centrales del tablero de ajedrez

En general, la fuerza de las piezas aumenta cuando llegan al centro. Torres, damas y alfiles pueden atacar escaques a distancia, pero peones y caballos deben acercarse al lugar de la acción para ser eficaces. El proceso de llevar piezas para influir en el centro se llama *ocupación central*.

El combate por el centro es el tema principal del juego de las aperturas. Esta afirmación puede demostrarse con cualquier secuencia de apertura, pero, en este caso, seguiremos una apertura conocida como el *Gambito de Dama* (en el capítulo 6 se explica qué es el gambito). En el Gambito de Dama, ambos ejércitos inician el juego con los peones de dama (1 d4 d5; si no entiendes esta notación deberías leer el capítulo 17), como se muestra en los diagramas 11-2a y 11-2b.

La jugada que da comienzo al complejo del Gambito de Dama consiste en que las blancas avanzan el peón

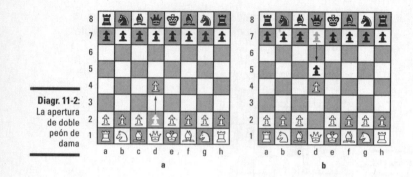

Diagr. 11-2:
La apertura
de doble
peón de
dama

de alfil de dama (2 c4) para atacar el peón negro
(diagrama 11-3a). Las negras pueden aceptar el Gambito de Dama y capturar el peón, pero hacerlo significa abandonar el centro, ya que las blancas podrían
llevar el peón de 'e2' a 'e4'. Si las negras capturan el
peón, la apertura se llama el *Gambito de Dama Aceptado*. Eso produce posiciones viables para las negras,
aunque la opción más usual es el *Gambito de Dama
Rehusado* –cuando las negras no se comen el peón–
puesto que permite a las negras mantener un punto de
control en el centro. En el Gambito de Dama Rehusado

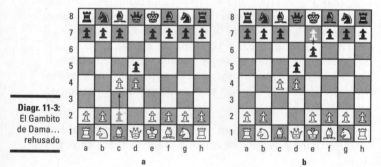

Diagr. 11-3:
El Gambito
de Dama...
rehusado

las negras apoyan el peón de dama con otro peón (2 ...
e6; diagrama 11-3b).

Las blancas desarrollan un caballo hacia el centro
(3 Cc3), como se muestra en el diagrama 11-4a. Fíjate en que el caballo también está atacando el peón
central negro. Las negras, a su vez, desarrollan un
caballo hacia el centro para defender el peón atacado (3 ... Cf6; diagrama 114b).

Diagr. 11-4:
Tanto las
negras como
las blancas
ponen sus
caballos en
acción

Las blancas desarrollan otra pieza: esta vez sacan
el alfil de dama para atacar el caballo de las negras
(4 Ag5), como muestra el diagrama 11-5a. Ahora, el
alfil clava el caballo negro en su posición actual (la
clavada se trata en el capítulo 5). Debido a que la
jugada de las blancas ataca uno de los defensores del
peón central negro (el caballo negro), influye indirec-
tamente en el centro. En el diagrama 11-5b, las negras
rompen la clavada moviendo el alfil de rey (4 ... Ae7),
que ahora se interpone entre el caballo y la dama.
Esta jugada permite que el caballo se concentre una
vez más en defender el peón de dama, aunque ya es
evidente la sutileza de la posición: el alfil blanco

sigue atacando y el alfil negro está defendiendo. El alfil blanco es más agresivo y todavía puede influir en el centro si captura el caballo, pero, no obstante, el alfil negro no tiene esa opción.

Diagr. 11-5: El alfil blanco se mueve para atacar, así que el alfil negro sale a hacerle frente

En la siguiente serie de diagramas, ambos jugadores se mueven con la intención de controlar el centro. Las blancas adelantan un peón (5 e3) y así preparan el camino para centrar el alfil de rey (diagrama 11-6a). Las negras desarrollan el caballo restante para apoyar al que está siendo atacado (5 ... Cd7), como aparece en el diagrama 11-6b. Si las blancas se deciden por capturar el caballo negro con el alfil de dama, el otro caballo negro podrá, a su vez, comerse el alfil y defender el peón de dama, así que las blancas no lograrían nada con el cambio de piezas.

Las blancas desarrollan el caballo restante hacia el centro (6 Cf3; observa el diagrama 11-7a). Las negras responden enrocándose (6 ... 0-0), como se muestra en el diagrama 11-7b. El enroque protege al rey negro y prepara el camino para que la torre se mueva hacia

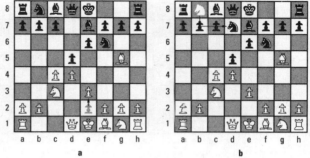

Diagr. 11-6:
El peón blanco deja el camino libre para el alfil, pero el caballo negro defiende a su hermano

el centro (para conocer los detalles sobre el enroque, vuelve al capítulo 10, donde se explican algunas jugadas especiales).

Diagr. 11-7:
Las blancas desarrollan el último caballo solitario y el rey negro se enroca

Las blancas desarrollan el alfil de rey (7 Ad3) y preparan el enroque; míralo en el diagrama 11-8a. Entonces, las negras avanzan el peón del alfil de dama para apoyar el peón central (7 ... c6; diagrama 11-8b).

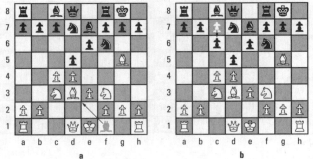

Diagr. 11-8: Las blancas se preparan para el enroque, mientras que las negras refuerzan el escaque 'd5'

La ubicación de las piezas en el tablero refleja una posición clásica en el Gambito de Dama Rehusado. Las negras tienen un punto de apoyo en el centro y han desarrollado varias piezas con la intención de retenerlo. Las blancas han desarrollado las piezas de manera más agresiva mediante un ataque al centro negro. Esta *iniciativa* (las blancas atacando y las negras defendiéndose contra el ataque de las blancas) es posible gracias a que disponen de la primera jugada y todas las jugadas han sido agresivas. Las blancas disfrutan de un mayor control central que las negras, porque han dispuesto las piezas en mejores casillas (en términos de ajedrez, estas piezas están *mejor centradas* que las negras). Observa que el alfil blanco de casillas claras tiene más libertad que su homónimo negro. Esta libertad adicional de movimientos es una *ventaja de posición*. Esto no es lo mismo que una ventaja de material o una ventaja en la estructura de peones (en el capítulo 3 se analizan los elementos del ajedrez). Este tipo de ventaja proporciona a un jugador con olfato estratégico un pequeño punto de ataque, pero debes trabajar bien los factores estratégicos para que no se evapore esa leve ventaja. Las blancas no pueden forzar la ganancia de material o desmembrar la estructura de peones de las negras, por lo que ahora han de formular un plan estratégico que pueda mantener e incluso incrementar su ventaja de posición.

Las blancas, por regla general, continúan con el enroque y luego buscan la mejor posición para las piezas pesadas. Las negras también quieren centrar esas piezas, pero van a tener más dificultades para conseguirlo debido a la posición restringida de sus fuerzas. Las blancas tratarán luego de crear una debilidad en la posición negra, como un peón retrasado (se aborda en el capítulo 3), y explotarán esa debilidad.

El cambio de piezas

Si un jugador captura una pieza y el otro jugador elimina, a su vez, la pieza que ha ejecutado la captura, se dice que las piezas se han *cambiado*. Suele ser difícil saber exactamente cuándo hay que cambiar y cuándo no se debe hacerlo, aun para los veteranos del juego. La *comprensión de la posición*, llamada también *intuición posicional* (el conocimiento estratégico en ajedrez, en oposición al conocimiento táctico), te permitirá determinar si un cambio es bueno o malo. Basta recordar que no debes cambiar piezas sólo porque las tenga a tiro; busca las simplificaciones (reducción de piezas) sólo si te favorecen.

A medida que desarrolles tu habilidad estratégica comprenderás que hay que sopesar bien los cambios de piezas, sobre todo los de las menores. En especial, debes ser cuidadoso si pretendes cambiar un alfil por un caballo: sólo se justifica si existe una buena razón para ello (como ganar material, tiempo o una casilla clave). Dos alfiles juntos pueden recorrer todas las casillas del tablero, pero, por definición, uno que queda solo no puede acceder a la mitad de las casillas. Los alfiles también pueden volverse más poderosos cuando se acerca el final porque en un tablero relativamente despejado atacan más terreno que un caballo.

Aun así, en muchas partidas magistrales un jugador cambia un alfil por un caballo. ¿Por qué esta contradicción? Aunque el cambio de alfil por caballo sin ningún motivo es un error, siempre habrá razones que avalen el cambio:

- 4 Ganas material o, al mismo tiempo, empeoras la estructura de peones (capítulo 3).
- 4 El caballo está ocupando una casilla clave y es necesario eliminarlo.
- 4 El cambio te da ventaja en desarrollo (lo que significa una ganancia de tiempo).

En general, el jugador que no dispone de espacio para maniobrar busca eliminar piezas, pero el otro las evita. Los cambios aligeran la carga defensiva porque dejan menos piezas atacantes en el tablero y disminuyen la probabilidad de que las piezas defensoras se estorben mutuamente.

Hacer más con menos: el ataque de las minorías

Una estrategia que con frecuencia emplean los ajedrecistas en el Gambito de Dama Rehusado es tan

común y eficaz que merece un nombre para ella sola:
el ataque de las minorías (en el apartado de este mismo capítulo "Apuntar al centro", se trata el Gambito
de Dama Rehusado).

El término *ataque de las minorías* se acuñó para los
casos en que se ataca con peones el flanco en que
el contrario cuenta, justamente, con mayoría (por lo
común, dos peones contra tres). El propósito del ataque es romper la posición para que las piezas mayores
puedan entrar en juego. La idea es cambiar dos de los
tres peones, y dejar débil y sin apoyo el restante. Luego, las piezas pesadas entran en acción, atacan el peón
y obligan al contrincante a defenderlo. De esta manera,
un jugador siempre se muestra activo y el otro debe
mantenerse a la defensiva. En teoría, el atacante debe
ser capaz de superar al defensor en algún momento.

El ataque de las minorías puede ser consecuencia de una
posición como la que se muestra en el diagrama 11-9.

El avance de los peones blancos crea un dilema en
el campo negro: Si las negras capturan los peones
blancos, el peón restante del flanco de dama queda
aislado y débil. Si las negras permiten que el peón de
las blancas capture uno de sus infantes, las negras
quedan con un peón retrasado (después de 1 bxc6
bxc6) que las blancas pueden atacar luego (se ve en
el diagrama 11-10; y en el capítulo 3 hay información
sobre los peones retrasados).

El ataque de las minorías es un ejemplo de una estrategia en acción. Las blancas no tratan de atacar inmediatamente al rey negro –que está a buen recaudo–,
sino que se fijan la meta intermedia de provocar una
debilidad de peones.

Estos dos peones blancos han
avanzado para atacar tres peones
enemigos

Después del cambio de peones,
las negras quedan con un peón
retrasado y protegido por un alfil
(que debería estar haciendo algo
más importante que esto)

Tal vez pienses que crear una debilidad de peones es
una meta poco pretenciosa, pero como las negras no
desean perder el peón (pues quedarían con desventaja material, asunto tratado en el capítulo 3) tienen
que jugar pasivamente. De ese modo pueden aparecer como por arte de magia oportunidades tácticas
para el ejército agresor. La aplicación exitosa de una
estrategia casi siempre da como resultado situaciones tácticas favorables.

La siguiente idea es una lección tanto para la vida
como para el ajedrez: pospón la satisfacción inmediata. El principiante puede intentar un ataque
violento contra las piezas de su adversario para
intentar un jaque mate temprano. Un maestro, sin
embargo, aplaza esa satisfacción inmediata (porque
la experiencia le ha enseñado que rara vez funciona)
y, en cambio, espera el tiempo necesario y se esfuerza tanto como sea preciso para preparar un jaque
mate más adelante.

Controlar las casillas clave para asegurarse una ventaja

A veces, el combate estratégico gira alrededor de lo que los ajedrecistas llaman una *casilla clave* (generalmente un puesto avanzado para una invasión posterior). El atacante domina la casilla en cuestión y el defensor entra en la disputa.

El atacante que controla y, posteriormente, ocupa la casilla clave, en general, se asegura una ventaja. El defensor se vuelve más y más pasivo conforme se va protegiendo de las amenazas del adversario. Finalmente, llega un momento en que el defensor es incapaz de responder con eficiencia a las maniobras del contrincante agresor.

Los ajedrecistas se refieren con frecuencia a una casilla clave como un *puesto avanzado*. A los caballos les encanta ocupar los puestos avanzados. Se han ganado muchas partidas gracias a la creación y a la posterior ocupación –normalmente por un caballo– de un puesto avanzado.

Un asunto importante que debemos tener presente es que casi siempre hay que ocupar las casillas clave con piezas, no con peones. Por norma, el peón no tiene suficiente movilidad para explotar una posición ventajosa conseguida.

La estructura de peones del siguiente ejemplo puede surgir de la Defensa Siciliana (tratada en el capítulo 12) y se centra en la lucha por la casilla clave 'd5' (marcada con una X en el diagrama 11-11). Las negras tienen un peón retrasado y quieren avanzarlo y cambiarlo por uno blanco. Las blancas, por el contrario, pretenden poner una pieza en esa casilla y bloquear el potencial avance del peón de las negras.

Ahora colocamos un caballo blanco en 'd5' (diagrama 11-12) para demostrar cómo se puede emplear una pieza con el objetivo de ocupar y asegurar una casilla clave. Fíjate en que el caballo aumenta el dominio blanco en la casilla clave. Si las negras no pueden disputar el escaque con una pieza de igual valor que el caballo, las blancas moverán el caballo a la casilla clave y eso será una espina clavada en el corazón de las negras durante el resto de la partida.

Diagr. 11-11:
La casilla marcada con X es el escaque clave

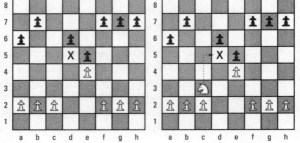

Diagr. 11-12:
Cómo gobernar una casilla clave con una pieza

En el diagrama 11-13a, las negras tienen un alfil en juego, pero el alfil corre por el color equivocado. El alfil de las negras, por lo tanto, nunca disputará la casilla clave y será incapaz de apoyar el avance del peón retrasado de las negras. El peón no saldrá del camino del alfil a corto plazo. Si las negras tuvieran un alfil de casillas claras, podrían moverlo a una posición desde donde pudieran luchar por la casilla clave (diagrama 11-13b).

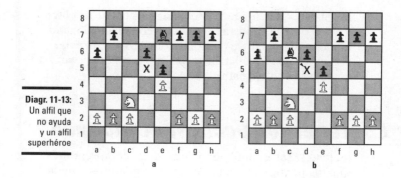

Diagr. 11-13: Un alfil que no ayuda y un alfil superhéroe

Ahora, si las blancas ocupan la casilla clave con el caballo, las negras pueden, sin más, capturar el caballo con el alfil. Luego, las blancas capturan el alfil (exd5), y el valor de la casilla clave desciende debido a la movilidad limitada del peón (diagrama 11-14).

Con todo, si añades a la ecuación las damas de ambos ejércitos, entenderás que las negras, aun con el alfil "bueno", no pueden impedir que las blancas gobiernen la casilla clave (diagrama 11-15). Mientras las blancas puedan mantener una pieza en la casilla clave, el peón negro retrasado será una debilidad. Ahora

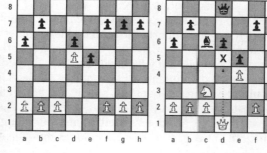

Diagr. 11-14: El peón blanco ocupa la casilla clave y su valor se desploma

Diagr. 11-15: Las piezas, no los peones, deben estar en las casillas clave las blancas pueden mover el caballo a la casilla clave y si las negras capturan el caballo con el alfil, la dama blanca reinará en 'd5' (1 Cd5 Axd5, 2 Dxd5). Gracias al control de la casilla clave, las blancas conservan una ligera ventaja estratégica.

Contener los peones: el bloqueo

Incluso si sabes muy poco de ajedrez, comprenderás que los peones son como valiosos soldaditos. Puedes emplear la estrategia de contener los avances de peones con piezas (a eso se le llama *bloqueo*). Al contrario de lo que pudieras pensar, estas piezas no pierden el tiempo vigilando a la infantería, ya que suelen encontrarse bien ubicadas para emprender ataques futuros y, generalmente, son invulnerables ante los embates enemigos.

El diagrama 11-16 muestra un peón pasado en 'd5'. Como se describió en el capítulo 3, un peón aislado (sea pasado o no) puede ser débil porque carece del apoyo de sus compañeros. Por lo tanto, la manera correcta de combatir un peón aislado es bloquearlo.

Según sabemos todos, gracias a Nimzovich (1886-1935), no basta con controlar la casilla de delante del peón: hay que ocuparla. He aquí la diferencia entre limitarse a *contener* el avance de un peón (controlar la casilla con piezas) y *bloquear* un peón (impedir físicamente su movimiento). El caballo es la pieza ideal de bloqueo porque mantiene su eficacia aun cuando sólo está de guardia y porque no se le puede desplazar fácilmente. Ahora es sencillo entender la jugada correcta (1 Cd4), en la que las blancas mueven el caballo para ocupar el escaque que hay delante del peón negro (diagrama 11-17).

Fíjate en que la movilidad del caballo 'd4' no se ha visto afectada. El peón, por otra parte, está detenido. Si logras limitar la movilidad de las piezas del adversario sin reducir la actividad propia de tus piezas, aumentarán las posibilidades de que superes al contrincante.

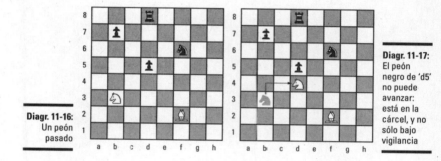

Diagr. 11-16: Un peón pasado

Diagr. 11-17: El peón negro de 'd5' no puede avanzar: está en la cárcel, y no sólo bajo vigilancia

Capítulo 12

Pisa fuerte desde la apertura

● ●

En este capítulo

▶ Colocar las piezas en los mejores lugares

▶ Masajear al rival

▶ Levantarse con el pie derecho

▶ Plagiar jugadas famosas

● ●

*E*n el ajedrez, lo más rápido no es necesariamente lo mejor. Si intentas dar jaque mate a tu rival lo antes posible, casi con seguridad harás peores jugadas en la apertura. Si empiezas a galopar demasiado pronto, irremediablemente te caerás del caballo. Pero si durante la apertura sitúas tus piezas en buenas casillas, podrás, finalmente, alcanzar la soñada meta: el mate.

En la alta competición es extremadamente importante conocer muchísimas variantes de apertura. Hay libros enteros dedicados a ellas, incluso a algunas de las aperturas de ajedrez menos conocidas. Pero tranquilízate, para la gran mayoría de los ajedrecistas no es indispensable para competir un conocimiento tan exhaustivo, ni siquiera para competir en buenas condiciones.

En lugar de limitarte a memorizar las jugadas de apertura o las sugerencias de los maestros (lo que se conoce como la *teoría de aperturas*), esfuérzate en comprender algunos principios generales del juego de apertura (dichos principios se describen en este capítulo). Cuando entiendas esos principios podrás jugar de manera razonable en la primera fase de la partida.

Si comienzas a jugar una apertura y luego te ves inmerso en otra, se dice que has hecho una *transposición* a la segunda apertura. Se puede transponer de un sistema de apertura a otro porque muchos sistemas están hermanados y permiten, precisamente, que el juego adquiera matices sutiles, sobre todo en la práctica entre maestros. Los buenos ajedrecistas pueden tratar de engañarte para que juegues una variante inferior de una apertura, gracias a una transposición desde otra apertura. Sin embargo, trasponer no es tan importante para quienes juegan para divertirse.

Por supuesto, todo el mundo comete errores o queda atrapado en posiciones inferiores. Cuando a uno lo confunde el adversario y pica en el anzuelo, le han tendido una *celada* o una *trampa* (que no tiene nada que ver con hacer *trampas* o con ser un *tramposo*). Pero no te preocupes: cometer errores es un modo de ganar experiencia en el juego. Nadie logra la categoría de maestro en el ajedrez sin unos cuantos rasguños. Progresarás más aprendiendo por qué te has quedado en una posición inferior en la apertura que estudiando de forma anticipada cómo evitar una eventualidad, pero sin entender la razón de las jugadas.

El desarrollo de piezas

La primera lección que debes aprender para progresar es que hay que preparar una lista de prioridades. En la apertura no sólo no debes intentar dar mate a tu rival, sino que tampoco debes intentar ganar material (en el capítulo 3 se cuenta todo sobre el material). Deja ambos objetivos para más adelante. La finalidad principal de la apertura es el despliegue rápido de tus efectivos hasta posiciones óptimas. Sin embargo, tampoco deberás limitarte a poner una pieza en una buena casilla si esa pieza puede ser hostigada fácilmente por las fuerzas contrarias. En la apertura no sólo es importante poner las piezas en escaques buenos, sino, también, asegurarse de que estos sean seguros. (Para conocer detalles sobre cómo controlar las casillas clave, lee el capítulo 11).

La movilización rápida de las piezas se llama *desarrollo*. No se considera completo el desarrollo si caballos, alfiles, damas y torres no se han movido de las casillas originales. Normalmente, también es importante sacar de la última fila los caballos, los alfiles y la dama. Las torres pueden ser eficaces combatiendo desde atrás, pero el poder de las demás piezas aumenta con sólo moverlas hacia el centro.

Controlar el centro

Como se describió en el capítulo 3, el dominio central es un objetivo crucial en una partida de ajedrez. En general, las piezas ganan poder cuando se llevan al centro. Durante la apertura querrás que tus piezas desplieguen todo su poder en el menor tiempo posible. Mover una pieza tres veces para llevarla a la mejor casilla no ayuda mucho si, mientras tanto, las demás piezas languidecen en las casillas originales. Así que la clave es no concentrarse sólo en una pieza, sino prestar atención a todas.

Observar al rival

Tan importante como lograr un desarrollo rápido es impedir el desarrollo del adversario. Sólo así se pueden explicar algunas maniobras de aspecto extraño. Si empleas dos tiempos para obligar a tu rival a gastar tres, no habrán sido jugadas inútiles.

No te involucres en tus planes hasta el punto de llegar a olvidar que el contrario también juega. Tal como tú intentas interferir en el desarrollo de tu oponente, él hará lo propio en el tuyo cuando estés intentando movilizar tus fuerzas… a expensas de las del otro.

Seguir los principios básicos

A medida que te familiarices con el juego comenzarás a aprender algunos principios básicos de la apertura, no sólo con tus experiencias sino, también, con las de otros jugadores.

Muchos de esos principios son sólo pautas, no reglas obligatorias. Si, por ejemplo, tu contrincante se descuida y te brinda la oportunidad de darle mate, ajustícialo. Si para sentenciarlo debes mover la dama dos veces o una torre tres veces, ¡hazlo!

4 Pon las piezas donde consigan su máximo poder y hazlo de manera tan eficiente como te sea posible.

4 Si otras piezas no se han desarrollado, no muevas una pieza que ya esté desarrollada a menos que tengas una buena razón para hacerlo.

4 Evita poner piezas en casillas donde puedan ser hostigadas con facilidad y contribuyan al desarrollo del bando enemigo.

4 En la apertura, haz el menor número posible de jugadas de peones. Los infantes sólo sirven para ayudar al desarrollo de tus piezas y para batallar por el centro.

Atacar las piezas rivales

Cuando descubras lo que significa el desarrollo de piezas, te preguntarás por qué es tan importante tener la iniciativa. ¿Cómo se puede traducir una ventaja en el desarrollo en una ventaja más permanente, como una ventaja material o una estructura superior de peones?

La respuesta sencilla es: ¡ataque! Si tienes ventaja de desarrollo y no atacas, la perderás.

Si disfrutas de una ventaja en el desarrollo, entonces abre el juego. Necesitas columnas y diagonales abiertas que te encaminen a los puntos vulnerables del contrario. Quieres esas líneas abiertas para mover tus piezas a posiciones cada vez más agresivas. Querrás combinar el desarrollo con amenazas fuertes, como un ataque a una pieza que no está defendida. Si puedes desarrollar una pieza tuya y, simultáneamente, amenazar una pieza enemiga (o, mejor, varias piezas), tu oponente puede perder más tiempo repeliendo el ataque. Tus piezas se vuelven más y más amenazadoras y las del defensor se hacen cada vez más pasivas. Luego, llegará el momento de ganar material o jugar para dar jaque mate.

El jugador que lleva la delantera en el desarrollo intenta abrir líneas de ataque. El que va a la zaga pretende mantener cerradas esas líneas. Si puedes combinar un desarrollo superior con líneas de ataque abiertas, observarás casi de inmediato que el elemento táctico "conspira" a tu favor. Por el contrario, si esas líneas permanecen cerradas, pronto te darás cuenta de que tu ventaja de desarrollo no es un valor en alza y tu trabajo previo está quedándose corto para hacerse con la partida.

Adelantar con jugadas de apertura

En esta sección examinaremos movimientos iniciales; intenta analizar por qué estas jugadas son buenas o no lo son, tanto desde el punto de vista del desarrollo como del control central.

Tomar nota de las buenas jugadas de apertura

Piensa en la primera jugada más común en el mundo del ajedrez, 1 e4 (la notación del ajedrez se explica en el capítulo 17). Las blancas ocupan una casilla central y atacan otra. La casilla atacada se indica con una X en el diagrama 12-1 (por supuesto, el peón ataca la casilla que está a su derecha, pero nos ceñiremos a las casillas centrales).

Diagr. 12-1:
Adelantar el
peón de rey

Desde la perspectiva de control del centro, esta jugada es obviamente útil. ¿Es también útil para ayudar
al desarrollo de las piezas? Evidentemente. Observa
que el avance del peón abre una línea para el desarrollo del alfil (la línea de desarrollo del alfil se indica
con X en el diagrama 12-2a). El alfil, no obstante, no
es la única pieza que disfruta de una línea abierta.
¿Qué sucede con la dama? La dama dispone también
de una línea abierta para moverse (diagrama 12-2b).
Así que la apertura de las blancas demuestra ser útil
no sólo para controlar el centro, sino también para

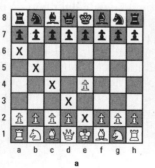

Diagr. 12-2:
La jugada
de peón de
rey abre dos
líneas de
desarrollo

a

b

desarrollar las piezas. No es de extrañar que esta primera jugada sea tan popular.

El siguiente ejemplo examina la segunda apertura más popular del ajedrez: adelantar dos casillas el peón de dama (1 d4; observa el diagrama 12-3). Al mover este peón, las blancas logran algo muy parecido a la situación del ejemplo anterior. Observa que el peón ocupa una casilla central y ataca otra que está marcada con una X.

Diagr. 12-3:
El peón de dama avanza

En términos de desarrollo, ambas jugadas también son muy similares. Con la jugada del peón de dama se abre una ruta diagonal para un alfil, al igual que en el primer ejemplo (diagrama 12-4a). Pero esta vez la dama no tiene una diagonal abierta, sólo un par de casillas en la columna d (diagrama 12-4b). El avance inicial del peón de dama, por lo tanto, no hace tanto por el desarrollo como el movimiento inicial del peón de rey.

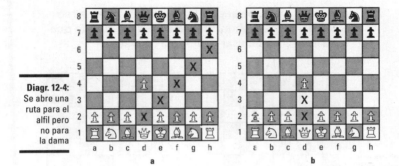

Diagr. 12-4:
Se abre una
ruta para el
alfil pero
no para
la dama

Recurrir a las jugadas de apertura que no son tan buenas

Si continuamos examinando el resto de posibilidades en la primera jugada, observarás que ninguna otra apertura logra tanto como las dos opciones descritas en la sección anterior. La jugada del siguiente ejemplo –avanzar el peón de alfil de dama dos casillas (1 c4)– es muy apreciada en todos los niveles. El peón ataca una casilla central (marcada con una X) sin ocupar el centro (diagrama 12-5a). Aunque esta jugada abre una diagonal para la dama (mira el diagrama 12-5b), no ayuda a los alfiles. A pesar de todo, 1 c4 es muy difícil de jugar porque exige conocer muchísima teoría: la propia de 1 c4 y la que concierne a las posibles transposiciones (a esquemas de 1 d4 principalmente). El ejemplo que sigue es aun más débil.

En la disposición que aparece en el diagrama 12-6, el peón de alfil de rey también ataca una casilla central (marcada con una X), pero con este avance no se ayuda a ninguna pieza. De hecho, la seguridad del rey se ve afectada, porque, ahora, hay una diagonal abierta que las negras pueden usar como ruta de ataque.

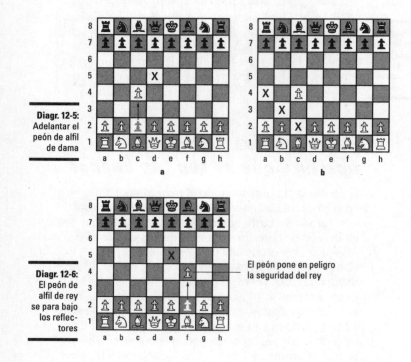

Diagr. 12-5: Adelantar el peón de alfil de dama

a

b

Diagr. 12-6: El peón de alfil de rey se para bajo los reflectores

El peón pone en peligro la seguridad del rey

Recuperarse de una maniobra de apertura débil

Las jugadas de peones que están más alejadas del centro del tablero suelen ser más débiles. Sin embargo, una excepción es el *fianchetto* (tratado en el capítulo 8), que consiste en el desarrollo de un alfil por su flanco. Al principio esta jugada puede parecer extraña: que el peón de caballo dé un paso no contribuye a controlar el centro (diagrama 12-7a). Pero a esta maniobra le sigue, casi invariablemente, el desarrollo del alfil a la casilla ocupada anteriormente por el peón (1 g3 y 2 Ag2, por ejemplo). Las X en el diagrama 12-7b muestran que el alfil está atacando ahora las casillas centrales clave desde una distancia segura. Esta jugada puede abrir un ataque sumamente eficaz, pero en general no es tan difícil de contrarrestar como las dos jugadas que examinamos en la sección anterior.

Diagr. 12-7:
El peón de caballo avanza y el alfil se desarrolla

Explorar las jugadas comunes de apertura

Es imposible hacer una lista de todas las aperturas de ajedrez que se han empleado a lo largo de la historia, pero al menos es posible señalar algunas de las más comunes. Si albergas la esperanza de impresionar a la gente con un detallado conocimiento del juego, deberás identificar por su nombre las siguientes aperturas.

Y si acudes a un club, te darás cuenta de que ese vocabulario es muy útil al hablar de ajedrez. Por ejemplo, puedes decirle a un colega que viste que planteaba una siciliana en su última partida y que quieres que te cuente cómo le fue. Huelga decir que es muy importante hablar acerca del ajedrez con los demás.

Es muy probable que con sólo seguir los principios básicos de apertura que se describen en este capítulo juegues una partida decente. Pero si no distingues la Defensa Francesa de la Apertura Española, la gente cuestionará tu sabiduría.

Es imposible enseñar a jugar bien una apertura con sólo unas cuantas directrices. Así que el objetivo de este capítulo es iniciarte en los principios básicos de la apertura. No recomiendo memorizar montones de variantes porque eso produciría más daño que beneficio. Si recuerdas los principios básicos, te irá bien. En cambio, si intentas recordar demasiadas secuencias de jugadas y no entiendes por qué las haces, jugarás como un autómata y perderás muchas partidas; cuando tu adversario se aparte de la información contenida en este libro, perderás el rumbo.

Lo difícil de muchos de los nombres de las aperturas es que no todos son universales. Hace 50 años no existía Internet y en las convenciones de nombres imperaban las costumbres locales. Algunos nombres se internacionalizaron a partir de una o dos publicaciones de amplia circulación, otros todavía varían en diversos lugares del mundo. Por ejemplo, algunos ajedrecistas conocen la secuencia de apertura que vamos a estudiar a continuación con el nombre de *Ruy López* –por el clérigo extremeño de Zafra, Ruy Ló-

pez de Segura, que la popularizó– y otros la conocen
con el nombre de *Apertura Española*, por el origen del
ajedrecista.

Aperturas de doble peón de rey

Todas las aperturas de doble peón de rey comienzan,
naturalmente, con el avance 1 e4 e5, como muestra
el diagrama 12-8. Varias aperturas muy conocidas
empiezan así.

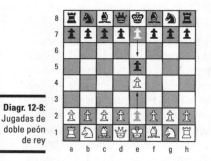

Diagr. 12-8:
Jugadas de
doble peón
de rey

La Apertura Española, o Ruy López

Esta apertura comienza con el avance de ambos peones de rey (diagrama 12-8). La siguiente jugada de las
blancas es de caballo (2 Cf3) que ataca el peón de e
de las negras. En respuesta, las negras mueven el caballo de dama (2 ... Cc6) y defienden el peón (diagrama 12-9a). Después, las blancas llevan el alfil a 'b5'
(3 Ab5) y llegamos, por definición, a lo que se conoce
por Apertura Española (diagrama 12-9b).

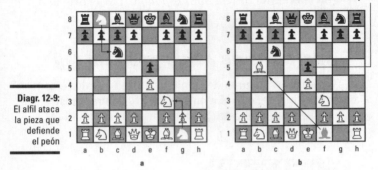

En la Apertura Española, esta casilla está en disputa

Diagr. 12-9: El alfil ataca la pieza que defiende el peón

Siempre me ha gustado la lógica de esta apertura. Después de la jugada de los peones, el caballo blanco sale para atacar el peón negro. El caballo negro lo defiende y el alfil blanco ataca el caballo que, a su vez, defiende al peón. Más adelante la partida se caracteriza por el combate enconado por el control del peón de 'e5' (o, más exactamente, la casilla que ocupa el peón): las blancas quieren capturarlo sin correr riesgos. Las negras pretenden mantenerlo y las blancas lucharán como puedan contra 'e5'.

La escocesa

Si después de la misma secuencia de apertura del diagrama 12-8 las blancas avanzan el peón de dama dos casillas (3 d4) en lugar de mover el alfil, la apertura se llama *escocesa* (diagrama 12-10). El nombre data de una serie de partidas por correspondencia que comenzaron en 1824 entre los clubes de ajedrez de Londres y de Edimburgo. Curiosamente, el equipo de Londres usó primero esta apertura, pero a los escoceses les gustó tanto que comenzaron a usarla

Diagr. 12-10: En la Apertura Escocesa, el peón de dama avanza dos casillas

Con la Apertura Escocesa se ejerce una presión inmediata sobre este peón

también. Los escoceses ganaron el duelo y se quedaron con el premio y con el nombre de la apertura.

La idea tras la Apertura Escocesa es semejante a la de la española: ejercer presión sobre el peón central negro. Es más directo mover el peón de d a 'd4', pero con frecuencia esta acción produce cambios tempranos de piezas y peones, lo que acaba por reducir las oportunidades de ataque de las blancas. En la actualidad la mayoría de los jugadores prefieren la Apertura Española, también llamada tortura española.

La Defensa Pétrov

Si las negras desarrollan el caballo de rey en el segundo turno (2 ... Cf6), como se muestra en el diagrama 12-11, en lugar de desarrollar el caballo de dama, como se ve en el diagrama 12-9a, la apertura se convierte en la *Defensa Pétrov* o *rusa*, llamada así por un gran jugador ruso del siglo xix.

La idea tras esta defensa es diferente de la que hay tras las dos aperturas anteriores: en lugar de defender el peón atacado, las negras contraatacan el peón central blanco.

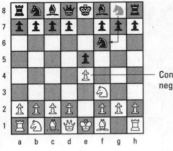

Diagr. 12-11: Defensa Pétrov: el caballo de rey avanza en el segundo turno

Con la Defensa Pétrov el caballo negro ataca este peón

El problema de la Defensa Pétrov

La Defensa Pétrov tiene una trampa bien conocida, que surge de manera muy lógica, así que es muy fácil caer en ella. Para llegar a la posición inicial, mira el diagrama 12-11. La siguiente jugada lógica de las blancas es capturar el peón negro expuesto (3 Cxe5), como en el diagrama 12-12a. Lógicamente, uno espera que las negras lleven a cabo la misma idea, es decir, que capturen el peón blanco indefenso (3 ... Cxe4), como se aprecia en el diagrama 12-12b.

El problema es que la columna del rey negro ha quedado abierta. Esta apertura permite que las blancas

Diagr. 12-12: Tanto las blancas como las negras eliminan los peones de rey adversarios

a

b

ejerzan una amenaza que las negras no pueden limitarse a copiar. En el diagrama 12-13a, las blancas atacan el caballo negro con la dama (4 De2). Las negras pueden optar por retirar el caballo (4 ... Cf6), como refleja el diagrama 12-13b.

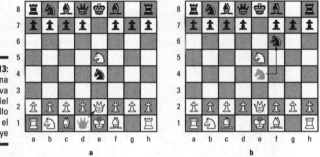

Diagr. 12-13:
La dama blanca va en pos del caballo negro, el cual huye

Si las negras retiran el caballo, las blancas ganan la dama negra con un jaque descubierto (5 Cc6+), como se muestra en el diagrama 12-14: el movimiento del caballo blanco permite que la dama dé jaque al rey negro; la dama negra perece porque sus piezas no pueden escapar del jaque y protegerla, en una

Diagr. 12-14:
El jaque descubierto se encarga de las negras

sola jugada (los detalles sobre el jaque se dan en el capítulo 4). Además, las negras no pueden copiar la jugada de la dama blanca que se ha efectuado en el diagrama 12-13a.

¿Por qué no pueden las negras calcar el movimiento blanco? Si dispones las piezas en el tablero como en el diagrama 12-13a, verás que si las negras copian la jugada de la dama blanca (4 ... De7), como se muestra en el diagrama 12-15a, entonces las blancas capturan el caballo negro (5 Dxe4) y, simultáneamente, protegen el suyo (diagrama 12-15b). A partir de ahora no importa cuánto se retuerzan las negras, las blancas tendrán ventaja material.

Diagr. 12-15: Si la dama negra se mueve, el caballo se perderá

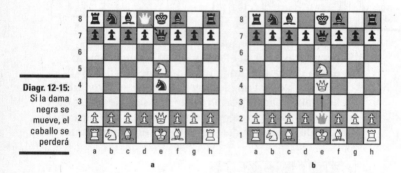

La solución de Pétrov

A partir de la posición del diagrama 12-12a, las negras pueden ejecutar la idea básica, pero de manera diferente: primero se ataca el caballo blanco con el peón de dama (3 ... d6) –mira el diagrama 12-16– y luego se captura el peón de rey enemigo.

Diagr. 12-16:
El peón de
dama negro
repele el
caballo
blanco

Las negras obligan al caballo blanco a retirarse
(4 Cf3), como muestra el diagrama 12-17a, y luego
pueden capturar el peón blanco (4 ... Cxe4); observa
el diagrama 12-17b.

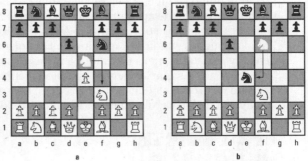

Diagr. 12-17:
El caballo
negro cap-
tura el peón
blanco

Si las blancas intentan la misma clavada que antes
(5 De2; diagrama 12-18a), las negras responden
(5 ... De7) y rompen la clavada, como se representa
en el diagrama 12-18b (vuelve al capítulo 5 para conocer más detalles sobre la clavada). Entonces la partida se equilibra. Sólo tienes que recordar que, antes
de capturar el peón, hay que atacar el caballo blanco.

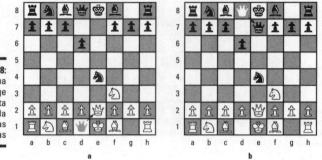

Diagr. 12-18: La dama negra ruge en respuesta a la clavada de las blancas

La Defensa Philidor

Si las negras, en lugar de emplear el caballo de dama, defienden el peón de rey con el peón de dama (2 ... d6), como se muestra en el diagrama 12-19, entonces la variante de apertura se llama *Defensa Philidor* (para saber más sobre François-André Danican Philidor, puedes acudir al capítulo 18). Esta elección defensiva es sólida, pero pasiva. Una de las desventajas principales es que las negras han bloqueado el camino de su propio alfil de casillas oscuras. Hoy en día, la mayoría de los ajedrecistas prefieren una defensa

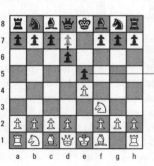

Diagr. 12-19: Romance de peones: el peón de dama defiende el peón de rey

Con la Defensa Philidor, las negras protegen este peón con otro peón activa a una pasiva, por lo que raras veces se emplea la Defensa Philidor en las partidas magistrales.

Aparte de la española, la escocesa, la Pétrov y la Philidor, existen otras aperturas abiertas importantes. Entre ellas mencionamos las siguientes: la Apertura Vienesa (1 e4 e5, 2 Cc3); la Apertura de los Cuatro Caballos (1 e4 e5, 2 Cf3 Cc6, 3 Cc3 Cf6); la Apertura Italiana, o giuoco piano, (1 e4 e5, 2 Cf3 Cc6, 3 Ac4 Ac5); el Gambito Evans (1 e4 e5, 2 Cf3 Cc6, 3 Ac4 Ac5, 4 b4); la Defensa de los Dos Caballos (1 e4 e5, 2 Cf3 Cc6, 3 Ac4 Cf6); la Defensa Húngara (1 e4 e5, 2 Cf3 Cc6, 3 Ac4 Ae7); la apertura Ponziani (1 e4 e5, 2 Cf3 Cc6, 3 c3); el Gambito Letón (1 e4 e5, 2 Cf3 f5); la Apertura de Alfil (1 e4 e5, 2 Ac4); el Gambito de Rey (1 e4 e5, 2 f4), y la Apertura Central (1 e4 e5, 2 d4).

Más alternativas: otras respuestas de las negras

Examinemos ahora otras respuestas de las negras cuando en la primera jugada las blancas avanzan dos casillas el peón de rey (1 e4). Estas réplicas en las que el peón de rey negro no avanza dos casillas (1 ... e5) se conocen como *aperturas semiabiertas*.

La Defensa Francesa

La Defensa Francesa (1 e4 e6) se describe con más detalle en el capítulo 8, pero la idea básica es luchar por las casillas centrales claras. La defensa es muy sólida pero tiene una desventaja semejante a la de la Defensa Philidor: en este caso, el alfil de casillas claras negro queda atrapado detrás de la cadena de peones (se ve en el diagrama 12-20).

La Defensa Siciliana

La Defensa Siciliana (1 ... c5) es muy conocida en todos los niveles. En ella, un peón central blanco se cambia, finalmente, por un peón de flanco negro, como se muestra en el diagrama 12-21, lo que lleva a un desequilibrio (las negras tendrán dos peones centrales por uno de las blancas, pero las blancas, en compensación, gozarán de ventaja espacial y de desarrollo; el capítulo 3 se consagra a los detalles sobre tales elementos). El desequilibrio produce tensión porque es difícil evaluar dos elementos si éstos no son de la misma clase. ¿Qué es más importante: un kilo de manzanas o tres pares de calcetines? Depende de la situación.

Diagr. 12-20: El alfil de casillas claras negro no tiene a donde ir

En la Defensa Francesa, este alfil queda atrapado

Diagr. 12-21: Un desequilibrio inmediato

Con la Defensa Siciliana, las blancas y las negras pierden estos peones

La Defensa Caro-Kann

La Defensa Caro-Kann (1 e4 c6) también es muy popular, pero se considera menos emocionante que la siciliana porque en ella normalmente se cambia un peón de centro blanco por un peón de centro negro muy al principio de la partida (el diagrama 12-22 muestra el desarrollo de la Caro-Kann). Las negras quieren llevar el peón a 'd5' (2 ... d5) para desafiar al peón blanco de 'e4'. Este intercambio conduce a posiciones equilibradas: la defensa es sólida, pero carece de tensión.

En la Defensa Caro-Kann las negras mueven este peón primero para apoyar el avance del peón de dama

Diagr. 12-22:
Blancas
y negras
pelean
por 'd5'

La Defensa Alekhine

La Defensa Alekhine (1 ... Cf6) lleva el nombre del campeón del mundo Alexander Alekhine (del que se habla más en el capítulo 19). Esta defensa es arriesgada y provocadora, así que no suelo recomendarla a los principiantes. Es arriesgada porque deja a las blancas la oportunidad de establecer un centro avanzado, y es provocadora porque las reta a empujar el peón de rey otra casilla (2 e5); se muestra en el diagrama 12-23. Desde 'e5', el peón atacará el caballo negro y lo obligará una vez más a moverse. Las negras saben que el peón blanco habrá traspasado la mitad del campo de batalla y que lo someterán a un ataque. Si la estrategia de las negras es exitosa, entonces se derrumbará la formación blanca. Si no tienen éxito, las negras acabarán con poco espacio y pasivas.

Diagr. 12-23: Una provocación inmediata

En la Defensa Alekhine las negras provocan a las blancas para que avancen el peón de rey

Con todo, las negras también pueden enfrentarse a 1 e4 con la Defensa Escandinava (1 e4 d5); la Defensa Nimzovich (1 e4 Cc6); la Defensa Pirc (1 e4 d6, 2 d4 Cf6 3 Cc3 g6), y la Defensa Moderna o Robatsch (1 e4 g6).

Por favor, las damas primero: la apertura de doble peón de dama

La segunda jugada en importancia y en popularidad cuando se inicia el juego es 1 d4. Si las negras responden de la misma manera (1 ... d5), como se muestra en el diagrama 12-24, entonces llegamos a una *partida de doble peón de dama,* lo que los ajedrecistas conocen como *aperturas cerradas.* Por ahora concéntrate sólo en identificar las aperturas por sus nombres; no te preocupes de cómo se juegan.

El Gambito de Dama

La apertura más usual, una vez que se han movido los peones de dama, es el *Gambito de Dama* (1 d4 d5, 2 c4), que se muestra en el diagrama 12-25. En el Gambito de Dama las blancas ofrecen el peón de c para que las negras lo capturen; estas pueden aceptarlo o rehusarlo. En el capítulo 11, en la sección "Apuntar al centro", se estudian ambas alternativas.

En el Gambito de Dama (diagrama 12-25) las negras deben decidir si capturan el peón ofrecido o lo rehúsan. El diagrama 12-26a muestra la versión aceptada (2 ... dxc4) y el diagrama 12-26b ilustra la variante rehusada (2 ... e6), esto es, las negras se niegan a capturar el peón blanco y, en lugar de ello, defienden el peón de dama con el peón de rey.

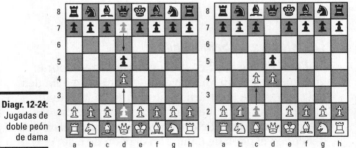

Diagr. 12-24: Jugadas de doble peón de dama

Diagr. 12-25: El Gambito de Dama

Una vez ejecutadas las jugadas 1 d4 d5 y 2 c4 e6, las posibilidades para ambos bandos se ramifican muchísimo. He aquí algunos ejemplos: la Defensa Ortodoxa (1 d4 d5, 2 c4 e6, 3 Cc3 Cf6, 4 Ag5 Ae7, 5 e3 00, 6 Cf3); la Defensa Cambridge-Springs (1 d4 d5, 2 c4 e6, 3 Cc3 Cf6, 4 Ag5 Cbd7, 5 Cf3 c6); la Variante del Cambio

(1 d4 d5, 2 c4 e6, 3 Cc3 Cf6, 4 exd5); la Variante 5 Af4
(1 d4 d5, 2 c4 e6, 3 Cc3 Cf6, 4 Cf3 Ae7, 5 Af4); la Variante Ragozin (1 d4 d5, 2 c4 e6, 3 Cc3 Cf6, 4 Cf3 Ab4);
la Variante Manhattan (1 d4 d5, 2 c4 e6, 3 Cc3 Cf6, 4
Ag5 Cbd7, 5 Cf3 Ab4); la Defensa Tarrasch y Semita-
rrasch (1 d4 d5, 2 c4 e6, 3 Cc3 c5); la Defensa Keres (1
d4 d5, 2 c4 Af5), etcétera.

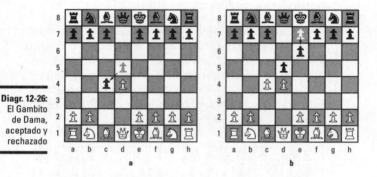

Diagr. 12-26:
El Gambito
de Dama,
aceptado y
rechazado

La Eslava y la Semieslava

La *Eslava* (1 d4 d5, 2 c4 c6) fue popularizada por el
gran maestro ruso Mijaíl Ivánovich Chigorin a finales
del siglo XIX. La apertura sigue siendo en la actualidad un arma de primera incluso en los niveles más
elevados de competición. En esta apertura las negras
defienden el peón de dama con el peón de c sin cerrar
el paso del alfil de casillas claras (diagrama 12-27). La
Semieslava y la Eslava se diferencian poco; lo único
que hacen las negras en la Semieslava es introducir la
jugada 4 … e6 tras 3 Cf3 Cf6, y 4 Cc3, en lugar de
4 … dxc4 de la Eslava.

Chigorin también popularizó la llamada Defensa Chigorin (1d4 d5, 2 c4 Cf6).

Diagr. 12-27:
La apertura
Eslava

Defensas indias

La respuesta más habitual de las negras cuando las
blancas juegan 1 d4 es 1 ... Cf6, como se muestra en
el diagrama 12-28. Esta jugada lleva a las llamadas
defensas indias, que siguen considerándose muy
fiables. Esta convención nos llega del *chaturanga*,
juego precursor del ajedrez moderno y original de
la India (se piensa que se creó el siglo VII de nuestra
era, o antes). Una partida de chaturanga abría, normalmente, con el desarrollo de un alfil en el flanco
(este desarrollo en el flanco se llama *fiancheto* y se
describe en el capítulo 9). En las defensas indias las
negras mueven primero el caballo para impedir que
las blancas establezcan una pareja de peones centrales (los detalles de los peones centrales se dan en el
capítulo 3) con el avance e2-e4 La jugada de caballo
suele continuarse con un fiancheto.

Es mejor que al principio salgas con aperturas más
fáciles, como la de doble peón de dama, y esperes a
tener más experiencia para aproximarte a las defensas indias.

Gracias al movimiento del caballo, las negras impiden que este peón dé dos pasos

Diagr. 12-28: El precursor de las defensas indias

La Defensa India de Rey

En la *Defensa India de Rey* se hace un fiancheto de alfil en el flanco de rey (diagrama 12-29). Las negras, por lo regular, se enrocan rápidamente (en el capítulo 9 se trata el enroque) y sólo entonces comienzan a atacar los peones centrales de las blancas con sus propios peones. Esta es una manera muy apreciada de combatir la apertura de peón de dama, pero también es muy compleja.

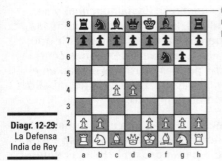

Con la Defensa India de Rey las negras desarrollan este alfil y se preparan para enrocarse

Diagr. 12-29: La Defensa India de Rey

La Defensa India de Dama

En la *Defensa India de Dama* se hace un fiancheto de alfil en el flanco de dama (diagrama 12-30). La estrategia es muy similar a la Defensa India de Rey. Las negras tratan de atacar el centro blanco sólo después del enroque. Los alfiles atacan el centro desde posiciones seguras, lo que ayuda a las negras a desarrollar su contrajuego.

En la Defensa India de Dama las negras desarrollan este alfil primero y preparan un eventual enroque en el flanco de dama, todo esto antes de atacar el centro

Diagr. 12-30:
La Defensa
India de
Dama

Las negras disponen de más armas indias para enfrentarse a 1 d4: la Defensa Nimzoindia (1 d4 Cf6, 2 c4 e6, 3 Cc3 Ab4); la Defensa Bogoindia (1 d4 Cf6, 2 c4 e6, 3 Cf3 Ab4+); la Apertura Catalana (1 d4 Cf6, 2 c4 e6, 3 g3); la defensa benoni (1 d4 Cf6, 2 c4 c5); el Gambito Volga o Benko, (1 d4 Cf6, 2 c4 c5, 3 d5 b5); el Gambito Budapest (1d4 Cf6, 2 c4 e5), y la Defensa Gruenfeld (1 d4 Cf6 2 c4 g6 3 Cc3 d5).

Además, contra 1 d4 las negras pueden plantear la Defensa Holandesa (1 ... f5).

Capítulo 13

Progresa en el medio juego

. . . .

En este capítulo

▶ Elaborar un plan con unas pautas y algo de creatividad

▶ Saber cuándo atacar y cómo obtener el mayor provecho

. . . .

*L*a fase de la apertura de una partida de ajedrez es para los estudiosos con gafas de pasta y cuadernos de notas, pero el medio juego es el reino de los aventureros, de los locos y de los excéntricos. En las aperturas y los finales se emplean algunas tácticas, pero el medio juego está repleto de ellas (si necesitas recordar las tácticas vuelve al capítulo 5); pero no olvides que la táctica es la culminación de un buen plan. Así que en este capítulo aprenderás algunos detalles que te ayudarán a elaborar planes.

Cuando llegues al medio juego...

El *medio juego* comienza después de que las piezas están desarrolladas y sucede a la fase de apertura. Para desenvolverse bien en el medio juego no es necesario tener un arsenal de teoría tan vasto como para las aperturas y los finales. Lo poco que se ha teorizado sobre el medio juego del ajedrez indica que, por lo general, los jugadores tiran de sus propios recursos en esta fase de la partida, pero al mismo tiempo implica que es aquí donde es posible ser más creativo.

Jugar bien el medio juego es extremadamente difícil. Es bastante habitual que haya jugadores que, aun siendo buenos en otras fases de la partida, no sepan navegar adecuadamente por estas procelosas aguas. Quizá conozcan los principios de la apertura y comprendan dónde deben poner las piezas, pero no tengan idea de qué hacer después de esas jugadas.

Pero anímate, especialmente si engrosas las filas de los que tienen problemas con el medio juego, porque esta fase también se rige por principios que pueden fomentar tu juego creativo. Si estudias y sigues estos principios, podrás jugar bastante bien esta fase de la partida.

Es posible decir muchas cosas más acerca del medio juego. Sin embargo, el mejor maestro es la experiencia. Reproducir partidas magistrales es una forma de obtener esa experiencia, pero no encontrarás mejor modo de aprender a lograr un medio juego exitoso que ponerte a jugar. Mi mejor consejo es que leas el resto de este capítulo, en el que descubrirás cómo formular un plan de juego y aprenderás a atacar a tu rival de la manera más eficaz posible durante esta agresiva fase de la lucha. Después de aprender los aspectos básicos, consigue un rival, elige una apertura (repásalas en el capítulo 11) y pon en práctica tus estrategias de medio juego.

Formular un plan de medio juego

El ajedrez no es un juego que se deje reducir a una simple suma aritmética. Es posible entender de forma aislada cada elemento, pero aun así hay que batallar por la causa. Sin embargo, en el medio juego tienes que poder evaluar una *posición* (la disposición de las piezas en el tablero) de manera correcta, o al menos adecuada, antes de pensar que puedes formular el plan apropiado. En el ajedrez, si no puedes planificar bien, te encontrarás moviendo las piezas sin rumbo fijo a la espera de que el contrincante cometa un error garrafal.

Ten en cuenta los principios rectores que se describen en las siguientes secciones.

Evaluar la posición

Para formular un plan, primero debes evaluar la posición del tablero y, para tener éxito, el plan debe corresponder a las demandas de la posición. Si, por ejemplo, tus piezas y tus peones están preparados para atacar en el flanco de rey, entonces por ahí debes atacar.

Cada posición hay que juzgarla por sus propios méritos. Las reglas del ajedrez tienen tantas excepciones que seguir de manera ciega una fórmula condena al fracaso. Algunos jugadores claman que no hay justicia en el ajedrez, ya que siguen las directrices generales formuladas en los manuales y, aun así, siguen perdiendo. Los que llevamos más tiempo jugando hablamos de "la injusticia igualitaria del ajedrez"; con ello queremos decir que la excepción a la norma que hoy te hace perder será la excepción que mañana lleve a tu adversario al desastre.

Ludek Pachman expone en su libro *Estrategia moderna en ajedrez* los siguientes factores de evaluación:

- La relación de material, esto es, la igualdad de material o la superioridad de material de cualquiera de los ejércitos.
- El poder de las piezas individuales.
- La calidad de los peones individuales: aislados, doblados, etcétera. (tratado en el capítulo 3).
- La posición de los peones, esto es, la formación de peones (tratado en el capítulo 8).
- La seguridad del rey.
- La cooperación entre piezas y peones.

Los elementos de movilidad de piezas y seguridad del rey tienen prioridad en el medio juego. La movilización rápida de las piezas permite el ataque, y si eres capaz de crear una debilidad en la posición del rey enemigo, tal vez puedas ganar material o intentar directamente un jaque mate. Incluso si el rival protege al rey, es posible que acabes obligándolo a hacer alguna otra concesión, lo que normalmente es suficiente para preparar el camino hacia la victoria.

Las piezas pueden moverse muy rápidamente y cambiar la naturaleza del juego. Es necesario adoptar o abandonar planes si se producen cambios bruscos. No puedes aferrarte a un plan si el adversario lo ha frustrado; debes aprender a adaptarte a la nueva posición. Esto ocurrirá muchas veces a lo largo de una partida.

Aprovechar la estructura de peones

Los peones tienen menos movilidad que las piezas, así que puedes fijar con mayor rapidez su ubicación. La conclusión, por lo tanto, es que las características esenciales de la *formación* de peones (móvil, fija, etcétera, como se describen y analizan en el capítulo 8) y la *calidad* de los peones (dobles, aislados, etcétera, asuntos tratados en el capítulo 3) durante el medio juego es la pista más fiable sobre la viabilidad de cualquier plan en particular.

No puedo imaginar mejor ilustración de lo expuesto en el párrafo anterior que el ejemplo que viene a continuación. Este ejemplo es un estudio compuesto por W. E. Rudolph en 1912 que se publicó en la revista de ajedrez francesa *La Strategie* (los *estudios* son posiciones creadas por un *compositor*, no son posiciones recogidas del juego real).

En el diagrama 13-1 las negras tienen ventaja material, pero la posición es inevitablemente de tablas. Debido a que los estudios son situaciones creadas por una persona, comienzan con un enunciado que advierte a qué jugador le toca mover y cuál es el resultado que se quiere obtener. En este caso: "juegan las blancas y empatan" (a pesar de la ventaja material de las negras). La formación de peones es la clave para encontrar el plan adecuado. Las blancas pueden dejarla bien cerrada.

Las blancas mueven el alfil de casillas claras y dan jaque al rey negro (1 Aa4+), como se muestra en el diagrama 13-2a. Las negras no tienen otra opción que capturar con el rey el alfil que da jaque (1 ... Rxa4); la

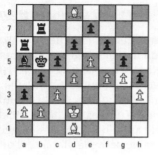

Diagr. 13-1:
Las negras
tienen venta-
ja material,
pero las
blancas dan
con el plan
correcto

situación se ve en el diagrama 13-2b. De otro modo, las
blancas dan jaque perpetuo al rey negro (el alfil lanza
el jaque desde la cuarta fila, luego desde la tercera,
luego desde la cuarta, y así sucesivamente, porque el
rey negro sólo puede oscilar entre 'b5' y 'c4').

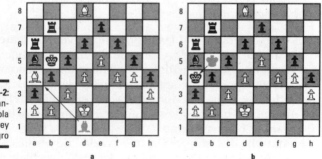

Diagr. 13-2:
El alfil blan-
co se inmola
ante el rey
negro

Lo que sigue es tan divertido como instructivo. En
cada turno, las blancas adelantan un peón para dar
jaque al rey; deben ejecutar el plan en el orden correcto o las negras abrirán una puerta de escape para
su rey. Con todo, si las blancas ejecutan el plan al
pie de la letra, las negras no tienen otra opción que

recorrer el camino deseado, porque el rey negro sólo tiene una jugada reglamentaria en cada turno. Las blancas dan jaque llevando el peón de 'b2' a 'b3' (2 b3+), como muestra el diagrama 13-3a, y el rey negro debe moverse a la única casilla disponible, 'b5' (2 ... Rb5), como se ve en el diagrama 13-3b.

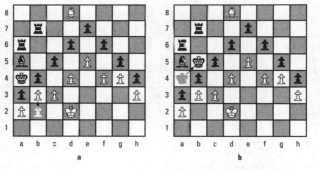

Diagr. 13-3: El humilde peón blanco pone a las negras en jaque y obliga al rey a huir

Las blancas usan exactamente la misma idea que ilustra el diagrama 13-4a. El peón de 'c3' avanza a 'c4' (3 c4+) y, una vez más, da jaque al rey negro, que sólo dispone de una casilla a la que pueda ir, 'c6' (3 ... Rc6; mira el diagrama 13-4b).

Diagr. 13-4: Otro peón blanco entra en escena y hace que el rey negro retroceda de nuevo

Por tercera vez, las blancas se valen de un peón para dar jaque al rey negro (4 d5+; diagrama 13-5a), el cual se mueve a la única casilla disponible, 'd7' (4 ... Rd7); puedes verlo en el diagrama 13-5b.

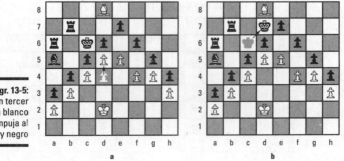

Diagr. 13-5: Un tercer peón blanco empuja al rey negro

Por última vez, las blancas dan jaque llevando el peón de 'e5 a 'e6' (5 e6+); está reflejado en el diagrama 13-6a. Ahora, el rey negro puede elegir a dónde moverse, pero la libertad lograda ya no es importante. Las negras pueden capturar el alfil (5 ... Rxd8), como se muestra en el diagrama 13-6b, o ir a otro

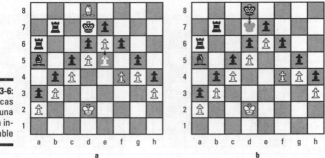

Diagr. 13-6: Las blancas crean una muralla infranqueable

escaque, pero jamás penetrarán en la fortaleza de peones erigida por las blancas. Las dos torres y el alfil de ventaja no podrán emplearse como arietes.

Las blancas sellan la posición con una última jugada de peón (6 f5); observa el diagrama 13-7. Ninguno de los ejércitos puede atravesar el territorio enemigo, así que la partida termina en tablas. Como puedes ver, a veces la ventaja de material no importa.

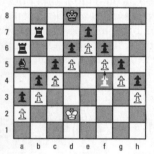

Diagr. 13-7:
Las blancas han sellado la estructura de peones de las negras y empatan

Buscar maneras de usar el ataque de las minorías

En una partida real, los peones no son tan dominantes como se describe en la sección anterior, pero influyen en la ubicación de las piezas y en la selección de los planes. En el capítulo 11 examinamos los detalles del llamado ataque de las minorías, que es un ejemplo típico de la influencia de los peones en el medio juego. El *ataque de las minorías* es un ataque de flanco en el que uno o dos peones se enfrentan a un número superior de piezas. El siguiente ejemplo muestra este plan en la práctica.

La posición que se muestra en el diagrama 13-8a se dio en el torneo de Zúrich de 1953 en una partida entre Vasili Smíslov, que llevaba las blancas, y Yuri Áverbaj. En la partida, Smíslov quería emprender un ataque de las minorías lanzando sus peones del flanco de dama para cambiarlos por los de las negras, pero Áverbaj, con un movimiento de peón (1 ... a5), no lo permitió (diagrama 13-8b). Gracias a esa jugada preventiva, las negras frustraron el plan original de las blancas y las obligaron a idear uno nuevo. A partir de ese momento las negras deben responder a cada plan nuevo de las blancas, si es necesario. Si las blancas cometen un error, la iniciativa puede pasar a manos enemigas y entonces se verán en la tesitura de tener que frustrar los planes de las negras.

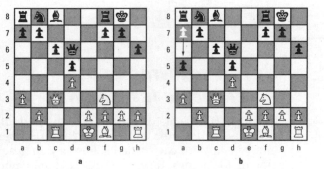

Diagr. 13-8:
Las blancas esperan usar el ataque de las minorías, pero las negras frustran el plan

Cuando no sepas qué hacer en una partida, recuerda que tienes que elaborar un plan. Podrás lograr muchos puntos si aprendes a evaluar una posición y encuentras el plan adecuado. Podría ser algo así: "Voy a adelantar mis peones y a debilitar los suyos y luego los atacaré con mis piezas". Decide qué jugada te facilita la tarea y ejecútala. Después de cada movimiento (tuyo y del rival) sopesa tu plan a la luz de la nueva situación que tienes ante ti. Tal vez el plan original siga siendo adecuado, pero puede ser que se te ocurra una idea mejor. Intenta no quedarte entre dos planes; decide si quieres mantener el que tenías o cambiarlo por otro, pero no sigas dos planes paralelos. Si la nueva idea se parece bastante a la anterior, no modifiques la inicial.

El ataque durante el medio juego

Los veteranos del ajedrez dicen que si uno tiene una ventaja temporal, debe atacar. De otro modo, lo más normal es que la ventaja se te vaya de las manos. Atacar es una parte fundamental del juego, pero no se debe atacar demasiado pronto para no perder el esfuerzo. Hay que fortalecer la posición primero, hasta el momento en que el éxito del ataque esté garantizado.

No hay reglas fáciles que ayuden a decidir cuándo lanzar un ataque. Esta ambigüedad eleva a la categoría de arte la toma de decisiones que implican los ataques. Los grandes genios del juego parecen tener una capacidad intuitiva que les indica cuándo deben comenzar un ataque y cómo se castiga un ataque prematuro.

Con el tiempo podrás distinguir cuándo funcionan los ataques y cuándo no. Recuerda que todo el mundo le teme a un atacante fuerte y que nadie quiere estar en el lado perdedor.

Tipos de ataque que debes buscar y evitar

Aunque casi todas las partidas de ajedrez siguen caminos propios, por lo general siempre tienen algunos elementos comunes. En los ataques puede haber diferentes jugadas de diferentes piezas, pero en general es posible clasificarlos dentro de categorías determinadas.

Vladimir Vukovic (1898-1975) clasifica los ataques de acuerdo con el siguiente sistema:

> 4La acción principal no se centra en un ataque contra el rey, pero dicho ataque es posible.

> 4 La acción de un jugador en realidad contiene una amenaza directa contra el rey adversario, pero esta se puede evitar a un determinado precio; por ejemplo, cediendo material o dañando la posición propia.

> 4 El atacante ejecuta un ataque contundente con objetivo de mate. Se puede invertir una cantidad considerable de material en el ataque, siempre y cuando el mate sea un resultado seguro.

En este libro no se puede profundizar más en el asunto del ataque, pero, aun así, podrás avanzar considerablemente si lees los capítulos sobre estrategia (capítulo 11) y táctica (capítulo 5). Si consigues aplicar en el juego los planteamientos estratégicos, pronto te darás cuenta de que puedes poner unos cimientos sólidos para ejecutar un ataque contra el rey oponente y, así, emplear la táctica para dar jaque mate.

Principios para recordar

Es posible hacer algunas generalizaciones acerca del medio juego, siempre y cuando se comprenda que cada posición es única y que las excepciones son como pulgas que esperan la oportunidad de picar. A continuación relacionamos algunos principios generales:

- **Ataca si controlas el centro.** Si atacas sin dominar el centro, quedarás expuesto a un contraataque en esa parte y tus fuerzas se verán diezmadas o divididas.

- **Contrarresta un ataque de flanco con una acción central.** Si tu contrincante ataca en un flanco, un ataque en el centro dividirá sus batallones y acabarás conquistándolos.

- **Estate preparado para desarrollarte rápidamente en cualquier área.** Un despliegue rápido de piezas en un sector del tablero puede ser decisivo si tu oponente no puede responder con celeridad.

- **Durante el ataque, crea baterías mortales: pon la dama delante de los alfiles y detrás de torres.** El alfil no es lo suficientemente poderoso como para capitanear un ataque y la dama es demasiado poderosa como para perderla si la torre puede encargarse del trabajo sucio.

- **No pongas los caballos en los bordes del tablero.** Los caballos dominan muy pocas casillas desde el borde del tablero y desde allí su poder de ataque se reduce sensiblemente.

- **Ataca en caso de tener alfiles de distinto color.** Como los alfiles que están en casillas de colores opuestos (llamados *alfiles de distinto color*) no se pueden atacar entre sí ni se pueden disputar los mismos escaques, el atacante tiene lo que a veces equivale a una pieza extra.

4 **Cambia piezas para aliviar la defensa.** Tendrás menos piezas que se tropiecen entre sí si cambias algunas de ellas, y el potencial de ataque de tu adversario será menor.

4 **Pon las torres en columnas abiertas (de ser posible en la misma columna).** Suele ser muy útil alinear las dos torres en una misma columna (lo que se llama *doblarlas*) y, si esta es abierta, tanto mejor. Otras piezas pueden zigzaguear y avanzar en territorio enemigo, pero la torre necesita una columna abierta para poder invadir con éxito. Dos torres que actúen juntas pueden controlar más territorio, con más fuerza y más eficacia que una sola.

4 **Lleva las torres a la séptima fila (segunda si juegas con negras).** Las torres en la séptima fila normalmente pueden atacar los peones contrarios que han quedado en sus casillas de origen. A veces las torres pueden atrapar al rey enemigo en la última fila.

4 **Lleva los peones a líneas abiertas.** La apertura es el momento para desarrollar las piezas, no para malgastar el tiempo con demasiadas jugadas de peones. Por el contrario, en el medio juego las piezas ya están desarrolladas y puede ser adecuado hacer otras jugadas de peones para poder abrir líneas o crear debilidades en campo enemigo.

4 **Protégete siempre de un contraataque.** Nunca
dejes tu rey expuesto. Con frecuencia, los
ajedrecistas desaprovechan posiciones prome-
tedoras en su afán por atacar, porque olvidan
tomar primero unas cuantas precauciones sencillas. A veces es adecuado emplear una jugada
o dos para proteger la posición de su monarca
y sólo entonces iniciar o reanudar el ataque.

4 **Pon a trabajar los caballos en las posiciones
cerradas y los alfiles en las posiciones abiertas.** Los alfiles necesitan líneas abiertas para
poder aprovechar su capacidad de ataque a
larga distancia. Los caballos son más eficaces
en escaramuzas a corta distancia, y las posiciones cerradas son ideales para ellos.

4 **Ataca donde tengas ventaja espacial.** Si lo
haces, tendrás más escaques para elegir donde
colocar tus piezas y podrás dirigirlas de un
lado a otro; tu adversario evidentemente, dis-
pondrá de menos capacidad de maniobra para
repeler el ataque.

Capítulo 14

Termina el final con estilo

· ·

En este capítulo

▶ ¿Por qué es tan importante el final?

▶ Preparar un plano para la fase tres

▶ Terminar sólo con los poderosos y los humildes: finales de rey y peón

▶ Luchar para evitar tablas: finales de torre

▶ Dejar que los pequeños se encarguen: finales de caballo y alfil

· ·

*U*n amigo me dijo que no entendía por qué tenía que preocuparse por el final, pues nunca llegaba hasta esa parte. Quería decir que ganaba o perdía una partida mucho antes de que el final diera señales de vida. Le dije que nunca llegaba a un final porque él no sabía nada de finales. Mi afirmación se basaba en el argumento de que un buen conocimiento de la fase final mejora la comprensión de la apertura y del medio juego. En otras palabras, no entenderás por qué algunas jugadas de apertura son buenas o malas a menos que comprendas las consecuencias que tendrán en el final. Tampoco podrás formular un buen plan en el medio juego si no puedes evaluar las consecuencias ulteriores. En este capítulo se describen las estrategias generales del final y se presentan algunos ejemplos concretos de técnicas ganadoras. Por definición, el final presenta una reducción material importante, así que los ataques con objetivo de mate, normalmente, ni siquiera se discuten. El material que quede es de capital importancia y la única manera de aumentar en fuerza es mediante una o más promociones de peones (en el capítulo 10 se explica todo sobre las promociones de peones).

Poner el final en perspectiva

Así como el plan del medio juego fluye de manera lógica a partir de la apertura, el final se desarrolla de manera lógica a partir del medio juego. El *final* llega cuando los jugadores han perdido la mayor parte de las piezas y despejan gran parte del tablero. Los ataques se hacen más difíciles de ejecutar y el juego pasa del elemento táctico al estratégico (en la estructura de este libro, del capítulo 5 al 11). El valor relativo de las piezas puede verse alterado, y los reyes y los peones asumen un papel importante en el resultado de la contienda.

Los finales son engañosamente complejos. Como quedan tan pocas piezas en el tablero, se tiende a pensar que los finales son más fáciles que el medio juego o que la apertura. Pero esta fase es igualmente complicada. La diferencia radica en que es más fácil estudiar el final que las otras dos fases. Las etapas de apertura y medio juego tienen demasiadas variantes, mientras que en los finales es posible evaluar con mayor precisión una idea para ganar.

Encontrarás bibliotecas llenas de estudios sobre el final. Los jugadores experimentados conocen muchas posiciones o tipos de posiciones que conducen a la victoria, a la derrota o a las tablas. En el final se pueden estudiar las piezas de forma aislada y en combinación con otras piezas, lo cual permite trasladar esos conocimientos al medio juego, e incluso a las aperturas, para comprenderlos mejor. Como puedes ver, el camino a la maestría en el ajedrez comienza por el final.

En muchos casos se puede anticipar el final desde la apertura, pues un jugador maniobra con el objetivo de obtener una ventaja en la estructura de peones que pueda explotar más tarde, en el final.

Lamentablemente, no hay atajos que te ayuden a dominar las posiciones del final: debes estudiarlas si quieres llegar a ser un maestro de ajedrez. Si sólo pretendes jugar de vez en cuando y no quieres estudiar, te bastará conocer unas cuantas posiciones básicas y algunos temas comunes. De esta manera comprenderás muchas posiciones de final y podrás descifrar otras a medida que juegues.

La estrategia del final de partida

Todos los finales son diferentes, pero la siguiente lista puede servirte como una guía para pergeñar el plan de final correcto:

4 **Adelanta el rey.** El rey sale de su escondite en el final y se convierte en un factor crucial. Adelanta el rey hacia los peones pasados o hacia los peones débiles y vulnerables al ataque. De lo contrario, lleva al rey hacia el centro.

4 **Intenta crear un peón pasado.** Es relativamente fácil promover un peón pasado (lee el capítulo 3 para saber más sobre peones pasados).

4 **Impulsa los peones y trata de promoverlos.** Como dijo alguna vez el gran maestro Aaron Nimzovich: los peones pasados tienen ansia de expansión. Pero no exageres: adelanta el peón pasado sólo si es seguro hacerlo. Llevar un peón a las fauces del enemigo, donde de seguro que será devorado, no tiene utilidad alguna.

4 **Bloquea los peones pasados enemigos.** Hay que impedir que avancen hasta las *casillas de coronación* (las que se encuentran en la primera y en última fila).

4 **Ofrece el cambio de piezas.** En general, cuanto más material siga habiendo en el tablero, más complicado será el final. Pero no busques las simplificaciones si eso te hace pasar de un final ganado a un final de tablas; sólo mantente a la espera y cambia para conseguir un final más sencillo, con idénticas posibilidades de victoria.

4 **Conoce tus piezas.** Lleva la partida al tipo de final en el que tus piezas tengan más probabilidades de ganar que las de tu contendiente. En cambio, si todos tus peones se hallan situados en casillas del mismo color que tu alfil, por ejemplo, intenta no pasar al final; probablemente tendrás más oportunidades de obtener ventaja en el medio juego.

Además, si tienes más peones que tu adversario, cambia piezas, no peones. Una ventaja de peón aumenta a medida que disminuye el número de piezas. Pero si tienes menos peones que él, intenta cambiar tantos peones como te sea posible. La desventaja decrece a medida que disminuye el número de peones.

También ten presente que los peones pasados protegidos son muy fuertes, al igual que los peones pasados alejados que, normalmente, son decisivos (consulta el capítulo 3 para saber más sobre estos tipos de peones).

4 **Aprende los puntos básicos.** Si sólo puedes estudiar un poco de ajedrez, estudia el final. Aprende las técnicas básicas para ganar y llegar a tablas en los diversos finales; comprobarás que también juegas mejor las aperturas y el medio juego.

Finales de rey y peón

El tipo más básico de final es el de rey y peón contra rey. A veces, la partida se reduce a una carrera entre el peón y el rey enemigo hasta la casilla de coronación. Un rey solitario que no puede impedir que el peón corone y se convierta en una dama acabará recibiendo jaque mate; pero si el rey puede detener el peón, entonces la partida termina en tablas.

Existen dos métodos fáciles para determinar si el rey puede impedir la promoción de un peón:

4 **Cuenta las casillas que hay entre el peón y la casilla de coronación y entre el rey y esa casilla.**

4 **Usa el método del cuadrado del peón.** Este método, que los ajedrecistas también conocen como la *regla del cuadrado*, funciona mejor si hay muchas casillas que contar; se describirá en esta sección.

Un ejemplo servirá para ver cómo funciona el método de la cuenta. La pregunta que hay que responder es: ¿Si las blancas mueven en el diagrama 14-1, puede el rey negro impedir que el peón blanco alcance la casilla de coronación? No te preocupes por el rey blanco, lo importante es concentrarse en la carrera del peón y el rey negro hasta la casilla de coronación, 'h8'.

Si cuentas las casillas, te percatarás de que el peón blanco puede convertirse en dama antes de que el rey negro pueda detenerlo. El peón blanco ha de dar cuatro pasos para cambiar de vestido, lo que significa que el rey negro sólo dispone de tres tiempos para llegar a la casilla de coronación. Pero ese rey, en cambio, está a cuatro pasos de la meta y, por ende, su destino está sellado.

También puedes determinar si un rey va a ser capaz de detener el peón aplicando el principio del cuadrado del peón. La idea básica tras el *cuadrado del peón* es trazar un cuadrado imaginario que comienza en el peón y termina en la casilla de coronación. Ya que todos los lados de un cuadrado tienen la misma longitud, puedes imaginarte los otros lados; en el diagrama 14-2 quedan marcados con X. La regla es la siguiente: si el rey está fuera del cuadrado y le toca mover al peón, entonces este puede coronarse; sin embargo, si el rey está al lado del cuadrado o dentro de él, puede impedir que el peón corone.

En este caso, como muestra el método anterior, el peón blanco tiene la vía expedita y las negras están perdidas.

A veces no basta con que el rey negro detenga la marcha del peón. En algunas posiciones el peón puede coronarse con la ayuda de su propio soberano. Saber exactamente cuándo un rey y un peón pueden derrotar a un rey solitario y cuándo no, es crucial para comprender los finales. Es aquí donde entra la oposición...

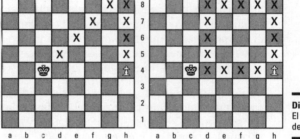

Diagr. 14-1: Contar las casillas en las vías de camino a la casilla de coronación más cercana

Diagr. 14-2: El cuadrado del peón

Cuando los reyes se enfrentan: la oposición

Si piensas que la oposición es tu rival, te equivocas. Este término se refiere a una situación fundamental y ocurre muy frecuentemente en los finales de rey y peón. Si hay un concepto del final que debes estudiar y con el cual tienes que familiarizarte, es la oposición. Este capítulo no puede abarcar todos los matices de esta idea, pero el concepto se describe con más detalle en muchas otras obras.

La *oposición* ocurre cuando los dos reyes se enfrentan entre sí, como se muestra en el diagrama 14-3, y uno debe ceder el paso al otro (porque las normas establecen que un rey no puede atacar al otro). Se dice que el rey que ha movido el último "tiene la oposición", porque el otro rey debe ceder terreno.

Con frecuencia la oposición determina si una partida se gana, se pierde o termina en tablas. En muchas situaciones, como muestra el ejemplo del diagrama 14-4, tienes que saber qué ejército mueve antes de evaluar correctamente la posición. He aquí la esencia de la oposición: si los reyes se enfrentan entre sí y están separados por un número impar de casillas, entonces el último jugador que ha movido se ha hecho con la oposición (esta situación es una de las pocas veces en el ajedrez en que a uno le gustaría decir "paso").

Supón que es el turno de las blancas en el diagrama 14-4. Una jugada de rey por parte de ellas sería inútil (el rey sólo podría retirarse, pero no seguir avanzando), así que las blancas no tienen mejor opción que avanzar el peón (1 d7+), como se muestra en el diagrama 14-5a. Ahora las negras mueven el rey para ocupar la casilla de coronación (1 ... Rd8); observa el diagrama 14-5b.

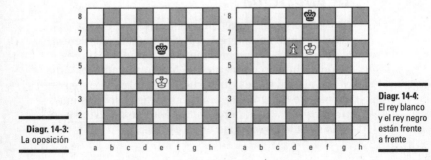

Diagr. 14-3:
La oposición

Diagr. 14-4:
El rey blanco y el rey negro están frente a frente

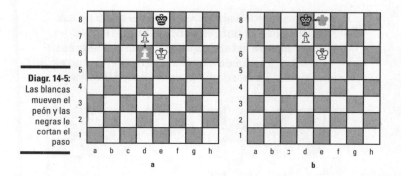

Las blancas deben permitir que el rey negro capture su peón, o deben ahogarlo (2 Rd6), como se muestra en el diagrama 14-6. Recuerda que el ahogado es tablas.

Si, por otra parte, las negras son mano en el diagrama 14-4, las blancas coronarán el peón y ganarán la partida. Las negras no pueden acercar al rey hacia el monarca blanco, y la mejor opción de que disponen es cubrir la casilla de coronación (1 ... Rd8), como se muestra en el diagrama 14-7. De otro modo, el peón avanzaría, cortaría a las negras la casilla clave y, seguidamente, coronaría.

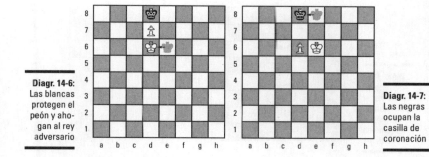

Las blancas pueden ahora adelantar el peón de manera segura (2 d7) porque el rey está protegiéndolo, como se muestra en el diagrama 14-8a. Las negras deben marchar a la única casilla en la cual el rey no está en jaque (2 ... Rc7); se refleja en el diagrama 14-8b.

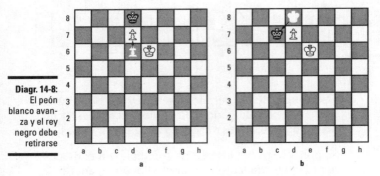

Diagr. 14-8:
El peón blanco avanza y el rey negro debe retirarse

a   b

Esta jugada permite a las blancas adelantar el rey (3 Re7) y controlar la casilla de coronación, como muestra el diagrama 14-9. Lo único que pueden hacer las negras es alejarse de la casilla de coronación y prolongar su agonía. El peón blanco se promoverá a dama y pronto se producirá el jaque mate.

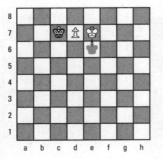

Diagr. 14-9:
Protegido por su rey, el peón blanco se convertirá pronto en una dama

Los finales de rey y peón de torre contra rey siempre terminan en tablas si el bando más débil puede llegar a la casilla de coronación. Este resultado es inevitable porque el bando más fuerte no puede acercarse a la casilla de coronación con su rey y no puede avanzar el peón sin dar ahogado (el rey negro no tiene una casilla de salida hacia un lado en el caso del peón de torre).

Lo que ocurre cuando cada ejército tiene más de un peón

Los finales de rey y peones contra rey y peones pueden ser engañosamente complicados. Sin embargo, hay unas cuantas pautas muy útiles.

Usar un peón para contener dos

A veces puede resultar confuso tratar de contar el número de jugadas de peones necesarias para determinar si una posición se gana o se empata (¿puede coronarse un peón?). Si quieres limitar el número de peones fuertes de tu contrincante, tendrás que ver si consigues frenar a dos por el precio de uno. Fíjate, por ejemplo, en la posición que aparece en el diagrama 14-10.

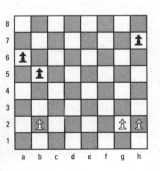

Diagr. 14-10:
¿Qué peón blanco puede frenar dos peones negros?

Determinar la primera jugada de las blancas es una tarea sencilla, pues sólo hay que avanzar dos pasos el peón de 'b2' (1 b4), como en el diagrama 14-11. Las blancas pueden frenar a dos peones negros: le cierran el paso al de 'b5' y amenazan al de a si las negras lo llevan a 'a5'.

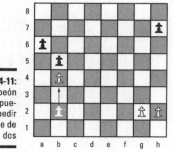

Diagr. 14-11: Un peón blanco puede impedir el avance de dos

Adelantar un peón que no tenga oposición

Si no sabes qué peón adelantar, elige el que no tenga oposición. En el diagrama 14-12 las blancas avanzan el peón sin oposición de 'g2' a 'g4'.

El diagrama 14-13 muestra las consecuencias de adelantar un peón que tenga un peón enemigo en la misma columna en la que él se encuentra. Si las blancas adelantan el peón de h en lugar del peón de g (1 h4), ¡entonces la respuesta es 1 ... h5!, porque el peón de h contiene los dos peones blancos (esta técnica se describe en el apartado anterior).

Volvamos al diagrama 14-11 para conocer una última técnica. Las blancas, como hemos dicho, juegan 1 b4 para contener los dos peones negros del flanco de dama. Y las negras, como respuesta, podrían jugar el peón de h a 'h5' para detener, a su vez, los dos peones blancos del flanco de rey. ¿Es eso cierto? ¡No! Las blancas tienen escondida un arma secreta: 2 g3 para seguir con 3 h3 y 4 g4. Las negras tendrían que capturar el peón de g (4 … hxg4) y las blancas obtendrían un peón pasado (5 hxg4).

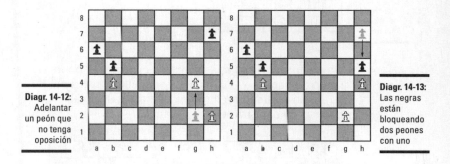

Diagr. 14-12: Adelantar un peón que no tenga oposición

Diagr. 14-13: Las negras están bloqueando dos peones con uno

Conseguir un peón pasado

Siempre muestro a mis estudiantes la siguiente posición, que demuestra el poder de un peón pasado.

Un examen superficial de la situación indica que ambos bandos disponen de los mismos efectivos y que el rey blanco está demasiado alejado de la acción (diagrama 14-14). Pero si se mira con más detenimiento, sin embargo, se intuye que el asunto importante no es la posición del rey blanco, sino la posición avanzada de los peones blancos. ¿Cómo puedes convertir esta configuración en una ventaja? Creando un peón pasado.

Las blancas mueven el peón central (1 b6) y amenazan con capturar uno de los peones negros defensores y coronar a la siguiente jugada (diagrama 14-15a).

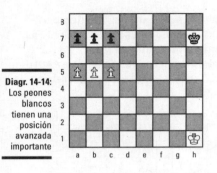

Diagr. 14-14:
Los peones
blancos
tienen una
posición
avanzada
importante

Esta amenaza obliga a las negras a capturar el peón blanco adelantado (1 ... cxb6), como en el diagrama 14-15b. En realidad no importa qué peón usen las negras para capturar el peón blanco.

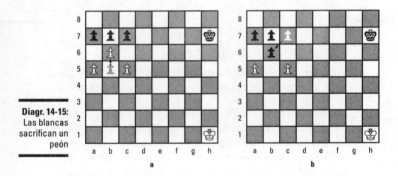

Diagr. 14-15:
Las blancas
sacrifican un
peón

Las blancas avanzan otro peón (2 a6) con la misma amenaza de capturar y coronar en las siguientes dos jugadas (diagrama 14-16a). Las negras deben capturar otra vez el peón blanco atacante (2 ... bxa6), como se muestra en el diagrama 14-16b.

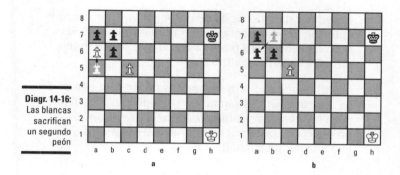

Diagr. 14-16:
Las blancas
sacrifican
un segundo
peón

Tras los dos sacrificios anteriores, la naturaleza de la
posición general se alteró radicalmente y ahora, gracias a 3 c6, las blancas tienen un peón pasado con el
camino libre hasta su coronación, como se muestra
en el diagrama 14-17.

Diagr. 14-17:
Las blancas
lograron un
peón pasado
que pronto
será una
dama

Da igual qué intenten las negras ahora: el peón de las
blancas se coronará en dos movimientos y después
las negras estarán en jaque mate.

No cejes en el empeño de buscar oportunidades para
crear peones pasados, sobre todo si tienen la vía

expedita hasta la casilla de coronación. En el ejemplo anterior, los dos peones que sacrificaron sus vidas para que el tercero pudiera coronarse merecen una medalla al mérito militar.

Examinemos ahora la segunda variante después de 1 b6. Las negras podrían haber seguido con 1 ... axb6, pero las blancas también habrían conseguido llevar un peón a dama: 2 c6! bxc6, 3 a6 y el peón de a prosigue su marcha triunfal.

Finales de torre: embaucadores habituales

Los finales de torre son los finales más frecuentes en ajedrez, principalmente porque las torres son, por norma, las últimas piezas que intervienen en el juego y las últimas que suelen darse a cambiar. Estos finales tienen enormes complejidades: aun los maestros cometen en ellos errores elementales.

Se considera que Akiba Rubinstein (1882-1961), gran maestro polaco, fue el mayor experto de su tiempo en los finales de torres y peones. Generaciones enteras aprendieron de él a desenvolverse en estas posiciones y su legado pertenece ahora a la herencia del ajedrez. Por supuesto, pocos jugadores pueden jugar como Rubinstein. Uno de sus coetáneos, Siegbert Tarrasch, formuló un aforismo que resume lo que yo opino sobre esta estrategia: "Los finales de torre y peón son tablas"; y hay quien agrega: "menos cuando los juego yo con peón de menos, que los pierdo". La afirmación no es cierta, por supuesto, pero muchas veces lo parece.

Mi consejo es: da mate a tu contrincante antes de llegar a uno de estos finales.

Las torres son piezas agresivas y se desaniman si se las relega a una defensa pasiva; no olvides esta característica, sobre todo si estás defendiendo una posición inferior. He aquí varias pautas para los finales de torre:

4 **Activa la torre.** Renuncia a un peón para volver agresiva una torre pasiva. Este sacrificio puede valer la pena.

4 **Pon las torres detrás de los peones pasados.** La mejor posición para las torres es detrás de los peones pasados (tanto si empujan un peón propio como si están tratando de impedir su avance). Si no puedes ponerlas detrás, lo mejor es colocarlas en la misma fila que los peones pasados. La posición menos deseable es delante de los peones pasados.

4 **Avanza los peones pasados y unidos.** Los peones pasados y unidos son eficaces contra las torres, así que avanza estos peones juntos.

4 **Pon al rey en la casilla de coronación.** Si estás defendiéndote en un final de rey y torre contra rey, torre y peón, ocupa la casilla de coronación con tu rey, si es posible.

4 **Acosa con jaques de torre al rey contrario.** No obstante, al hacerlo, mantén la torre tan lejos del rey enemigo como sea posible para evitar perderla.

4 **Presta atención a las tablas.** Cuando ambos jugadores tienen peones en un sector del tablero, los finales de torre acaban a menudo en tablas.

Alfiles y caballos: finales de piezas menores

Los finales de piezas menores son un poco más fáciles de comprender que los finales de torre. Los caballos son mejores que los alfiles en las posiciones bloqueadas, pero los alfiles se hacen más fuertes que los caballos en las posiciones abiertas, sobre todo si hay peones en ambos flancos. Un caballo puede, a duras penas, contener el movimiento de un alfil; en cambio, un alfil puede apresar con mayor facilidad un caballo, especialmente si este se halla en uno de los bordes o esquinas del tablero.

Analiza la posición que se muestra en el diagrama 14-18. Aquí, el alfil cubre todas las casillas a las que el caballo puede moverse (son las que están marcadas con una X). Este ejemplo sirve para ilustrar una de las ventajas de tener en un final un alfil en lugar de un caballo. Con frecuencia, el alfil puede cambiarse por el caballo para pasar a un final favorable de rey y peón. El caballo, sin embargo, rara vez tiene esta opción.

A pesar de todo, en algunos casos preferirás un caballo a un alfil. En el diagrama 14-19, por ejemplo, se observa que el alfil blanco está en una casilla oscura. Por ser quien es no puede atacar nada en una casilla clara ni puede ganar ninguno de los peones negros; por lo tanto, debe defender pasivamente los peones blancos. Sólo las negras tienen posibilidades de ganar este final y eso es posible gracias a la capacidad del caballo de moverse de una casilla clara a una oscura y viceversa. El caballo puede recorrer todas las casillas del tablero, pero el alfil no. Si las negras mejoran la posición del caballo y del rey, las blancas se verán forzadas a hacer más concesiones e incluso llegarán a perder la partida.

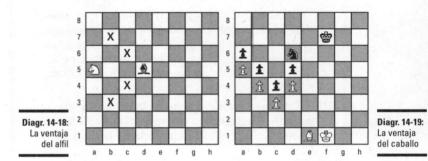

 Recuerda que en todos los finales de pieza menor ni la conjunción de alfil y rey ni la de caballo y rey pueden dar jaque mate. Por eso, el bando más débil necesita eliminar tantos peones como sea posible; si se los come todos, incluso si para ellos tienen que sacrificar una pieza, entonces la partida es tablas.

Carreras de cuadrigas: caballo contra caballo

 Cuando se enfrentan caballos contra caballos, la acción se define por la falta de capacidad de ataque a larga distancia de las piezas. El combate cuerpo a cuerpo es bastante común, así que recuerda estas reglas:

4 **Usa el caballo para bloquear.** Ancla el caballo en la casilla de delante de un peón pasado. Con ello

se impide que el peón se mueva, sin disminuir el poder de ataque del caballo. Los caballos son buenos soldados y no se ofenden si se dejan de guardia, a diferencia de las torres y las damas.

4 **Ten cuidado con los peones pasados que quedan lejos.** Los peones pasados alejados son muy eficaces contra los caballos, los cuales, a su vez, son buenos en el ataque a corta distancia pero débiles a larga distancia, porque pueden influir sólo en un sector del tablero a la vez.

4 **Sacrifica el caballo para capturar un peón pasado.** Considera la entrega del caballo para crear un peón pasado imparable.

En el diagrama 14-20 las negras han conseguido bloquear los peones blancos del flanco de rey (no pueden abrirse paso por la fuerza hasta una casilla de coronación). El peón pasado alejado de las negras (en 'a6') está amenazando con avanzar hacia la casilla de coronación.

Las blancas pueden impedir esta contingencia capturando el peón de 'a6' con el caballo de 'b4' (1 Cxa6), como se muestra en el diagrama 14-21.

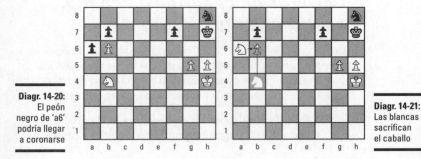

Diagr. 14-20: El peón negro de 'a6' podría llegar a coronarse

Diagr. 14-21: Las blancas sacrifican el caballo

Si las negras capturan el caballo blanco con el peón de 'b7' (1 ... bxa6), como se muestra en el diagrama 14-22a, entonces las blancas tendrán en la columna b un peón pasado imparable (diagrama 14-22b) y ganarán.

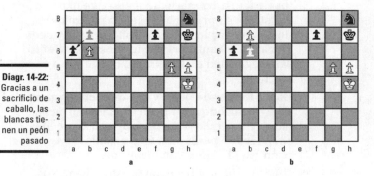

Diagr. 14-22: Gracias a un sacrificio de caballo, las blancas tienen un peón pasado

La ley del más fuerte: caballo contra alfil

He aquí algunos aspectos que tienes que recordar cuando juegues un final de caballo contra alfil:

4 **Haz que los alfiles trabajen en las posiciones abiertas.** Los caballos prefieren las posiciones cerradas mientras que los alfiles prefieren las posiciones abiertas porque así aumenta su movilidad. El alfil es superior al caballo cuando puede atacar ambos flancos a la vez. El caballo no puede defender un sector y atacar otro al mismo tiempo, pero el alfil sí puede. Los finales son normalmente abiertos, así que los alfiles tienden a ser superiores en el final.

4 **Reduce la movilidad de los alfiles con peones.** Si apuestas los peones en las casillas del mismo color que el alfil enemigo, puede contener, en mayor o menor grado, la movilidad del alfil. Lo ideal, sin embargo, es forzar a tu adversario de modo que él mismo constriña su propio alfil. Ten la precaución de no colocar los peones donde el alfil pueda atacarlos y capturarlos. Sigue esta regla sólo si la seguridad de tus propios peones no se ve afectada.

4 **Busca finales de peón y rey que tengas ganados.** Un final de rey y peón es más fácil de ganar que cualquier otro tipo de final. Si puedes simplificar y pasar a un final ganado de rey y peón, no lo dudes: cambia piezas.

4 **Usa los alfiles si los peones están dispersos.** La ventaja del alfil aumenta cuando los peones están diseminados. Cuanto menos simétrica sea la posición de los peones, mejor será la situación del alfil.

Una batalla en las diagonales: alfil contra alfil

Existen dos tipos completamente diferentes de finales de alfil contra alfil, según si están en casillas del mismo color y en escaques de colores diferentes.

4 **Estate atento a las tablas con alfiles de distinto color.** La presencia de alfiles de distinto color aumenta las probabilidades de tablas: nunca pueden capturarse entre sí. Además, los

alfiles de distinto color no pueden bloquearse mutuamente.

4 **Cambia los alfiles del mismo color si tienes más fuerza que tu rival.** En finales de alfil del mismo color, puedes obligar al lado más débil a ceder terreno con ofrecimientos reiterados de cambio de piezas. Pon el alfil en la misma diagonal en la que está el alfil enemigo. Apoya el alfil con el rey. Si tienes más peones, tu adversario no aceptará el cambio y tendrá que cederte la diagonal.

4 **Usa un alfil desde lejos para controlar un peón pasado.** El alfil puede impedir el avance de un peón pasado si controla la casilla de avance del peón. Recuerda que el alfil puede controlar una casilla desde muy lejos.

Cuanto más alejados estén los peones pasados, mayores probabilidades de ganar tendrá el jugador más fuerte. Si tus peones se encuentran cerca unos de otros, entonces el rey enemigo puede ayudar a establecer un bloqueo. Si están distantes entre sí, no es posible un bloqueo: el rey puede acudir a un flanco o a otro, pero no puede estar en ambos.

Parte IV

Pasar a la acción avanzada

"PUES BIEN, SEÑOR PÉREZ. PARECE QUE JUGAR AL AJEDREZ FRENTE AL ORDENADOR DURANTE HORAS Y HORAS TIENE ALGUNOS EFECTOS SECUNDARIOS."

En esta parte

Si quieres jugar al ajedrez, debes tener quién (o qué) juegue contigo. En esta parte tratamos diferentes posibilidades de juego: en clubes, con ordenadores o en Internet. Además, dedicamos todo un capítulo a la notación usada en el ajedrez, para que puedas jugar una partida por correo (electrónico o postal) con gente de todo el mundo. Saber algo de la notación también te permitirá leer libros y artículos sobre ajedrez, así como escribir sobre tus experiencias.

Capítulo 15

Los modales indispensables

En este capítulo
▶ Ir a un club para mejorar tu nivel en competición
▶ Comportarse debidamente al jugar

Para quienes deseen mejorar su juego y, al mismo tiempo, sus habilidades sociales, en este capítulo se habla de los círculos ajedrecísticos; también se recogen las reglas de comportamiento y buena educación necesarias para jugar en un club o en un torneo.

La práctica hace al maestro: afiliarse a un club

Normalmente aconsejo a mis estudiantes que antes de participar en un torneo se afilien a un club. Por lo general, un club tiene un ambiente distendido y es el mejor lugar para practicar: es muy probable que allí conozcas a algún veterano curtido en mil torneos que esté dispuesto a "adoptarte". Así comenzaron a participar en torneos la mayoría de los grandes del ajedrez.

Cada círculo ajedrecístico es distinto y, por supuesto, algunos son mayores que otros. Tanto los principiantes como los maestros pueden pertenecer a un club. Normalmente cada uno tiene un presidente, que te resolverá tus dudas y te ayudará a encontrar a alguien con un nivel de juego semejante al tuyo.

Los modales en el juego

Se supone que el ajedrez es divertido, pero con mucha frecuencia la gente se lo toma muy en serio.

Los modales son especialmente importantes en los torneos. En un encuentro en serio ambos jugadores observan fijamente el tablero durante varias horas. Si tu rival es muy sensible, notará incluso que enarcas una ceja; y un estornudo puede hacer que alguien salte del asiento. No quiero ni pensar qué ocurriría si tienes un tic nervioso o el hábito de dar golpecitos en la mesa o tararear. Los ajedrecistas se han quejado de estas cosas y de muchas más.

Lo correcto es que durante la partida sólo te dirijas a tu oponente para ofrecerle tablas. Si quieres formular una queja, lo mejor es planteársela al árbitro principal del torneo. Si estás jugando sólo por divertirte, usa el sentido común, pero, ante todo, evita distraer a los jugadores porque están pensando en sus jugadas.

En todos los niveles, el ajedrez es una actividad sumamente tensa y los jugadores no disponen de válvulas de escape para liberar la tensión. Hay jugadores que de ordinario son tranquilos, pero que pierden los estribos por una infracción real o imaginaria. Lo mejor que se puede hacer es jugar para divertirse, pero incluso así es importante saber las normas básicas.

Saber cuándo aceptar una derrota

Los entrenadores de ajedrez instruyen a los principiantes para que no abandonen jamás la partida y siempre jueguen hasta el jaque mate. Dicen que nadie gana si abandona. Aunque eso sea cierto, a veces la derrota es inevitable y ambos los saben. Por ello, es de mala educación hacer que el adversario desperdicie su tiempo (aparte de que tú también lo estás perdiendo).

Cuándo abandonar

Si llegas a una posición en la que vas a recibir mate de forma inmediata o en la que te han barrido del tablero todas las piezas, no lo dudes, abandona y empieza otra partida. Considero mejor emplear ese tiempo en jugar otras partidas; además, rara vez se aprende algo de las posiciones completamente perdidas.

Es posible que tus rivales disfruten al ver cómo te retuerces en la silla y quieran prolongar la tortura. Sin embargo, lo más probable es que les moleste que tú no sepas cuándo debes abandonar y puedan negarse a jugar una vez más.

Al final, sin embargo, lo que cuenta es que abandonar una partida es una decisión personal. Uno nunca debe abandonar cuando el adversario quiera, sino cuando decide, objetivamente, que no existe un camino hacia la salvación. Cuando el resultado es inevitable, felicita a tu oponente y a otra cosa.

Cómo rendirse

Tan importante es el cuándo como el cómo. El método formal no es levantar los brazos y comenzar a llorar, sino tumbar al propio rey. Esta acción es un acto de rendición universalmente reconocido. Es importante que le tiendas la mano al vencedor para felicitarlo. Esto muestra espíritu deportivo y es un ritual que se agradece. Demuestra que tienes clase.

Muchos jugadores se dan la mano después de la partida pero luego anulan el gesto de buena voluntad al quejarse de que, si las cosas fueran justas, ellos deberían haber ganado. Dicen que si hubieran hecho esto, en lugar de aquello, el otro habría perdido; esa conducta es infantil. Es mucho más eficaz preguntar al otro qué habría hecho si hubiera ejecutado tal jugada en lugar de esta otra. Ese comportamiento logra dos propósitos: en primer lugar, reconoces que la opinión de tu adversario, aunque sólo sea porque ha ganado, puede ser válida; en segundo lugar, te permite escuchar las ideas del contrario.

A veces, una vez concluida la partida, los dos jugadores se sientan un buen rato en la sala de análisis para comentar los avatares de la partida. Los ajedrecistas llaman a esto "sesiones *post mórtem*". Intenta ser respetuoso durante esas sesiones y concéntrate en aprender, no en demostrar algo. Harás muchos amigos si sigues este consejo.

Ofrecer tablas

Si has llegado a la conclusión de que no puedes dar jaque mate a tu rival y piensas que él tampoco puede ganar, puedes ofrecer *tablas* (o empate). Ofrecer tablas en cualquier otra circunstancia puede ser considerado molesto; de hecho, en un torneo pueden presentarle al árbitro una queja contra ti.

Si ofreces tablas sin hacer jugada alguna, tu contrincante tendrá derecho a pedir ver tu jugada y luego decidir si acepta o rechaza tu oferta. A un jugador pueden molestarle las ofertas de tablas reiteradas, así que tras ofrecerlas una vez espera a que la posición haya cambiado sustancialmente antes de volver a hacerlo.

Si la posición en el tablero está a punto de repetirse por tercera vez, puedes declarar tablas sin preguntar. Sin embargo, debes solicitarlas antes de hacer la jugada que reiteraría la posición por tercera vez, porque la reclamación tiene que plantearse en tu turno de juego. Como siempre, lo mejor es llamar al árbitro.

Cuidado al tocar

Uno de los temas más delicados en el mundo del ajedrez es la regla *pieza tocada, pieza jugada*. Esa expresión significa que si tocas una pieza, debes moverla, si es que puedes hacer una jugada reglamentaria con ella. Si tocas una pieza que no puedes mover según las normas, entonces puedes mover cualquier otra pieza. Se da una jugada por concluida cuando la mano deja de tocar la pieza.

A veces un jugador afirma que el otro tocó una pieza y el segundo jugador lo niega. Si hay testigos, el árbitro puede tomar una decisión justa. Si no los hay, en general la afirmación no se acepta a la primera queja (pero se puede amonestar a un jugador). Si golpeas o derribas accidentalmente una pieza, debes decir "compongo" y colocar la pieza caída.

Además de la apelación a pieza tocada, pieza jugada, una causa frecuente de quejas es *suspender* la mano sobre una pieza. Esto ocurre cuando un jugador pone la mano sobre una pieza y la deja ahí. Esta maniobra es una distracción indeseable (eso advierte, al menos, José Raúl Capablanca, de quien se da más información en el capítulo 19). Nunca le obstaculices a tu adversario la visión completa del tablero, a menos que estés en pleno acto de mover; no intentes alcanzar una pieza hasta que estés decidido a moverla.

Colocar bien las piezas

Puede ser que un peón o una pieza no estén ubicados completamente dentro de una casilla. Puedes ajustar ese peón o esa pieza o incluso un grupo de peones y piezas, pero sólo en tu propio tiempo y previa advertencia a tu adversario mediante la ya mencionada palabra "compongo". Esa palabra invalida temporalmente la regla de pieza tocada, pieza jugada. Sin embargo, ten bien claro que no puedes decir "compongo" después de haber tocado una pieza.

Los bocadillos, después

En general, se considera de mala educación comer o beber frente al tablero de ajedrez, excepto agua o café. Por supuesto, si estás jugando en tu casa, la regla no se aplica. En este caso, el equipo local decide.

Capítulo 16

El ajedrez y los ordenadores

Los programas de ajedrez revolucionaron la manera de jugar y de estudiar el ajedrez. Ahora es posible jugar en el ordenador con un programa, el cual es capaz de derrotar a los grandes maestros.

En este capítulo se comienza por examinar qué implica jugar al ajedrez contra un ordenador y cómo difieren estas partidas del juego entre seres humanos. También se dan algunos datos acerca de los programas para el juego del ajedrez. Debido a que la tecnología evoluciona de forma constante, no es posible decantarse por ninguno en particular.

El ordenador contra el ser humano

En la actualidad los ordenadores están jugando mejor que muchas personas. Hay que recordar, no obstante, que en realidad ellos no juegan al ajedrez: sólo hacen cálculos.

Por supuesto, es una perogrullada decir que los ordenadores están ideados para hacer cálculos. No obstante, hay que tener esto en cuenta. En sus inicios, las investigaciones sobre inteligencia artificial (IA) se concentraron en el ajedrez como campo de pruebas y desarrollo. La idea subyacente era que si se conseguía crear una aplicación de IA capaz de jugar al ajedrez tan bien como un ser humano, se comprendería mejor el funcionamiento del cerebro; llegados a este punto, sería posible hacer también otro tipo de simulaciones. No obstante, en algún momento cambió el planteamiento, y se pasó de pretender jugar una partida de ajedrez contra el ordenador como si fuera un ser humano a pretender que la máquina jugara mejor que cualquier persona.

El triunfo de las calculadoras gigantes

El punto de partida de la IA fue usar lo que en psicología se conoce como *heurística*, un sistema que aplicado al ajedrez consiste en que los ordenadores jueguen usando reglas para tratar de planificar una partida de la misma manera que un ser humano; es un planteamiento muy distinto de otros que consisten en sólo calcular números.

Muy pronto la velocidad de los ordenadores modernos se multiplicó y las calculadoras gigantes triunfaron. En la actualidad se hace muy poco esfuerzo por conseguir que un ordenador juegue como una persona (es más, ¡ahora la gente trata de jugar como las máquinas!). De hecho, los programadores de sistemas tratan de calcular tantas posiciones como sea posible.

Muchas personas piensan en este tipo de partidas como si se tratara de la lucha del hombre contra la máquina, pero al observar al hombre jugar una partida se constata que hace algo completamente diferente de lo que hacen los ordenadores. No importa quién (o qué) juega mejor, el hecho es que los ordenadores juegan al ajedrez extremadamente bien y que están a tu servicio, día y noche, con lluvia o con sol.

Recuerda que los programadores de sistemas también son personas, de modo que la situación real no es una contienda entre un ser humano y una máquina, sino entre un ser humano al desnudo y un ser humano acorazado. La gente no debería sentirse amenazada por el juego excepcional de los ordenadores, sino únicamente aprovecharse de sus ventajas. En la actualidad, los ordenadores son aliados esenciales de todos los jugadores serios: siempre están disponibles y, con unas cuantas instrucciones precisas, te ayudan a encontrar todo lo que quieras buscar.

Por supuesto, al público le encanta el enfrentamiento hombre-máquina. Pero el punto que no se debe perder de vista es que las máquinas no se cansan ni se preocupan; en realidad, no compiten. La esencia dramática de las competiciones entre seres humanos no existe si participa una máquina; por eso, las partidas de ajedrez entre personas son mucho más fascinantes que las que disputan los ordenadores.

Programas de ordenador para jugar al ajedrez

Hay muchos programas comerciales para jugar al ajedrez con el ordenador. El mejor no es necesariamente el más fuerte. Casi todos los programas pueden derrotar al 99,9% de los jugadores de torneo en ajedrez rápido, y la mayoría pueden vencer a casi cualquiera, incluso con ritmos de juegos más lentos. Algunos de estos programas son Rybka, Junior, Fritz, Schredder e Hiarcs.

Casi todos los programas de ajedrez están creados para trabajar en el sistema operativo Windows, pero los usuarios de Mac también tienen con qué divertirse. También hay programas fuertes, como Fritz Powerbook, en versiones para asistentes personales o PDA. Incluso en los teléfonos móviles se están incorporando algunos de esos programas.

Los programas de ordenador se actualizan a menudo, así que sus versiones cambian. Todos registran y almacenan partidas que luego se pueden clasificar, imprimir, reproducir... Evidentemente, es más divertido revisar las partidas que uno gana, pero siempre resultará más instructivo analizar las que pierde.

Un gran maestro se hunde en el abismo azul de IBM

En la década de 1990, Gari Kaspárov –quien en mi opinión es el jugador más grande de la historia– jugó dos enfrentamientos contra *Deep Blue*, el programa (de IBM) de ajedrez que mejor jugaba en ese momento. Cuando *Deep Blue* ganó el segundo duelo, muchos se frotaron las manos.

Sin embargo, no se trató de una derrota para la humanidad, como muchos creyeron, sino de un triunfo de la investigación y la ingeniería.

Capítulo 17

¿Conoces la notación?
Lee y escribe en ajedrez

• •

En este capítulo

▶ Un rótulo para cada pieza

▶ Anotar jugadas

▶ Discriminar una pieza cuando puede haber confusión

▶ Poner las tildes de una partida

▶ Buscar la sección de ajedrez en el periódico

• •

La notación desempeña un papel importante en el mundo del ajedrez porque preserva la historia del juego. Permite que los jugadores recuerden las partidas que disputaron y les proporciona la oportunidad de estudiar la historia del desarrollo del juego. La notación también posibilita que los jugadores superen las barreras del idioma y se comuniquen mediante una lengua que todos puedan entender. Es una herramienta concisa de comunicación. En las competiciones oficiales se exige que se anoten todas las partidas, pero no tienes que hacerlo necesariamente si juegas en tu casa o en un club.

Existen muchas maneras de anotar una partida, desde la *Forsyth* (una notación que entienden los ordenadores) hasta las propias del ajedrez por correspondencia o de cada idioma. Sin embargo, hay una clase de notación que se entiende universalmente: la *algebraica*, que usa una sola letra y un número para identificar cada casilla y una letra para cada pieza de ajedrez. Este sistema de notación reemplazó a la antigua notación *descriptiva*, basada en una forma abreviada de descripción verbal de las jugadas.

Aunque la notación algebraica al principio es difícil de entender, sólo se necesita un poco de práctica para acostumbrarse a ella. Esta notación pretende ser sencilla, pero ciertas situaciones pueden resultar confusas. Algunos jugadores usan la menor cantidad posible de caracteres (la forma abreviada) y otros escriben las jugadas con más detalle (la forma extendida). Nosotros seguiremos la notación algebraica abreviada.

Seguir la pista de las piezas

Como ocurre con cada casilla del tablero, hay que usar una convención para identificar las piezas. El rey se indica con una R, la dama con una D (no suele denominarse "reina" porque la R ya se usa para el rey), el caballo con una C, y así sucesivamente. El pobre peón no tiene inicial. Si cuando leemos una jugada no hay ninguna inicial, la jugada en cuestión es de peón. La tabla 17-1 muestra la notación para las piezas.

| Tabla 17-1 Notación de las piezas de ajedrez ||
Pieza	Notación
Rey	R
Dama	D
Alfil	A
Caballo	C
Torre	T

Las letras deben ir en mayúscula para indicar una pieza; las minúsculas sirven para designar las casillas.

Escribir las jugadas de una partida

Cualquier jugada se puede escribir con la notación algebraica. La hoja que contiene la descripción completa de una partida (nombre de los jugadores, torneo, fecha, ronda, tablero, resultado, número de jugadas, tiempo empleado...) se llama *planilla*.

Descripción de una apertura típica

Examina cómo se escribe en notación algebraica la Apertura Española, una de las más comunes. Cada jugada está numerada e incluye un movimiento blanco y otro negro. Las jugadas iniciales de la Apertura Española se escriben así:

1 e4   e5

2 Cf3   Cc6

3 Ab5

Las blancas mueven primero, por lo que se sobreen-
tiende que la primera jugada de las blancas fue e2-e4
y la respuesta negra fue e7-e5.

Recuerda que si no hay una mayúscula al principio
de cada movimiento, el que se mueve es peón. Sólo
un peón blanco puede alcanzar 'e4' y sólo uno negro
se mueve a 'e5', porque los peones deben avanzar en
línea recta (si lo necesitas, revisa en el capítulo 2 las
jugadas que puede hacer un peón). El diagrama 17-1
representa la primera jugada de ambos bandos.

En la jugada número dos, el caballo blanco va a 'f3' y
el caballo negro a 'c6', como se muestra en el diagrama 17-2.

Ahora, las blancas mueven el alfil para atacar el caballo. Recuerda que una *A* mayúscula significa alfil y
una *a* minúscula se refiere a la columna a. El diagra-

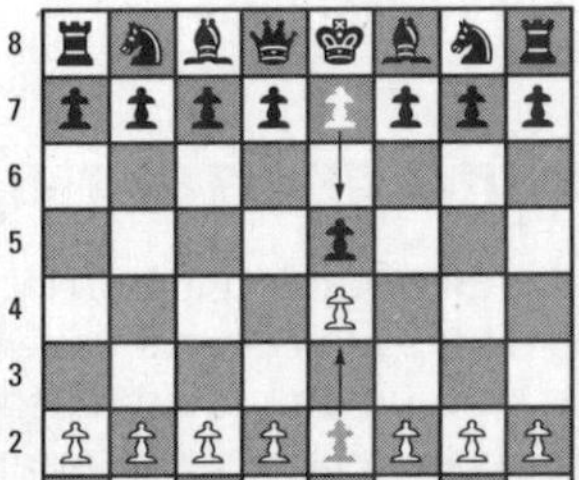

Diagr. 17-1:
El primer
compás de
la Apertura
Española

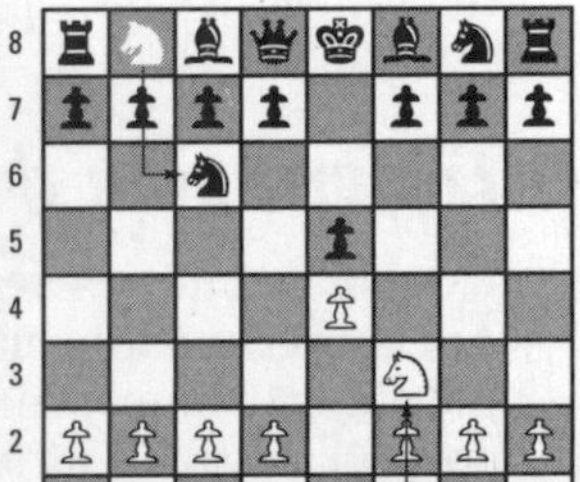

Diagr. 17-2:
El caballo
blanco salta
a 'f3' y el ca-
ballo negro
a 'c6'

ma 17-3 muestra como el alfil blanco ha tomado la casilla 'b5'.

Como habrás percibido, no hemos mostrado el tercer movimiento negro. Encontrarás muy a menudo omisiones de este tipo en los libros de ajedrez, cuando un movimiento de las blancas se presta a un comentario. También es posible anotar un movimiento de las negras sin citar el movimiento previo blanco: para ello, escribiremos el número de la jugada, a la derecha escribiremos tres puntos y luego, la jugada de las negras.

Diagr. 17-3:
El alfil blanco se mueve a 'b5'

Indicar las capturas

Para indicar una captura se usa la letra *x* antes de la notación de la casilla en que se efectúa la captura. Veámoslo con un ejemplo:

1 e4 e5

2 d4

El diagrama 17-4 muestra los primeros movimientos.

Ahora las negras tienen la opción de capturar el peón blanco de 'd4' con el peón de 'e5'. Esta captura se escribe de la forma siguiente: 2 ... exd4, que es lo más preciso, o 2 ... exd, y está ilustrada en el diagrama 17-5; recuerda que una jugada de las negras escrita sin la jugada de las blancas que la precede se indica mediante el uso de tres puntos, como se hace aquí.

Las dos notaciones usadas en el párrafo anterior son correctas, porque el peón negro sólo puede capturar un peón (la captura se explica en el capítulo 2). Tal vez te hayas dado cuenta de que sólo se ha escrito la columna (e), no la columna y la fila ('e5'), del peón que ataca. Puedes no reseñar la fila porque las negras tienen sólo un peón en esa columna e, así que se da por sabida la fila.

A veces, en lugar de la notación 2 ... exd, verás simplemente 2 ... ed (sin la x). Los ajedrecistas que escriben de esta manera no consideran necesario indicar las capturas, pero a la mayoría de los jugadores el uso de la x les facilita la tarea de leer una partida. En cualquier caso, las dos convenciones se usan en los libros de ajedrez.

Diagr. 17-4:
Los peones de rey se miran de frente y el blanco de dama sale a su encuentro

Diagr. 17-5:
El peón negro de la columna e captura el peón blanco de la columna d

Cómo anotar un cambio y un enroque

Volvamos a la Apertura Española. Una variante frecuente es la Variante del Cambio. Esta situación ocurre cuando las blancas capturan el caballo negro con el alfil (los cambios se tratan en el capítulo 3). Dispón una vez más el tablero y sigue esta partida:

1 e4 e5

2 Cf3 Cc6

3 Ab5 a6

4 Axc6

Si has podido seguir las jugadas anteriores, ya sabes que las blancas han capturado el caballo que ocupaba la casilla 'c6'. El diagrama 17-6 muestra el resultado de esta captura.

Ahora las negras pueden capturar el alfil blanco con dos peones. Las negras deciden capturar el alfil con el peón de 'd7':

4 ... dxc6

Diagr. 17-6:
El alfil blanco captura el caballo negro de 'c6'

Diagr. 17-7:
El peón negro de 'd7' captura el alfil blanco de 'c6'

Mira en el diagrama 17-7 el resultado de toda esa acción.

Supón que en lugar de lo anterior las negras deciden capturar el alfil con el peón de 'b7'. Retrocede un paso para ver esta variante.

Si las negras capturaran el alfil con el peón de 'b7', leeríamos lo siguiente:

4 ... bxc6

El diagrama 17-8 ilustra la captura del alfil.

Las blancas pueden enrocarse en corto (en el flanco de rey) en el siguiente turno de juego (consulta los detalles del enroque en el capítulo 10). La notación del enroque corto es 0-0 y la del enroque largo (en el flanco de dama) es 0-0-0. La acción de las blancas (diagrama 17-9) se escribe así:

5 0-0

Diagr. 17-8:
El peón negro de 'b7' captura el alfil blanco de 'c6'

Diagr. 17-9:
Las blancas se enrocan en el flanco de rey

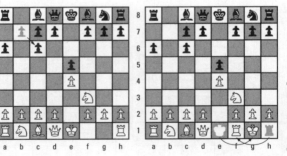

Si no has necesitado un tablero para seguir las juga-das precedentes, tal vez estés preparado para jugar *a la ciega*, una modalidad de juego en la que las parti-das se disputan sin que los contendientes puedan ver el tablero.

Escribir una promoción de peón

Es posible que juegues muchas partidas sin promo-ver un peón (se explica en qué consiste la promoción en el capítulo 10), pero si algún día coronas uno, tendrás que escribir la jugada correctamente.

Para representar la promoción de un peón, se añade a la jugada la inicial de la pieza elegida. Por ejemplo, si en tu jugada número 40 mueves un peón a la octa-va fila en la columna b y lo promueves en dama, es-cribirás 40 b8D. Si por alguna razón lo promueves a alfil, anotarás 40 b8A.

Resolver las ambigüedades (¿cuál de los dos caballos?)

¿Qué ocurre cuando dos piezas pueden capturar en la misma casilla o moverse a ella? En el diagrama 17-10 se observa que dos caballos pueden moverse a la misma casilla, 'd2'. Los ajedrecistas resuelven esta ambigüedad añadiendo el nombre de la columna justo después de la inicial de la pieza, como Cbd2. Acabamos de escribir que el caballo que está en la columna b es el que se mueve a 'd2'.

¿Cómo se escribe una jugada si hay dos piezas en la misma columna y pueden llegar a la misma casilla (como en el diagrama 17-11)? En nuestro caso concreto, para indicar cuál de los dos caballos se mueve, escribiremos el número de la fila justo después de la inicial de la pieza: C3d2, el caballo de 'b3' se mueve a 'd2'.

Anotar capturas de peones no suele plantear problemas porque siempre se indica la columna de salida. Tampoco las capturas al paso son difíciles de anotar. Basta con acordarse de anotar la casilla de llegada del peón que captura y de colocar la abreviatura *a. p.*

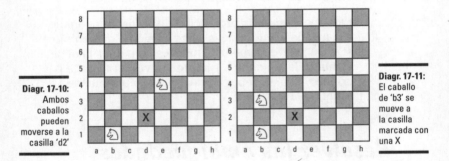

Diagr. 17-10: Ambos caballos pueden moverse a la casilla 'd2'

Diagr. 17-11: El caballo de 'b3' se mueve a la casilla marcada con una X

Comentarios sobre una partida después de acabarla

Algunos signos de notación no se emplean en torneos cuando se escribe en una planilla, pero sí se pueden usar cuando se analiza una partida. Estos símbolos se concibieron para aportar más información a las jugadas y se usan en libros de ajedrez, revistas y periódicos. He aquí los signos más comunes.

Tabla 17-2   Símbolos de ajedrez

Sistema de signos	Significado
!	Buena jugada
!!	Jugada excelente
!?	Jugada interesante
?!	Jugada dudosa
?	Mala jugada
??	Grave error
1-0	Victoria blanca
0-1	Victoria negra
½-½	Empate
12	Las blancas tienen ventaja decisiva
6	Las blancas tienen ventaja clara
1	Las blancas tienen ligera ventaja
21	Las negras tienen ventaja decisiva
7	Las negras tienen ventaja clara
2	Las negras tienen ligera ventaja
5	Posición equilibrada
1	Jaque
11	Jaque mate

Actualmente existen bases de datos que sirven, entre otras cosas, para analizar partidas. No obstante, siempre podrás escribir una partida en una libreta. Por ejemplo, 1 e4, que es una jugada corriente de apertura, no se señala con ningún símbolo, pero es posible que quieras indicar que 1 Ca3 es dudosa.

Leer diagramas en el periódico

En muchos periódicos publican columnas diarias o semanales sobre ajedrez. Los periódicos tienen restricciones de espacio, por lo que dan una partida y un diagrama de una posición de interés especial. Todos los periódicos muestran las blancas en la parte inferior del diagrama y las negras en la parte superior (como los diagramas de este libro). Habitualmente, en el periódico se indicará qué bando tiene el turno de juego, pero si no lo hace, puedes suponer que es el turno de las blancas.

Parte V
Los decálogos

"ALGUNOS JUGADORES LLEVAN UNA PATA DE CONEJO PARA LA BUENA SUERTE. ROBERTO, EN CAMBIO, RECURRIÓ A LOS GRANDES DIOSES PARA LOGRAR SUS VICTORIAS EN EL AJEDREZ."

En esta parte

Todos los libros *...para Dummies* tienen una parte que muestra listas de diez hechos, sugerencias y otros aspectos que vale la pena conocer, y este no es la excepción. Aquí se presenta una lista con las diez partidas de ajedrez más famosas y otra con los diez mejores jugadores de todos los tiempos, un tema excelente para comenzar un debate; casi todos los ajedrecistas tienen sus favoritos, y yo no soy la excepción.

Capítulo 18

Las diez partidas de ajedrez más famosas

Algunas partidas son parte del patrimonio aje-drecístico, entre ellas las diez que se describen en este capítulo. Todo jugador de torneos está, en mayor o menor medida, familiarizado con estas partidas. De hecho, algunas de ellas son tan conocidas que incluso tienen nombre propio. Conocerlas te dará la reputación de entendido en la materia, ¡si no la consigues por ser buen jugador!

La mayoría de estas partidas son bastante antiguas y aparecen en esta lista por varias razones. La primera es que se las menciona más veces que las más recientes, y han sido más numerosos los jugadores que las han estudiado. La segunda es que son fáciles de entender, no como las del ajedrez actual, que son mucho más complejas. Una razón añadida es que los jugadores de antaño no comprendían la defensa tan bien como los jugadores de hoy en día, y esa falta de habilidad defensiva los llevó a producir partidas espectaculares, menos frecuentes en el ajedrez actual.

Por supuesto, muchas personas tienen otras listas de partidas famosas, pero las de este capítulo son las más importantes para mí.

Un requisito para comprender las partidas

Para poder disfrutar las partidas descritas en este capítulo es preciso comprender la notación de ajedrez. Lee en el capítulo 17 una explicación de la notación (y prepara tu tablero para seguir mejor las partidas).

Cuando los ajedrecistas analizan una partida de ajedrez, tienden a seguir algunas convenciones sencillas:

- El jugador que conduce las blancas se menciona primero.
- Si se conocen, se incluyen el lugar y año de la partida.
- Se incluye el nombre de la apertura.
- Los análisis y comentarios se refieren a las jugadas que los preceden.

Paradójicamente, aunque los ajedrecistas afirman ser personas lógicas, no siempre hay acuerdo sobre los nombres de las aperturas de ajedrez; como si un grupo de científicos discutiera a quién le corresponde el mérito de un mismo descubrimiento. Con frecuencia, la decisión de qué nombre recibe una apertura es un asunto de preferencias personales. En este libro se usan los nombres comúnmente aceptados por los ajedrecistas.

Con todas esas convenciones sobre la manera de nombrar las cosas, es más fácil saber qué partida en particular estás siguiendo. Por ejemplo, Gari Kaspárov y Anatoli Kárpov jugaron más de 160 partidas. Tiene que haber una manera de diferenciarlas.

Analizar las partidas famosas siempre es peligroso. No sólo es posible equivocarse, sino que también es posible romper el encanto que tienen cuando se producen por primera vez. No obstante, vale la pena correr el riesgo en la mayoría de los casos porque para muchas personas una pequeña explicación es mejor que nada.

Adolf Anderssen contra Lionel Kieseritzky: la Inmortal

Londres, 1851 (Gambito de Rey)

La Inmortal pone de manifiesto mejor que ninguna otra partida que los jugadores de mediados del siglo xix preferían el ataque al material.

> **1 e4   e5   2 f4   exf4   3 Ac4   Dh4+**

Anderssen quiere un desarrollo rápido, incluso si esto significa perder la posibilidad de enrocarse.

> **4 Rf1   b5**

Kieseritzky muestra el mismo desdén por todo lo que no sea un desarrollo rápido.

5 Axb5 Cf6   6 Cf3 Dh6

La mayoría de los comentaristas han criticado con dureza esta jugada de Kieseritzky, pero el gran maestro alemán Robert Huebner demostró que es mejor que la alternativa sugerida, 6 ... Dh5.

7 d3

Huebner indica que 7 Cc3 es mejor.

7 ... Ch5

La jugada 7 ... Ac5 ha sido considerada superior. Sin embargo, no tomes esas propuestas como una prueba de que aquellos jugadores no eran buenos. Tanto Anderssen como Kieseritzky estaban jugando según los principios aceptados en su época. El desarrollo y el ataque rápidos eran todo lo que les importaba.

8 Ch4

A veces se alaba esta jugada como un ejemplo del gran sentido del ataque que tenía Anderssen, pero otros comentaristas decidieron que 8 Tg1 era todavía mejor.

8 ... Dg5 9 Cf5 c6

Esta última jugada ataca el alfil y desclava el peón de dama, pero tal vez 9 ... g6 (atacar inmediatamente el caballo agresor) era mejor.

10 g4

Huebner sugiere que 10 Aa4 era una alternativa más cauta.

10 ... Cf6

Una vez más, Kieseritzky debería jugar ...g6 para expulsar el caballo.

11 Tg1 cxb5

Las negras anteponen el material al desarrollo. Este error de Kieseritzky es muy interesante y, de acuerdo con Huebner, decisivo. Aconseja 11 ... h5.

12 h4 Dg6	**13 h5 Dg5**	**14 Df3 Cg8**
15 Axf4 Df6	**16 Cc3 Ac5**	**17 Cd5**

La jugada 17 d4 ganaría un tiempo, pero entonces la partida no tendría este remate tan brillante.

17 ... Dxb2 (diagrama 18-1)

Diagr. 18-1:
Las negras
amenazan la
torre de 'a1'

18 Ad6

Casi todos los comentaristas otorgan dos signos de admiración a esta jugada por su brillantez. Huebner, sin embargo, da al menos tres jugadas mejores y asigna un signo de interrogación a esta jugada. Con todo, lleva a la siguiente conclusión inmortal:

18 ... Axg1	19 e5 Dxa1+	20 Re2 Ca6
21 Cxg7+ Rd8	22 Df6+ Cxf6	23 Ae7++

La manera en que Anderssen combinó las pocas piezas que le quedaban para superar el enorme ejército de Kieseritzky es notable. Aunque Anderssen y Kieseritzky no efectuaron las mejores jugadas, sí hicieron las más entretenidas.

Adolf Anderssen contra J. Dufresne: la Siempreviva

Berlín, 1852 (Gambito Evans)

1 e4 e5	2 Cf3 Cc6	3 Ac4 Ac5	4 b4 Axb4
5 c3 Aa5	6 d4 exd4	7 0-0	

El Gambito Evans era una de las aperturas favoritas de los jugadores de la época romántica y sigue siendo peligroso en la actualidad. Las blancas sacrifican material a cambio de desarrollo y de apertura de líneas para las piezas.

7 ... d3

La respuesta de Dufresne es débil. Tanto 7 ... dxc3 como 7 ... d6 serían mejores.

8 Db3 Df6   9 e5 Dg6

El peón es inmune a la captura. Si 9 ... Cxe5, 10 Te1 d6, 11 Db5+ y las blancas ganan una pieza.

10 Te1 Cge7 11 Aa3 b5

Entonces, el desarrollo se consideraba más importante que el material.

12 Axb5 Tb8   13 Da4 Ab6   14 Cbd2 Ab7 15 Ce4 Df5

Esta posición es difícil de jugar correctamente, pero esta última jugada es una pérdida de tiempo.

16 Axd3 Dh5

Ahora, Anderssen comienza una de las combinaciones más famosas de la historia del ajedrez.

17 Cf6+! gxf6   18 exf6 Tg8   19 Tad1!

Obviamente, Anderssen ya había imaginado el brillante remate.

19 ... Dxf3 (diagrama 18-2)

Diagr. 18-2: Las blancas mueven y ganan

Es imposible saber a ciencia cierta si Dufresne vio la combinación de Anderssen que se le venía encima.

20 Txe7+ Cxe7	21 Dxd7+! Rxd7	
22 Af5+! Re8	23 Ad7+ Rf8	24 Axe7++

Paul Morphy contra el duque Karl de Brunswick y el conde Isouard

París (en la ópera), 1858 (Defensa Philidor)

Vamos a ver uno de los ejemplos más instructivos sobre cómo desarrollar rápidamente y lanzarse al ataque.

Esta partida se jugó *en consulta:* un ajedrecista (en este caso, Morphy) se enfrenta a dos adversarios, a los que se les permite ayudarse entre sí para seleccionar las jugadas. Cuenta la leyenda que el duque fue criticado en los periódicos del día siguiente por jugar una partida de ajedrez mientras estaba en la ópera.

1 e4 e5   2 Cf3 d6   3 d4 Ag4

Una jugada débil, pero que tiene una cierta lógica. El caballo y el peón blancos están atacando el peón de 'e5'. El peón de las negras sólo está defendido por el peón de 'd6'. En lugar de traer otro defensor (digamos, con 3 ... Cd7), las negras escogen clavar el caballo. La desventaja de esta idea es que las blancas tienen a su disposición un golpe táctico que obliga a cambiar el alfil por el caballo.

4 dxe5 Axf3

No era buena 4 ... dxe5, porque después de 5 Dxd8+ Rxd8, 6 Cxe5 las blancas ganan un peón.

5 Dxf3 dxe5

El equilibrio de material se ha restaurado, pero Morphy ya tiene una pieza desarrollada (la dama) y ahora puede desarrollar otra. Morphy tiene una venta- ja en el desarrollo y la ventaja de la pareja de alfiles.

6 Ac4 Cf6

Las negras deben protegerse contra la amenaza de captura en 'f7'.

7 Db3 De7

Morphy, con su jugada, renueva la amenaza de cap- turar en 'f7', y sus oponentes se ven obligados a pro- tegerse en su turno y mueven a la dama. Esta jugada protege la casilla 'f7' pero bloquea el alfil de rey. La ventaja en desarrollo de Morphy sigue creciendo.

8 Cc3 c6

Morphy podría haber ganado un peón con 8 Dxb7, pero después de 8 ... Db4+ se hubiera visto obligado a cambiar damas. Decide, correctamente, que continuar su desarrollo es más importante que ganar un peón, porque su ventaja reside en una mejor disposición de las fuerzas. Las negras emplean un tiempo para prote- ger la casilla 'b7' con 8 ... c6, lo que es una precaución necesaria, pero esta jugada no ayuda a su desarrollo.

9 Ag5 b5?

Otra jugada de peón. Esta vez Morphy decide que ya es hora de un sacrificio.

10 Cxb5! cxb5   11 Axb5+ Cbd7   12 0-0-0 Td8

Ambos caballos están clavados y las negras apenas pueden moverse, pero ¿cómo van a capitalizar esto las blancas?

13 Txd7! Txd7

Ahora Morphy sacrifica calidad (torre por caballo), pero su ventaja en desarrollo es tan abrumadora que el déficit de material no importa. Fíjate en que la torre y el alfil de rey negros no se han movido.

14 Td1 De6

El duque Karl y el conde Isouard piensan que si cambian damas, sobrevivirán al ataque y ganarán con su material extra. Morphy nunca les dará esa oportunidad.

15 Axd7+ Cxd7 (diagrama 18-3)
16 Db8+ Cxb8

Diagr. 18-3:
Es el turno de la dama

El sacrificio final es de dama, pero Morphy está dispuesto a prescindir de ella para lograr el jaque mate.

17 Td8++

Wilhelm Steinitz contra Kurt von Bardeleben

Hastings (Inglaterra), 1895 (Apertura Italiana)

La partida es famosa por la combinación final y porque se sabe que Von Bardeleben no se molestó en abandonar tumbando su rey; se limitó a levantarse y salir de la sala de juego sin mediar palabra.

1 e4 e5	**2 Cf3 Cc6**	**3 Ac4 Ac5**	**4 c3 Cf6**
5 d4 exd4	**6 cxd4 Ab4+**	**7 Cc3 d5**	

Steinitz estaba dispuesto a sacrificar un peón (o más) a cambio de una ventaja en el desarrollo. Von Bardeleben declina la oferta (7 ... Cxe4 ganaba material) y contraataca inmediatamente en el centro. El combate se convierte en una lucha por el control de 'd5'.

8 exd5 Cxd5   9 0-0 Ae6

Steinitz estaba dispuesto, una vez más, a sacrificar un peón (9 ... Cxc3, 10 bxc3 Axc3) a cambio de un desarrollo rápido; de nuevo Von Bardeleben prefiere concentrarse en reforzar su control sobre la casilla clave.

10 Ag5 Ae7

Steinitz se desarrolla con una amenaza (al atacar a la dama negra), lo cual habitualmente es muy fuerte.

Von Bardeleben necesita un tiempo para defenderse de la amenaza. Ahora tanto las negras como las blancas tienen cuatro piezas desarrolladas, pero las blancas también se enrocaron y están avanzando.

11 Axd5	**Axd5**	**12 Cxd5**	**Dxd5**
13 Axe7	**Cxe7**	**14 Te1**	**f6**

Steinitz inició la serie anterior de cambios por una razón muy sutil. Ahora Von Bardeleben no puede enrocarse porque necesita su rey para proteger el caballo. Espera escapar de este apuro moviendo al rey a 'f7' y luego una torre a 'e8'; ¿tiene tiempo de hacerlo?

15 De2	**Dd7**	**16 Tac1**	**c6**

Si 16 ... Rf7 ahora, 17 Dc4+ seguida de 18 Dxc7 ganaría un peón.

17 d5! cxd5

Steinitz sacrifica el peón de dama a fin de despejar la casilla 'd4' para su caballo. El tiempo que gana para permitir que el caballo participe en la lucha es más valioso que el peón. Observa que las torres de Von Bardeleben siguen en sus casillas originales.

18 Cd4	**Rf7**	**19 Ce6**	**Thc8**

Steinitz amenazaba con invadir con 20 Tc7.

20 Dg4 g6

Von Bardeleben debe protegerse contra 21 Dxg7+ Re8, 22 Df8++.

21 Cg5+ Re8 (diagrama 18-4)

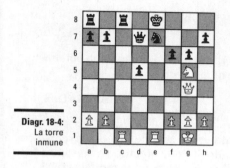

22 Txe7+ Rf8

Una situación extraordinaria. Las negras no pueden capturar la torre blanca, pero las blancas no pueden capturar a la dama negra. Si 22 ... Dxe7, 23 Txc8+ (o 22 ... Rxe7, 23 Te1+ Rd8, 24 Ce6+) las blancas ganan, pero si 23 Txd7 (o Dxd7) Txc1++ las negras ganan. Ahora tiene lugar una cómica serie de jugadas en las que la impúdica torre de Steinitz hace señas obscenas al rey de Von Bardeleben.

23 Tf7+ Rg8

No 23 ... Re8, por 24 Dxd7++.

24 Tg7+ Rh8   25 Txh7+ Rg8   26 Tg7+ Rh8

Los jaques de Steinitz tienen un propósito. Ahora que el peón en h de Von Bardeleben se ha eliminado, Steinitz puede incorporar la dama al ataque con un jaque. Las blancas no deben permitir que las negras jueguen Txc1++ (mate), así que es crucial mantener el jaque al rey negro. Mediante el reemplazo de dama por torre, las blancas aumentan su fuerza de ataque de forma decisiva.

| 27 Dh4+ Rxg7 | 28 Dh7+ Rf8 |
| 29 Dh8+ Re7 | 30 Dg7+ Re8 |

Si 30 ... Rd6, 31 Ce4+ dxe4, 32 Td1+ elimina la amenaza de mate y gana la dama negra.

| 31 Dg8+ Re7 | 32 Df7+ Rd8 | 33 Df8+ De8 |
| 34 Cf7+ Rd7 | 35 Dd6++ | |

Von Bardeleben abandonó la sala de juego y no concluyó la partida cuando Steinitz efectuó su vigésimo quinto movimiento, lo que indica unos modales pésimos; pero en su caso es comprensible: debió de sentirse frustrado por el hecho de haber sido incapaz de mover una pieza que no fuera el rey durante tantas jugadas seguidas.

Georg Rotlewi contra Akiba Rubinstein

Lodz (Polonia), 1907 (Defensa Tarrasch)

Esta es otra de esas partidas en las que un ejército diezmado pero muy bien compenetrado supera a otro ejército muy superior en número. La combinación de Rubinstein es notable porque ofrece material hasta el final; por eso la partida se conoce como la partida Inmortal de Rubinstein.

1 d4 d5	2 Cf3 e6	3 e3 c5	4 c4 Cc6
5 Cc3 Cf6	6 dxc5 Axc5	7 a3 a6	8 b4 Ad6
9 Ab2 0-0	10 Dd2 De7	11 Ad3 dxc4	

Rotlewi (blancas) y Rubinstein han buscado una configuración de piezas parecida. Sin embargo, existen diferencias sutiles que favorecen a las negras. La primera diferencia es que las negras esperan a jugar 11 ... dxc4 hasta que las blancas mueven el alfil de rey, y este retraso estratégico hace que las negras ganen un tiempo. La segunda diferencia es que la dama negra está mejor ubicada en 'e7' que la dama blanca en 'd2'. La dama negra está segura, mientras que la dama blanca está expuesta en la columna d abierta. ¿Son estas pequeñas ventajas suficientes para permitir la victoria de las negras? Tal vez, si uno se apellida Rubinstein.

12 Axc4 b5   13 Ad3 Td8   14 De2 Ab7

Como puedes ver, las posiciones son casi imágenes especulares una de la otra. La diferencia es que Rubinstein ya se ha enrocado y ha llevado la torre a 'd8'. Es claro que con la apertura las negras han obtenido una ventaja de desarrollo.

15 0-0 Ce5   16 Cxe5 Axe5   17 f4 Ac7

¿Está Rotlewi obteniendo una ventaja en el centro o está provocando Rubinstein debilidades en la posición del rey blanco?

18 e4 Tac8   19 e5 Ab6+   20 Rh1 Cg4

Queda claro que en este momento la seguridad del rey blanco es prioritaria. Para las negras, resulta evidente que 21 Dxg4 Txd3 es mejor.

21 Ae4 Dh4   22 g3 (diagrama 18-5)
23 ... Txc3!

Un notable sacrificio de dama que las negras no pueden rechazar. Si 24 Axc3 Axe4+, 25 Dxe4 Dxh2++.

> **24 gxh4 Td2!**

Sacrificar una dama no fue suficiente para Rubinstein. Ahora ofrece también una torre.

> **25 Dxd2 Axe4+   26 Dg2 Th3!**

Y el jaque mate con ...Txh2 es inevitable. Observa que la dama blanca está clavada. Rubinstein gana.

Diagr. 18-5:
La dama está amenazada por el peón de g de las blancas

Stepan Levitsky contra Frank Marshall

Breslau (Polonia), 1912 (Defensa Francesa)

Se dice que después de la jugada 23 ... Dg3!! de Marshall, los espectadores cubrieron el tablero con monedas de oro. Aunque es más divertido creer en las leyendas, hay que señalar que el periodista ajedrecístico y maestro internacional I. A. Horowitz informa que Caroline, la esposa de Marshall, "niega que hayan cubierto el tablero, ni siquiera con monedas de un centavo".

1 d4 e6	2 e4 d5	3 Cc3 c5	4 Cf3 Cc6
5 exd5 exd5	6 Ae2 Cf6	7 0-0 Ae7	8 Ag5 0-0
9 dxc5 Ae6	10 Cd4 Axc5	11 Cxe6 fxe6	
12 Ag4 Dd6	13 Ah3 Tae8	14 Dd2 Ab4	

Marshall amenaza ahora 15 ... Ce4, lo que hace que Levitsky cambie el alfil por el caballo de las negras. En consecuencia, las piezas de Marshall están ubicadas de forma más agresiva y tienen ventaja de desarrollo. ¿Cómo convertir esta ventaja en una victoria?

15 Axf6 Txf6	16 Tad1 Dc5	17 De2 Axc3
18 bxc3 Dxc3	19 Txd5 Cd4	

Gracias a haber explotado la clavada en la columna e, Levitsky ha conservado el equilibrio de material, pero Marshall vuelve a ganar tiempo al centrar el caballo con un ataque a la dama blanca.

20 Dh5 Tef8	21 Te5 Th6

Marshall vuelve a reubicar una pieza, y así gana tiempo gracias al ataque a la dama. Las piezas negras están ahora perfectamente dispuestas para ejecutar golpes tácticos.

22 Dg5 Txh3

Levitsky no puede jugar 23 gxh3 debido a 23 ... Cf3+. En lugar de eso, quiere jugar 23 Tc5 y 24 Tc7 con un ataque propio.

23 Tc5 (diagrama 18-6)

Diagr. 18-6:
Las negras
mueven y
ganan

23 ... Dg3!!

Las blancas abandonaron. Levitsky tiene no menos
de tres maneras diferentes (que se muestran aquí
con asteriscos) de capturar la dama de Marshall:
todas pierden.

* 24 hxg3 Ce2++
* 24 fxg3 Ce2+   25 Rh1 Txf1++
* 24 Dxg3 Ce2+   25 Rh1 Cxg3+

Con ventaja decisiva, porque no se puede capturar
en 'g3', 26 fxg3, debido a 26 ... Txf1++.

Emanuel Lasker contra José Raúl Capablanca

San Petersburgo (Rusia), 1914 (Apertura Ruy López, Variante del Cambio)

En este encuentro histórico se enfrentaron el campeón mundial Emanuel Lasker y un joven sensacio-

nal, José Raúl Capablanca. Lasker demostró antes de retirarse del ajedrez que aún tenía mucho que enseñar a la siguiente generación. Además de su significado histórico, esta partida es notable por la sencilla estrategia que empleó Lasker para vencer, una estrategia que aparentemente fluye desde la apertura. El juego elegante de Lasker compensa con creces la ausencia de combinaciones brillantes.

1 e4 e5	2 Cf3 Cc6	3 Ab5 a6
4 Axc6 dxc6	5 d4 exd4	6 Dxd4 Dxd4
7 Cxd4 Ad6	8 Cc3 Ce7	9 0-0 0-0

Ambos bandos han desarrollado sus piezas y se han enrocado. Lasker tiene ventaja en el centro y, en consecuencia, ventaja espacial, que va a aprovechar haciéndose todavía con más espacio en el flanco de rey. No está abriéndose al ataque, como lo hicieron las blancas en la partida anterior. Los jugadores han liquidado tanto material que las oportunidades de un ataque decisivo son escasas.

| 10 f4 Te8 | 11 Cb3 f6 |

Capablanca afirmó que efectuó este movimiento con la idea de seguir con ... b6, ... c5 y ... Ab7 en combinación con ... Cg6, lo que "crearía grandes dificultades a las blancas para proteger sus dos peones centrales".

| 12 f5 b6 | 13 Af4 Ab7 | 14 Axd6 cxd6 |

A Lasker no le molesta reparar la estructura de peones dañada de Capablanca porque su caballo tiene los ojos puestos en la casilla 'e6'.

| 15 Cd4 Tad8 | 16 Ce6 Td7 | 17 Tad1 Cc8 |

Observa como las piezas de Capablanca están luchando para defender el peón de 'd6' sin tropezarse entre sí. Con frecuencia, esta es una de las consecuencias de la desventaja espacial.

18 Tf2 b5	**19 Tfd2 Tde7**
20 b4 Rf7	**21 a3 Aa8**

Lasker domina el centro y contiene el avance de Capablanca en el flanco de dama. Ahora mejora la posición de su rey y acapara más espacio en el flanco de rey.

22 Rf2 Ta7	**23 g4 h6**	**24 Td3 a5**
25 h4 axb4	**26 axb4 Tae7**	**27 Rf3 Tg8**
28 Rf4 g6	**29 Tg3 g5+**	**30 Rf3 Cb6**
31 hxg5 hxg5		

Lasker abre la columna h y toma el control de ella con una torre.

32 Th3 Td7	**33 Rg3 Re8**	**34 Tdh1 Ab7**

Capablanca confía en que puede defender esta posición y se limita a ir esperando, pero Lasker aprovecha la oportunidad e incorpora el caballo de dama al juego, incluso al precio de un peón.

35 e5! dxe5	**36 Ce4 Cd5**	**37 C6c5 Ac8**

Capablanca no puede defenderlo todo y decide privarse de una torre a cambio de uno de esos molestos caballos. Lasker retiene sus bazas (la columna h y la ventaja espacial) y ahora incorpora a la ecuación una ligera ventaja material.

38 Cxd7 Axd7	39 Th7 Tf8	40 Ta1 Rd8
41 Ta8+ Ac8	42 Cc5	

Capablanca abandona, porque 43 Ce6+ es devastador.

Donald Byrne contra Robert Fischer

Nueva York, 1956 (Defensa Gruenfeld)

Aquí, Bobby Fischer juega en sus años mozos una de las partidas más grandes de todos los tiempos. Se dijo que había sido "la partida del siglo", y ciertamente se jugó con el espíritu del siglo pasado.

1 Cf3 Cf6	2 c4 g6	3 Cc3 Ag7	4 d4 0-0
5 Af4 d5	6 Db3 dxc4	7 Dxc4 c6	8 e4 Cbd7
9 Td1 Cb6	10 Dc5 Ag4		

Esta posición es muy interesante. Byrne parece tener control completo del centro, lo que normalmente lleva a la ventaja, pero observa que Fischer ya ha completado el desarrollo y se ha enrocado. El alfil y la torre de rey de Byrne siguen en sus casillas originales; debería prestar atención a su desarrollo y no molestarse en mover el alfil una segunda vez, pues Fischer tiene a mano una respuesta táctica.

11 Ag5? Ca4!

Si Byrne juega ahora 12 Cxa4 Cxe4, 13 Dc1 Da5+ gana un peón.

12 Da3 Cxc3	13 bxc3 Cxe4	14 Axe7 Db6

Fischer está dispuesto a sacrificar la torre por el alfil de las blancas a cambio de un ataque contra el rey blanco. Byrne decide privarse de la ganancia de material para tratar de enrocar, pero Fischer mantiene la presión y no le da tiempo de poner su rey a buen recaudo.

15 Ac4 Cxc3!   **16 Ac5 Tfe8+**
17 Rf1 (diagrama 18-7)

Diagr. 18-7:
Las negras
mueven y
ganan

17 ... Ae6

Un sorprendente sacrificio de dama justificado por la precaria posición del rey blanco y la ventaja de desarrollo de las negras. 18 Axe6 se toparía con 18 ... Db5+, 19 Rg1 Ce2+, 20 Rf1 Cg3+, 21 Rg1 Df1+ y 22 Txf1 Ce2++.

18 Axb6 Axc4+ **19 Rg1 Ce2+** **20 Rf1 Cxd4+**
21 Rg1 Ce2+   **22 Rf1 Cc3+**   **23 Rg1 axb6**

Las negras eliminan el alfil porque no supone una pérdida de tiempo. La captura incluye una amenaza directa contra la dama blanca.

24 Db4 Ta4   25 Dxb6 Cxd1   26 h3 Txa2

Fischer continúa devorando material mientras mejora la posición de sus piezas.

27 Rh2 Cxf2   28 Te1 Txe1   29 Dd8+ Af8
30 Cxe1 Ad5   31 Cf3 Ce4   32 Db8 b5
33 h4 h5   34 Ce5 Rg7

Al romper la clavada, Fischer permite que el alfil de rey se incorpore al ataque final.

35 Rg1 Ac5+   36 Rf1 Cg3+   37 Re1 Ab4+

37 … Te2+ da mate una jugada antes: 38 Rd1 Ab3+, 39 Rc1 Aa3+ y 40 Rb1 Te1++.

38 Rd1 Ab3+   39 Rc1 Ce2+   40 Rb1 Cc3+
41 Rc1 Tc2++

Deep Blue contra Gari Kaspárov

Filadelfia, 1996 (Defensa Siciliana)

No hay duda en seleccionar esta partida para la lista de las diez mejores. Nunca hasta ella una partida había recibido tanta publicidad como las del primer duelo entre el ordenador de IBM y Gari Kaspárov. En esta partida, la primera de las seis de este enfrentamiento, el ordenador causó sensación al derrotar al campeón mundial. Esta fue la primera vez que un ordenador derrotaba a un campeón mundial a ritmo oficial, y los medios de todo el mundo recogieron la noticia.

1 e4 c5	2 c3 d5	3 exd5 Dxd5	4 d4 Cf6
5 Cf3 Ag4	6 Ae2 e6	7 h3 Ah5	8 0-0 Cc6
9 Ae3 cxd4	10 cxd4 Ab4?		

Esta jugada dio problemas al campeón mundial. El curso normal de acción es desarrollar el alfil a 'e7'. Kaspárov está sin duda tratando de llevar el ordenador hacia territorio desconocido, porque la memoria del ordenador contiene un libro de aperturas con todas las variantes de este y otros sistemas de juego. Todavía no está "pensando", está "recordando". Ahora comienza a calcular.

11 a3 Aa5	12 Cc3 Dd6	13 Cb5 De7
14 Ce5 Axe2	15 Dxe2 0-0	

La ventaja del ordenador es sutil. Cada uno de los caballos blancos ha movido dos veces por cada jugada de caballo negro.

16 Tac1 Tac8	17 Ag5 Ab6	18 Axf6 gxf6

Obligado, porque tras 18 ... Dxf6, 19 Cd7 las blancas ganarían material.

19 Cc4 Tfd8

No sirve 19 ... Cxd4, 20 Cxd4 Axd4 debido a 21 Dg4+ y 22 Dxd4. El ordenador nunca será sorprendido por esta clase de recursos tácticos. Ahora el ordenador deshace la estructura de peones del flanco de dama de Kaspárov, ya que "sabe" que es bueno hacerlo.

20 Cxb6 axb6	21 Tfd1 f5	22 De3 Df6

Kaspárov está presionando en 'd4'. El ordenador toma ahora una excelente decisión: en lugar de jugar de forma pasiva defendiendo el peón, elige avanzar y atacar. Bien hecho.

23 d5 Txd5   24 Txd5 exd5   25 b3 Rh8

Kaspárov tratará de llevar la torre a la columna g para atacar. El ordenador evalúa correctamente que este ataque no es peligroso y comienza a ganar material en el flanco de dama.

**26 Dxb6 Tg8   27 Dc5 d4   28 Cd6 f4
29 Cxb7 Ce5**

El ordenador no caerá en la celada 30 Dxd4 Cf3+ que gana la dama blanca.

30 Dd5 f3   31 g3 Cd3   32 Tc7 Te8

El ataque de Kaspárov parece muy peligroso, pero el ordenador no se deja impresionar por las apariencias.

**33 Cd6 Te1+   34 Rh2 Cxf2   35 Cxf7+ Rg7
36 Cg5+ Rh6   37 Txh7+**

Kaspárov abandona porque después de 37 ... Rg6, 38 Dg8+ Rf5, 39 Cxf3 no tiene nada que amenazar, mientras que *Deep Blue* sí. Marcador: Silicio 1, Carbono 0. Por supuesto, este revés enfureció a Kaspárov, que terminó derrotando al ordenador en el duelo.

Sin embargo, Kaspárov no logró un resultado tan bueno en el segundo enfrentamiento, en 1997, contra el ordenador: *Deep Blue* derrotó a su adversario humano por 3.5 a 2.5. Pero no concluyas que la victoria de *Deep Blue* hace a las máquinas superiores a los seres humanos.

Gari Kaspárov contra el mundo

MSN, 1999 (Defensa Siciliana)

Usar la red para ver transmisiones de partidas de ajedrez se convirtió en un pasatiempo popular en la década de 1990. En especial, Kaspárov generaba mucho interés: había numerosos portales y páginas de Internet que seguían su trayectoria. El siguiente paso fue servirse de la red para dejar que cualquiera jugara una partida contra el maestro. El público, entre el cual había grandes maestros, tenía que votar y elegir jugadas, y las más votadas se ejecutaban. La partida, que duró varios meses, generó una enorme publicidad y tuvo un alto grado de participación de votantes y espectadores.

1 e4 c5	2 Cf3 d6	3 Ab5+ Ad7
4 Axd7+ Dxd7	5 c4 Cc6	6 Cc3 Cf6
7 0-0 g6	8 d4 cxd4	9 Cxd4 Ag7
10 Cde2 De6 (diagrama 18-8)		

Esta jugada era nueva entonces. Sin embargo, gracias a ella Kaspárov tiene una oportunidad de invadir con su caballo.

Diagr. 18-8:
Las negras buscan destruir el peón de rey blanco

11 Cd5 Dxe4   12 Cc7+ Rd7   13 Cxa8 Dxc4
14 Cxb6+

Kaspárov pierde las esperanzas de salvar el caballo y busca paralizar los peones del flanco de dama de las negras antes de perderlo.

14 ... axb6   15 Cc3 Ta8   16 a4 Ce4
17 Cxe4 Dxe4   18 Db3 f5   19 Ag5 Db4
20 Df7 Ae5   21 h3 Txa4   22 Txa4 Dxa4
23 Dxh7 Axb2   24 Dxg6 De4   25 Df7 Ad4
26 Db3 f4   27 Df7 Ae5   28 h4 b5
29 h5 Dc4   30 Df5+ De6   31 Dxe6+

Kaspárov debe cambiar las damas en esta posición si quiere mantener vivas sus esperanzas de victoria. 31 Dd3 se toparía con 31 ... Dg4.

31 ... Rxe6   32 g3 fxg3   33 fxg3 b4
34 Af4 Ad4+

Kaspárov afirmó luego que 34 ... Ah8 habría sido suficiente para igualar la posición.

35 Rh1 b3   36 g4 Rd5   37 g5 e6
38 h6 Ce7   39 Td1 e5   40 Ae3 Rc4
41 Axd4 exd4   42 Rg2 b2   43 Rf3 Rc3
44 h7 Cg6   45 Re4 Rc2   46 Th1 d3
47 Rf5 b1=D   48 Txb1 Rxb1   49 Rxg6 d2
50 h8=D d1=D   51 Dh7

Aunque el mundo tiene un peón de ventaja, Kaspárov dispone de mejores oportunidades debido al peón pasado de 'g5' (diagrama 18-9).

51 ... b5

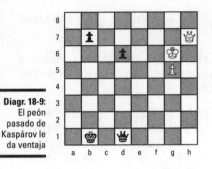

Diagr. 18-9:
El peón
pasado de
Kaspárov le
da ventaja

Esta jugada es un error. Los análisis demostraron que las negras podrían haber obtenido tablas de haber jugado 51 ... Ra1.

52 Rf6+ Rb2

Una vez más, el rey se debería haber movido a 'a1'. Estas posiciones aparentemente simples pueden ser endiabladamente difíciles de jugar.

53 Dh2+ Ra1	**54 Df4 b4**	**55 Dxb4 Df3+**
56 Rg7 d5	**57 Dd4+ Rb1**	**58 g6 De4**

Las negras proponen el cambio de damas para conseguir las tablas: si 59 Dxe4 dxe4, 60 Rf7 e3, 61 g7 e2 el final es de tablas, pues los dos peones coronan al mismo tiempo. Kaspárov, por supuesto, rechaza esta oferta.

59 Dg1+ Rb2	**60 Df2+ Rc1**	**61 Rf6 d4**
62 g7 1-0		

El mundo abandonó, porque el peón de g blanco se iba a coronar y ganaría la partida de manera inevitable.

Capítulo 19

Los diez mejores jugadores de todos los tiempos

● ●

En este capítulo

▶ Los nombres más grandes del ajedrez

▶ Menciones honoríficas

▶ Los campeones sin corona

● ●

*U*na buena manera de comenzar un debate es pedir a los demás que elijan a los diez mejores ajedrecistas de la historia. Mucha gente defiende sus nombres con vehemencia y se ha escrito mucho sobre este asunto. Se han presentado argumentos para tratar de demostrar quién fue el mejor mediante un sistema matemático de rendimiento de los jugadores.

Para elegir los mejores jugadores, simplemente me hice una pregunta muy sencilla: ¿qué los hizo sobresalir en su época? Me parece que esta es la única manera válida de comparar jugadores de diferentes generaciones. Aquí están, junto con sus fechas de nacimiento y defunción, y su país de origen, los mejores ajedrecistas de cada época, a mi juicio.

Gari Kaspárov (1963). Rusia

Gari Kaspárov nació en Bakú, Azerbaiyán, y ganó el campeonato del mundo en 1985 en el segundo de varios combates titánicos con Anatoli Kárpov. Hasta que fue, finalmente, derrotado por Vladímir Krámnik en 2000 no comprendí cuán dominante había sido. Los resultados de Kaspárov en torneos durante su mejor época, desde mediados de la década de 1980 hasta el siglo XXI, son igualmente sorprendentes. Lo que lo pone a la cabeza de esta lista es el hecho de que fue mucho más activo que la mayoría de sus predecesores. Nadie demostró su superioridad de manera tan convincente y con tanta frecuencia.

Kaspárov jugaba sólo los torneos de más alto nivel y, generalmente, los ganaba. Sólo Kárpov podía retarlo; y como Kárpov es también uno de los diez mejores jugadores de todos los tiempos, esta excepción sólo eleva la categoría de Kaspárov. Los dos jugadores fueron feroces combatientes en lo que se debe considerar la mayor rivalidad en el ajedrez de todos los tiempos.

José Raúl Capablanca y Graupera (1888-1942). Cuba

José Raúl Capablanca fue campeón mundial de 1921 a 1927. Muchos lo consideraban el mejor jugador del mundo ya antes de 1921, pero no pudo concertar un duelo con el entonces campeón, Emanuel Lasker.

Cuando el sentimiento del público exigió abrumadoramente un enfrentamiento, Lasker trató de abdicar de su título a favor de Capablanca. Esta conducta parece apoyar la idea de que Capablanca era ya el mejor jugador años antes de que el encuentro se celebrara, finalmente. De hecho, a partir de 1914, Capablanca sólo perdió una partida en los siguientes diez años.

El dominio de Capablanca fue tan grande que lo apodaban "la máquina de jugar al ajedrez". Incluso grandes jugadores sentían que era imbatible. Con el tiempo Capablanca se aburrió un poco del ajedrez porque era demasiado fácil. Para él, puede que lo haya sido.

Robert James Fischer (1943-2008). Estados Unidos

En 1971, Robert James Fischer conmocionó el mundo del ajedrez al ganar 19 partidas consecutivas contra rivales de un nivel altísimo. Durante el periodo en que mejor jugaba, de mediados de la década de 1960 a principios de la de 1970, los jugadores hablaban de la "fiebre de Fischer", ya que se sentían mal sólo por tener que jugar contra él. Al igual que Capablanca, Fischer tenía aura de invencible.

Su abrupta retirada del ajedrez fue una tragedia. Los rumores de las apariciones de Fischer abundaban y con frecuencia se atraía al público con avisos de su inminente resurgimiento. Lamentablemente, Fischer esperó más de 20 años antes de volver a jugar en público. Su conducta, siempre polémica, se hizo cada vez más extraña con el paso de los años.

Anatoli Kárpov (1951). Rusia

Aunque Kaspárov eclipsó con el tiempo a Anatoli Kárpov, nadie osaría dejar a Kárpov fuera de esta lista. Kárpov ganó el campeonato por incomparecencia cuando Fischer se negó a defender su título. Muchas personas consideran que esto es una mancha en el expediente de Kárpov porque en realidad nunca ganó el título en un duelo contra el campeón. Tal vez esta circunstancia fuera lo que lo catapultó a conseguir increíbles logros en el ajedrez de torneo en las décadas de 1970 y 1980.

Sólo el gran Víktor Korchnói pudo ponerlo a prueba en sus enfrentamientos, pero incluso él no consiguió derrotarlo, y Kárpov dominó los torneos. De 1978 a 1981, Kárpov jugó en diez importantes torneos y terminó como claro ganador, o compartiendo el primer lugar, en nueve de ellos. Kárpov fue el jugador que dominó la arena internacional después de Fischer y antes de Kaspárov.

Paul Morphy (1837-1884). Estados Unidos

La carrera de Paul Morphy fue meteórica. Brilló intensamente durante un corto periodo de tiempo, a mediados del siglo XIX, y luego nunca volvió a jugar. Se le puede mover hacia arriba o hacia abajo en esta lista, dependiendo de cuánto se valore la longevidad.

Morphy derrotó a todos los grandes jugadores de su tiempo con excepción de Howard Staunton, que se las arregló para no jugar contra él. La mayoría de los historiadores opinan que Staunton no podría haber derrotado a Morphy en un duelo. Lo que puso a Morphy tan encima de sus contemporáneos no fue que ganara sino cómo ganaba. Morphy jugaba un ajedrez fulgurante. Sus partidas todavía sirven como ejemplos clásicos de cómo puede ser de poderoso el desarrollo rápido.

Después de derrotar a los mejores y a los más brillantes, Morphy se retiró del ajedrez para dedicarse a la abogacía en Nueva Orleans. Lamentablemente salieron a la luz rumores sobre un grave problema de salud mental que lo atormentó el resto de su vida.

Emanuel Lasker (1868-1941). Alemania

El caso de Emanuel Lasker es muy interesante. Algunos lo ponen en primer lugar, y otros lo ponen cerca del final. La mayor crítica que le hacen es que no jugaba con mucha frecuencia. El principal argumento a su favor es que fue campeón mundial de 1894 a 1921, más tiempo que cualquier otro jugador. Muchos creen que Lasker esquivó a los contrincante más fuertes, pero sus resultados en torneos y en enfrentamientos muestran claramente que fue el mejor jugador del mundo durante un periodo de tiempo considerable.

Lasker se ganó sus credenciales al vencer en cuatro torneos importantes consecutivos (que entonces no eran frecuentes): San Petersburgo en 1895-1896, Núremberg en 1896, Londres en 1899 y París en 1900.

De 1895 a 1924, Lasker jugó en diez torneos importantes, terminó ocho veces en primer lugar, una en
segundo y una en tercero. Este logro fue claramente
la mejor marca de su tiempo.

Wilhelm Steinitz (1836-1900). Austria

El primer campeón mundial, Wilhelm Steinitz, fue
considerado el mejor jugador del mundo durante un
periodo de unos 20 años. En virtud de su marca en
enfrentamientos y torneos, Steinitz fue probablemente el mejor jugador del mundo de finales de la década de 1860 y, ciertamente, lo era a principios de la
década de 1870. De 1862 a 1894, Steinitz tuvo una
cadena ininterrumpida de 24 victorias en duelos.

En 1886, en su duelo contra Johann Zukertort, se le
reconoció con el título oficial de campeón mundial.
Steinitz ganó con un resultado de diez victorias, cinco derrotas y cinco tablas. Luego defendió con éxito
su título varias veces antes de perder, a los 58 años,
ante el joven Lasker.

Alexander Alekhine (1892-1946). Rusia

Alexander Alekhine se obsesionó por ser campeón
mundial y su empuje superó finalmente la habilidad
de Capablanca. Los resultados de Alekhine nunca
fueron tan dominantes como los de los ajedrecistas

que lo preceden en esta lista, pero aun así se las arregló para tener una carrera admirable. De 1921 a 1927 compitió en 15 importantes torneos y ganó 8 de ellos. De 1930 a 1934 ganó 5 importantes torneos, pero dejó que su afición a la bebida lo derrotara. Perdió el título ante Max Euwe en 1935, principalmente debido a su mala condición física.

Alekhine se recuperó y ganó el duelo de revancha y con él reconquistó el título, que conservó hasta su muerte. No obstante, sus últimos años de existencia fueron muy tristes. Su juego era irreconocible, y su condición física siguió deteriorándose. Con todo, Alekhine tiene un lugar en esta lista gracias a sus muchas victorias en torneos y enfrentamientos.

Mijaíl Botvínnik (1911-1995). Rusia

Mijaíl Botvínnik ganó siete torneos importantes consecutivos de 1941 a 1948, entre ellos el torneo celebrado para determinar el campeón después de la muerte de Alekhine. No hay duda de que hubiera derrotado a Alekhine, y parece cierto que fue el mejor jugador de la década de 1940.

Lo extraordinario es que Botvínnik era ingeniero y no se dedicaba al ajedrez de la manera en que la mayoría de los campeones lo hacía. Perdió su título ante Vasili Smíslov en 1957, pero lo recuperó en el duelo de revancha al año siguiente. Luego lo perdió ante Mijaíl Tal en 1960, pero volvió a hacerlo suyo en la revancha. La *cláusula del duelo de revancha* –que establecía que el campeón tenía derecho a un nuevo

enfrentamiento en caso de ser derrotado– fue dero-
gada en 1963, cuando perdió ante Tigrán Petrosián, y
nunca se sabrá si se las hubiera arreglado para recu-
perarlo por tercera vez. A pesar de tener una marca
muy empañada en las partidas de duelo por el título
máximo, Botvínnik fue claramente el mejor jugador
del mundo durante muchos años. No se podía afirmar
tal cosa de ninguno de sus contrincantes.

Mijaíl Tal (1936-1992). Letonia

Mijaíl Tal apenas llega a la lista de los mejores diez
porque sus problemas de salud le impidieron rendir
al máximo; de otra manera, habría tenido un lugar
más alto en esta lista. Botvínnik una vez dijo: "Si Tal
aprendiera a programarse correctamente, sería imposible derrotarlo".

Tal ganó el campeonato mundial a Botvínnik en 1960,
pero claudicó en la revancha. Antes de este duelo de
revancha, Tal enfermó de los riñones, pero se negó a
posponer las partidas. Finalmente perdió un riñón y
después nunca recuperó la salud del todo.

Sin embargo, de 1949 a 1990, Tal jugó en 55 torneos
de alto nivel y ganó o compartió 19 primeros lugares
y 7 segundos lugares. Ganó 6 campeonatos soviéticos, que fueron algunos de los torneos de más alto
nivel de entonces. También acumuló una marca de 59
victorias, 31 empates y sólo 2 derrotas en 7 olimpiadas. Tal fue famoso por su mirada intimidante y junto
con Capablanca y Fischer es uno de los jugadores
más temidos de la historia.

Menciones honoríficas

Habría que incluir otros campeones mundiales en la lista, porque hasta cierto punto todos fueron dominantes. Aunque tal vez estos jugadores no aparezcan en todas las listas de los doce mejores, merecen ser tenidos en cuenta los siguientes:

- **Adolf Anderssen** (1818-1879). Alemania
  Aunque el título de campeón del mundo no se había creado cuando él jugaba, podría decirse que Anderssen fue el mejor jugador de su tiempo y merece una mención honorífica.
- **Max Euwe** (1901-1981). Holanda
- **Vasili Smíslov** (1921-2010). Rusia
- **Tigrán Petrosián** (1929-1984). Armenia
- **Borís Spasski** (1937). Rusia
- **Vladímir Krámnik** (1975). Rusia
- **Viswanathan Anand** (1969). La India
- **Véselin Topálov** (1975). Bulgaria
- **Rustam Kasimyánov** (1979). Uzbekistán
- **Ruslan Ponomáriov** (1983). Ucrania
- **Bent Larsen** (1935-2010). Dinamarca
- **Vasili Ivanchuk** (1969). Ucrania

Los campeones sin corona

Si no eres capaz de suscitar suficiente polémica con una lista de los mejores jugadores de todos los tiempos, pregunta cuál fue el mejor jugador de los que nunca obtuvieron el título de campeón mundial. Con esta pregunta conseguirás un buen debate. Los principales candidatos, en orden cronológico, son los que se citan a continuación.

Mijaíl Chigorin (1850-1908). Rusia

Mijaíl Chigorin disputó dos duelos mundiales con Steinitz y perdió ambos, pero esos enfrentamientos fueron muy reñidos y en el segundo cualquiera pudo haber ganado. En 1893 Chigorin empató un fantástico duelo con Siegbert Tarrasch, quien también está en la lista (a continuación).

Siegbert Tarrasch (1862-1934). Alemania

De 1888 a 1892, Siegbert Tarrasch ganó cinco importantes torneos de forma consecutiva. Nunca disputó el título a Steinitz, aunque estaba calificado para ello, supuestamente debido a sus obligaciones como médico. Cuando finalmente obtuvo una oportunidad contra Lasker en 1908, su mejor época había pasado y fue derrotado.

Harry Nelson Pillsbury (1872-1906). Estados Unidos

El primer torneo internacional de Harry Nelson Pillsbury fue el de Hastings en 1895, uno de los torneos más disputados y famosos de la historia. Lo increíble es que acabó por delante de Steinitz, Lasker, Chigorin y Tarrasch. Nadie había logrado algo semejante antes. Su marcador en torneos contra Lasker fue de cuatro victorias, cuatro derrotas y cuatro empates: el mejor resultado entre sus contemporáneos. Su muerte prematura fue tal vez el único obstáculo entre él y el título.

Akiba Rubinstein (1882-1961). Polonia

En 1912, Akiba Rubinstein ganó cuatro importantes torneos y estaba en su mejor forma. Luego comenzaron las negociaciones con Lasker para celebrar un duelo por el título. Lamentablemente tuvo una mala actuación en el gran torneo de San Petersburgo de 1914 y perdió su posible patrocinio. Luego estalló la Primera Guerra Mundial; su mejor oportunidad había pasado.

Samuel Reshevsky (1911-1992). Estados Unidos

De 1935 a 1950 Samuel Reshevsky jugó en 14 torneos importantes y ganó la mitad. Sólo una vez terminó en un lugar inferior al tercero. Esta marca es especialmente notable porque sólo jugaba en sus ratos libres y tenía un trabajo a tiempo completo que no se relacionaba con el ajedrez. Nació en Polonia y fue tal vez el mayor niño prodigio en la historia del ajedrez. Seguía jugando extremadamente bien después de cumplir los 70 años, y empató en un duelo con Fischer en 1961.

Paul Keres (1916-1975). Estonia

Paul Keres ganó algunos de los torneos de mayor nivel a finales de la década de 1930, pero la llegada de la Segunda Guerra Mundial acabó con sus esperanzas de obtener el título. Después de la guerra fue candidato al título no menos de siete veces, pero nunca llegó a las finales; haber estado a punto de llegar a la cima sin lograrlo es un hecho de proporciones casi trágicas.

David Bronstein (1924-2006). Rusia

David Bronstein tiene en su haber dos campeonatos soviéticos, seis títulos de campeón de Moscú, la copa de la antigua Unión Soviética, dos oros en olimpiadas de ajedrez, dos campeonatos de Europa por equipos y muchísimos torneos internacionales ganados. En 1951 disputó el título mundial contra Botvínnik. A dos partidas del final, Bronstein parecía estar a punto de alcanzar el título, pero perdió la penúltima partida y no pudo ganar la última. Se cuenta que hubo muchas presiones del aparato soviético para que no venciera, pues era una persona que no encajaba en el perfil soviético de la época.

Víktor Korchnói (1931). Rusia

Víktor Korchnói ganó cuatro campeonatos soviéticos y compitió como candidato muchas veces a lo largo de su carrera. Estuvo muy cerca de ganarle el título a Kárpov en 1978. Korchnói había salido como disidente de la Unión Soviética y su país usó todos los recursos a su disposición contra él. De todos los jugadores de esta lista, Korchnói es tal vez el que tiene más derecho a ser incluido.

Parte VI

Apéndice

En esta parte

En esta parte se proporciona un práctico glosario de términos al que puedes acudir cada vez que necesites saber lo que significa una palabra relacionada con el ajedrez.

Glosario

A lo largo del tiempo los ajedrecistas han desarrollado una lengua propia (mejor dicho, una terminología) para referirse a las diversas jugadas, piezas, etcétera. Si conoces los términos de este glosario seguramente se te abrirán las puertas del club de ajedrez al que quieras pertenecer; además, te será más fácil leer libros de ajedrez. Por supuesto, nosotros no hacemos un examen al final, así que no tienes que aprenderte de memoria todos estos términos. Sólo mantén este libro a mano para poder consultarlo siempre que lo necesites. Si al ir leyendo este glosario encuentras notación de ajedrez (casilla 'c6', 1 e3 Cc7, por ejemplo), consulta los capítulos 1 y 17 para saber cómo leerla. La notación es una manera precisa de comunicar información en este juego.

abandonar: Admitir una derrota en una partida antes de recibir mate. El jugador que abandona normalmente inclina su rey para indicar el abandono y dice "abandono". Esta situación pone fin a la partida inmediatamente.

activa: Descripción de una jugada que aumenta la movilidad; también describe una pieza que es móvil. *Véase* también *pasiva*.

ahogado: Situación en la cual el jugador a quien le toca mover no está en jaque pero no puede hacer ninguna jugada legal. Desde hace más de un siglo el ahogado se considera tablas. Antes se trataba de diversas maneras: algunos jugadores lo consideraban una victoria, para otros era una derrota y para algunos era antirreglamentario. En el capítulo 4 se trata el ahogado a fondo.

ajedrez a la ciega: Ajedrez que se juega sin ver el tablero ni las piezas. Originalmente un jugador tenía los ojos vendados; ahora está establecido que el jugador se siente de espaldas al tablero.

ajedrez por correspondencia: Ajedrez que se juega por correo. La partida más antigua por correspondencia que aún se conserva se disputó en 1804. Ahora también es frecuente jugar por correo electrónico. A diferencia de una partida ante el tablero, en el ajedrez por correspondencia se permite la consulta de libros. También se conoce como ajedrez postal.

ajustar: Tocar una pieza o un peón (en general para moverla al centro de la casilla) sin la intención de hacer una jugada oficial. El jugador que va a hacerlo debe anunciar "compongo" antes de tocar la pieza. Consulta el capítulo 15 para obtener información sobre los modales y el comportamiento en el ajedrez. *Véase* también *compongo* y *pieza tocada, pieza jugada*.

al paso: Situación en la que un peón en la quinta fila captura un peón rival que se ha movido dos casillas hacia adelante. Sólo puedes capturar al paso inmediatamente después de que el peón enemigo haya avanzado dos casillas hacia adelante. El peón que captura se mueve diagonalmente una casilla hacia adelante y captura el peón contrario como si este en lugar de haber dado dos pasos, sólo hubiese dado uno. Una captura al paso se identifica en la notación con las letras "a.p.": por ejemplo, exd5 a.p. (En el capítulo 17 se describe la notación de ajedrez y en el capítulo 10 se trata y se ilustra la captura al paso.)

alfil bueno: Alfil que no está obstaculizado por sus propios peones y, por lo tanto, es muy móvil. *Véase* también *alfil malo*.

alfil claro: Alfil que se mueve por las casillas de color claro.

alfil malo: Alfil cuya eficacia está obstaculizada por sus propios peones.

alfiles de distinto color: Situación en la cual un jugador tiene un alfil en las casillas claras y el otro jugador tiene un alfil en las casillas oscuras. Los finales con alfiles de distinto color son, con frecuencia, tablas.

amenaza: Jugada que contiene un ataque implícito o explícito contra una pieza o un peón o contra la posición enemiga.

anotación: Comentario sobre una partida para explicarla en términos generales o examinar alternativas a las jugadas hechas. Las partidas se comentan con símbolos especiales. El capítulo 17 muestra los símbolos de notación más habituales y su significado.

apertura: Fase inicial de una partida, durante la cual los jugadores desarrollan todas o casi todas sus piezas. En el capítulo 12 se tratan las aperturas. *Véase* también *medio juego* y *final*.

apertura de peón de dama: Apertura que comienza con el avance del peón de d a la casilla 'd4'.

apertura de peón de rey: Cualquier apertura que comienza con 1 e4.

apertura de flanco: Apertura en la que las blancas no hacen avances iniciales de los peones en las columnas d o e, sino que desarrollan en las columnas a, b y c, o en las columnas f, g y h. El *fianchetto* es un tema común en las aperturas en flanco. *Véase* también *fianchetto*, *flanco*.

Apertura Española: 1 e4 e5, 2 Cf3 Cc6, 3 Ab5. Una de las aperturas de ajedrez más antiguas. También es conocida como Apertura Ruy López.

ataque de las minorías: Avance de uno o más peones en un flanco en el cual el adversario cuenta con una mayoría de peones.

ataque descubierto: Movimiento de una pieza o peón que descubre un ataque por parte de una pieza que no se mueve. La pieza que estaba inmovilizada puede atacar, porque la pieza que se ha movido interfería en su línea de acción. *Véase* también *jaque descubierto*.

ataque doble: Ataque simultáneo por parte de una pieza o peón contra dos piezas del enemigo. En teoría, cualquier peón o pieza puede hacer un ataque doble, excepto los peones de las columnas a y h.

bloqueo: Situación en la que un ejército impide que el otro avance. Aaron Nimzovich usó este término por primera vez para describir el bloqueo de un peón por una pieza.

borde: Casillas exteriores del tablero, es decir, las filas primera y octava y las columnas a y h.

cadena de peones: Conjunto diagonal de peones que se protegen entre sí.

calidad: Diferencia de valor entre una torre y un alfil o un caballo. Cuando se captura una torre mientras se cede sólo un alfil o un caballo, se dice que uno "ganó la calidad". *Véase* también *pequeña calidad*.

cambio: Captura de una pieza o peón mientras se cede material de igual valor.

casilla de coronación: Casilla de la octava fila a la cual se mueve un peón que, entonces, se debe promover. Esta casilla de promoción se llama la casilla de coronación porque la pieza a la que se elige promover, el peón por lo general, es una dama. *Véase* también *promoción*.

casilla de escape: Casilla a la que se puede mover un rey que está en jaque.

casilla débil: Casilla importante que un jugador no puede defender fácilmente.

centrar: Llevar las piezas al centro, donde se puede controlar la mayor superficie del tablero.

centro: Las casillas 'e4', 'e5', 'd4' y 'd5'. A veces también se usa el término *centro expandido* para abarcar las casillas adyacentes a estas cuatro.

clavada: Pieza o peón que está inmovilizado porque está entre su rey (u otra pieza) y una pieza contraria que de otro modo estaría atacando al rey (o a la otra pieza).

clavada relativa: Clavada en la cual la pieza o peón que sufre la clavada puede moverse a lo largo de la misma línea (columna, fila o diagonal) que comparte con el atacante.

columna: Cualquiera de las ocho hileras verticales de casillas del tablero de ajedrez, indicadas por una letra en la notación algebraica; por ejemplo, la columna a. *Véase* también *notación algebraica*.

columna abierta: Columna que no tiene peones. A veces también se le llama línea abierta. *Véase* también *columna*.

columna cerrada: Columna que tiene al menos un peón de cada color.

combinación: Serie de jugadas forzadas (que usualmente implican un sacrificio) que da una ventaja al jugador que la inicia.

compensación: Ventaja que compensa una desventaja en otro elemento. Por ejemplo, una ganancia de tiempo puede compensar la pérdida de un peón.

compongo: Expresión que usa un jugador cuando le toca mover y va a tocar una pieza para moverla al centro de la casilla. Una pieza o un peón que se ajusten de ese modo no tienen que ser las piezas que se mueven en la jugada oficial del jugador. *Véase* también *ajustar* y *pieza tocada, pieza jugada*.

composición artística: Posición inventada según la cual debe producirse el jaque mate (u otra conclusión) en un número determinado de jugadas.

conectar: Mover las torres del mismo color a la misma fila, sin que estén separadas por piezas o peones.

defensas indias: Defensas ante 1 d4 que comienzan con 1 ... Cf6. Las defensas indias normalmente usan un *fianchetto* de alfil y un desarrollo lento. Su nombre viene de este desarrollo lento, común en la India, que sólo permitía que los peones avanzasen una sola casilla mucho tiempo después de que en Europa se había adoptado la opción de un avance de dos casillas en la primera jugada de cada peón. En el capítulo 12 se analizan con más detalles las aperturas comunes.

desarrollo: Movimiento de piezas desde sus casillas iniciales.

desarrollo en el flanco: Desarrollo de piezas en cualquier flanco (por ejemplo, para hacer un *fianchetto* con un alfil). *Véase* también *desarrollo*, *fianchetto* y *flanco*.

diagonal: Cualquier línea de casillas contiguas a lo largo de la cual puede moverse un alfil. Si un alfil no está en una de las cuatro casillas de las esquinas, está en una casilla en la intersección de dos diagonales, que se conocen como diagonal corta y diagonal larga.

diagrama: Representación de una posición de ajedrez.

dinamismo: Tipo de juego en que se permiten las debilidades estructurales a cambio de un contrajuego agresivo. El dinamismo surgió de la escuela moderna de ajedrez.

doble sacrificio de alfil: Sacrificio de ambos alfiles para abrir la posición del rey enemigo. La partida Lasker-Bauer en Ámsterdam (1889) es el primer ejemplo documentado de esta maniobra. *Véase* también *sacrificio*.

doble u horquilla: Ataque contra dos piezas o peones enemigos al mismo tiempo. *Véase* también *enfilada*.

duelo, enfrentamiento: a) Competición entre sólo dos jugadores, a diferencia de un torneo. El término normalmente se refiere a una serie de partidas pero a veces se usa para describir una sola partida. El primer duelo de ajedrez importante fue entre Louis Charles de la Bourdonnais y Alexander McDonnel (1834). b) Competición entre dos equipos que se juega en varios tableros.

enfilada: Ataque contra una pieza que causa la ganancia de otra pieza menos valiosa ubicada en la misma fila, columna o diagonal, después de que se mueve la pieza atacada.

enroque: Jugada en la que se mueven dos piezas: el rey y una torre. En el enroque corto se mueve el rey de 'e1' ('e8' para las negras) a 'g1' ('g8' para las negras) y la torre se mueve de 'h1' ('h8' para las negras) a 'f1' ('f8' para las negras). En el enroque largo se mueve al rey de 'e1' ('e8' para las negras) a 'c1' ('c8' para las negras) y la torre se mueve de 'a1' ('a8' para las negras) a 'd1' ('d8' para las negras). El enroque sólo se permite si: a) el rey no está en jaque; b) ni el rey ni la torre implicada se han movido antes en toda la partida; c) no hay piezas entre el rey y la torre; d) ninguna de las casillas por las que debe pasar el rey está atacada por una pieza o peón enemigo. En el capítulo 10 hay una explicación ilustrada del enroque.

enroque corto: Enroque en el flanco de rey. *Véase* también *enroque*.

enroque largo: Enroque en el flanco de dama. *Véase* también *enroque*.

error garrafal: Mala jugada que termina en jaque mate, la pérdida de material o una posición gravemente debilitada.

estrategia: Plan general a largo plazo para una partida. El capítulo 11 brinda información sobre la estrategia en el juego del ajedrez.

estructura de peones: Descripción de la posición general de los peones de un jugador en el tablero. Este tema se aborda ampliamente en el capítulo 3.

estructura de peones simétrica: Posición en la cual los peones de un bando son la imagen especular de la posición de los peones del otro bando.

estudio de final: Posición inventada en la cual las blancas deben encontrar una victoria única (a veces tablas) de acuerdo con los requisitos fijados por el autor. Los estudios tienden a ser más realistas que las composiciones artísticas. Los entusiastas de los estudios aprecian aquellos que tienen gran originalidad y belleza. *Véase* también *composición artística*, *final*.

exhibición simultánea: Acontecimiento en el cual un sólo ajedrecista (normalmente un gran maestro) juega contra varias personas al mismo tiempo. Se disponen numerosos tableros en forma de círculo o rectángulo y el maestro se mueve de un tablero a otro dentro del perímetro para efectuar las jugadas. Los rivales efectúan la jugada cuando el maestro se coloca ante el tablero.

fianchetto: Acto de ubicar un alfil en 'b2' o 'g2' (las blancas) y en 'b7' o 'g7' (las negras). El término viene del italiano *fiancata*, que significa "jugadas hechas en el flanco".

FIDE: Fédération Internationale des Échecs (Federación Internacional de Ajedrez), fundada el 20 de julio de 1924 en París. Tiene más de 120 países miembros y se ocupa de todos los aspectos del ajedrez.

fila: Cualquier hilera horizontal en un tablero de ajedrez.

final: Estado final de una partida, caracterizado porque hay relativamente pocas piezas en el tablero. Los jugadores habitualmente usan el rey de manera más agresiva en el final que en la apertura o el medio juego. Una de las preocupaciones más comunes en esta fase es la promoción de peones. *Véase* el capítulo 14 para obtener información detallada sobre el final. *Véase* también *medio juego*, *apertura* y *promoción*.

flanco: Cada ala del tablero de ajedrez: flanco de dama, compuesto por las columnas a, b y c, y flanco de rey, compuesto por las columnas f, g y h.

formación de peones: Configuración de peones relacionada con una apertura en especial. Los asuntos relacionados con los peones se tratan en el capítulo 9.

gambito: Cualquier apertura con un sacrificio planificado de material, normalmente para promover el desarrollo rápido o el control del centro.

ganar la calidad: Renunciar a un caballo o un alfil a cambio de una torre. *Véase* también *calidad*.

***gens una sumus*:** Expresión latina que significa 'somos una familia'; es el lema oficial de la FIDE. *Véase* también *FIDE*.

horquilla de caballo: Cualquier ataque doble que haga un caballo. *Véase* también *ataque doble*.

igualar: Lograr una posición en la cual se niega la iniciativa del oponente. Por ejemplo, las blancas normalmente tienen la iniciativa en la apertura y las negras tratan de igualar o superar esa iniciativa.

iniciativa: Término para describir la ventaja que posee el jugador que tiene la capacidad de controlar la acción y el flujo del juego y que obliga a su oponente a jugar a la defensiva.

interposición: Movimiento de una pieza a una casilla ubicada entre una pieza atacada y la pieza atacante.

jaque: Ataque contra el rey por parte de una pieza o un peón. Cuando está en jaque, un jugador debe hacer una de las siguientes jugadas: a) mover al rey para sacarlo del jaque; b) interponer una pieza o peón; c) capturar la pieza que da jaque.

Aunque antes era común pronunciar la palabra "jaque" al hacer esa jugada, actualmente esta práctica no sólo es innecesaria sino que además está mal vista. El capítulo 4 trata las posibilidades de jaque. *Véase* también *jaque mate*.

jaque descubierto: Movimiento de una pieza o peón que descubre un jaque por parte de una pieza que no se ha movido. *Véase* también *ataque descubierto*.

jaque doble: Jaque descubierto en el cual la pieza que se mueve también da jaque. Sólo se puede responder a un jaque doble con el movimiento del rey. *Véase* también *jaque descubierto*.

jaque mate: Cuando un rey está en jaque y no puede hacer una jugada para salir del jaque, se dice que el rey está en jaque mate (o simplemente en mate), y la partida termina. Los asuntos relacionados con el jaque se abordan en el capítulo 4. *Véase* también *jaque*.

jaque perpetuo: Posición en la que un jugador puede seguir poniendo al rey de su contrincante en jaque sin darle mate. Ese tipo de partida es tablas porque el jugador en jaque perpetuo finalmente podrá repetir tres veces la posición, o ambos jugadores acordarán tablas. También es llamado jaque continuo.

jugada antirreglamentaria: *Véase jugada ilegal*.

jugada de ataque: Jugada agresiva que frecuentemente provoca una respuesta defensiva.

jugada forzada: Jugada para la cual sólo hay una respuesta posible (o si hay más de una respuesta, todas excepto una son perdedoras).

jugada ganadora: Jugada que crea una posición en la cual el jugador puede ganar o gana.

jugada ilegal: Jugada que no cumple el reglamento internacional del ajedrez. Si se descubre una jugada ilegal durante el curso de una partida, esta volverá al punto en que estaba antes de la jugada ilegal. El jugador que hizo, jugada ilegal debe mover la pieza que había movido de forma ilegal si puede hacer con ella una movimiento reglamentario. Si no es así, se le permite mover cualquier otra pieza.

jugada legal: Jugada permitida por las reglas del ajedrez.

jugada mecánica: Jugada hecha sin reflexionar mucho porque parece ser obvia.

lado: *Véase flanco.*

liquidación: Cambio de piezas o peones para detener un ataque, para asegurar las ventajas obtenidas o para mejorar la posición propia.

mate: Forma breve de jaque mate.

mate de la coz: Forma de jaque mate –asestado por un caballo– en que el rey no puede moverse porque todas las casillas que lo rodean están ocupadas por piezas o peones.

mate del loco: La partida de ajedrez más breve posible que termina en jaque mate: l g4 e5 (o e6), 2 f4 (o f3) Dh4 mate. *Véase* también *mate del pastor.*

mate del pasillo: Jaque mate que se da con una dama o una torre en la última fila del rival cuando los propios peones le impiden a éste mover al rey para escapar del jaque.

mate del pastor: Jaque mate en cuatro jugadas: 1 e4 e5, 2 Ac4 Ac5, 3 Dh5 Cf6, 4 Dxf7 mate. *Véase* también *mate del loco.*

mayoría: Superioridad numérica de peones en un flanco. Esa mayoría es importante porque puede llevar a la creación de un peón pasado. *Véase* también *peón pasado.*

medio juego: Parte de una partida que sigue a la apertura y está antes del final. Los detalles del medio juego se tratan en el capítulo 13. *Véase* también *apertura, final.*

movilidad: Capacidad de mover las propias piezas a partes importantes del tablero de manera fácil y rápida.

notación: Cualquier sistema para registrar una partida de ajedrez. *Véase* también *notación algebraica* y *notación descriptiva.*

notación algebraica: Sistema creado en el siglo XIX para registrar las jugadas de una partida de ajedrez, en el cual cada casilla del tablero se identifica de manera única. Tomando como referencia las blancas, las columnas de izquierda a derecha tienen letras de la a a la h, y las filas de la parte inferior a la superior tienen los números 1 a 8. Las jugadas de las piezas se designan mediante la letra inicial de la pieza, en mayúscula, seguida de su casilla de destino. Las jugadas de los peones se designan sólo con la casilla de destino. El capítulo 17 explica todos los detalles de la notación algebraica.

notación descriptiva: Sistema para registrar las jugadas de una partida basado en los nombres de las piezas y los lugares que ocupan al comenzar la partida. Una jugada se cita usando el nombre de la pieza o peón que se mueve, seguido de la casilla a la que se mueve. Esta notación fue reemplazada en los torneos oficiales por la notación algebraica. *Véase* también *notación algebraica* y *notación*.

oposición: Posición en la que los dos reyes están en la misma fila, columna o diagonal. Cuando sólo hay una casilla entre los reyes, se dice que están en oposición directa. Cuando hay de tres a cinco casillas entre ellos, se dice que están en oposición distante. Se dice que un jugador tiene la oposición si los reyes están en oposición directa y el rival debe mover, lo que permite que el jugador con la oposición avance su rey.

parar un jaque: Poner una pieza o un peón entre un rey que está en jaque y la pieza que da jaque. Parar un jaque es una de las tres maneras de responder a un jaque; las otras dos son mover al rey o capturar la pieza que da jaque. Si un jugador que está en jaque no puede usar una de estas tres maneras de responder a un jaque, el rey está en jaque mate y la partida se da por acabada. *Véase* también *jaque* y *jaque mate*.

pareja de alfiles: Dos alfiles. Normalmente se compara su eficacia con la de dos caballos o con la de alfil y caballo. En muchas posiciones, el par de alfiles tiene una ligera ventaja sobre las otras dos configuraciones de piezas menores debido a su mayor movilidad.

partida abierta: Término que se usa para indicar partidas que comienzan con 1 e4 e5 y se caracterizan por la movilidad de las piezas.

partida cerrada: Partida en la que el movimiento de las piezas está restringido por cadenas de peones entrelazadas y en la que el juego de piezas se efectúa fuera del centro, en anticipación a la apertura de la posición. Normalmente, se halla en el tablero la mayoría de las piezas, las cuales quedan detrás de los peones, lo que puede impedir su movimiento. *Véase* también *partida abierta*.

partida relámpago: Ajedrez que se juega muy rápidamente. Cada jugador cuenta con menos de quince minutos y en ese tiempo debe jugar toda la partida.

pasiva: a) Descripción de una jugada que no contiene amenazas; b) descripción de una pieza con movilidad limitada; en otras palabras, una pieza que no es activa. *Véase* también *activa*.

peón aislado: Peón cuyas columnas adyacentes no contienen peones del mismo color. Un peón aislado es débil porque otros peones no pueden defender ese peón ni la casilla que queda delante de él.

peón pasado: Peón que no tiene un peón enemigo que se le oponga en la misma columna o en cualquier columna inmediatamente adyacente.

peón pasado y alejado: Un peón pasado y alejado de la mayoría de los demás peones del tablero.

peón pasado y protegido: Peón pasado que está protegido por otro peón. *Véase* también *peón pasado*.

peón retrasado: Peón que tiene peones de su color en columnas adyacentes frente a él, de modo que no está protegido por otros peones. También llamado peón rezagado.

peones colgantes: Término creado por Wilhelm Steinitz para describir dos peones adyacentes que están en la cuarta fila, no pueden ser apoyados por otros peones, no son peones pasados y están en columnas parcialmente abiertas.

peones doblados: Dos peones del mismo color en la misma columna, que están casi siempre en situación delicada.

peones triplicados: Tres peones del mismo color en una sola columna.

pequeña calidad: Término empleado por Tarrasch para el cambio de un caballo por un alfil. Debido a que él prefería los alfiles, dijo del jugador que cedía el caballo que ganaba una pequeña calidad. *Véase* también *calidad.*

perder la calidad: Cambiar una torre por un alfil o un caballo.

pieza: Un rey, una dama, una torre, un alfil o un caballo.

pieza ligera: Otra expresión que quiere decir pieza menor: un alfil o un caballo.

pieza mayor: Una dama o una torre. *Véase* también *pieza menor.*

pieza menor: Un alfil o un caballo. *Véase* también *pieza mayor.*

pieza tocada, pieza jugada: Regla de ajedrez que exige que un jugador que toque una pieza ha de moverla (si es suya) o capturarla (si pertenece al oponente). Si el jugador no puede mover o capturar legalmente la pieza tocada, puede hacer otra jugada. Sólo está exento de la obligación de mover la pieza que toque si antes anuncia "compongo". *Véase* también *compongo.*

posición crítica: El punto de una partida en el que comienza una serie de jugadas decisivas.

posición ilegal: Posición que no es el resultado de una serie de jugadas legales. Así, una jugada ilegal lleva necesariamente a una posición ilegal. Otras fuentes de posiciones ilegales son la colocación incorrecta del tablero y la disposición incorrecta de las piezas, ya sea al principio de la partida o en el momento en que se reinicia una partida suspendida. Si es posible, se debe corregir la posición; de otro modo, hay que jugar una nueva partida.

posición restringida: Posición en la cual las piezas tienen poco espacio para moverse. *Véase* también *partida cerrada.*

promoción: Cuando un peón alcanza la octava fila debe convertirse inmediatamente en una pieza de su color (excepto el rey), sin importar qué piezas haya todavía en el tablero. En general, un jugador promueve un peón a dama. *Véase* también *promoción menor.*

promoción menor: Promoción de un peón a una pieza que no sea la dama. *Véase* también *promoción.*

puesto avanzado: Casilla en la quinta, sexta o séptima fila que está protegiendo un peón y que un peón enemigo no puede atacar.

registrar una partida: Proceso de escribir todas las jugadas de una partida, generalmente en el momento en que se hacen.

regla de las 50 jugadas: Regla que declara que una partida es tablas cuando un jugador demuestra que se han jugado 50 jugadas sin que se haya movido un peón o sin que haya habido capturas. En unas cuantas posiciones (por ejemplo, rey y dos caballos contra rey y peón) el número de jugadas se extiende a más de 50 antes de que se pueda declarar tablas.

repetición de la posición: Un jugador puede reclamar tablas si consigue demostrar que se ha dado por tercera vez la misma posición, con el mismo jugador teniendo el turno en cada ocasión; también se llama tablas fotográficas.

ruptura: Situación en la que hay dos peones, uno blanco y uno negro, adyacentes diagonalmente; uno puede capturar al otro.

sacrificio: Renunciar deliberadamente al material para lograr una ventaja. La ventaja que se gane puede ser un ataque, una ganancia en tiempo, un mayor control del tablero, la creación de un puesto avanzado, etcétera.

sacrificio de atracción: Sacrificio que atrae el movimiento de una pieza enemiga. La jugada puede poner la pieza hostil en una casilla desventajosa o simplemente quitarla de una parte del tablero donde era más eficaz.

sacrificio estratégico: Sacrificio de material que mejora la posición del jugador que sacrifica.

sacrificio preventivo: Sacrificio hecho para impedir que el adversario se enroque. También se conoce como sacrificio contra el enroque. *Véase* también *enroque* y *sacrificio*.

simplificar: Intercambiar material para reducir la posibilidad de ataque del contrario. El jugador con la mejor posición tiene más probabilidades de simplificar que el jugador con la peor posición.

sobrecarga: Situación en la que un peón o una pieza debe realizar demasiadas funciones defensivas y se debilita la posición del jugador.

sobreprotección: Concepto creado por Nimzovich cuya idea es concentrar alrededor de una casilla importante muchas piezas o peones, incluso más de lo que pueda parecer necesario. Esta técnica crea una casilla fuerte, que beneficia a las piezas que sobreprotege.

tablas: Partida de ajedrez que acaba en empate. Una situación de tablas o empate puede producirse de varios modos: a) por acuerdo de ambos jugadores; b) por ahogado; c) por declaración y demostración por parte de un jugador de que la misma posición ha aparecido tres veces (con el turno de juego del mismo jugador); d) por declaración y demostración por parte de un jugador de que ha habido 50 jugadas en las cuales no se ha capturado ninguna pieza ni se ha movido un peón, aunque hay algunas excepciones a esta regla; e) por adjudicación; f) por caída de la bandera de un jugador (en el reloj de ajedrez) cuando su contrincante tiene insuficiente material para dar jaque mate. *Véase* también *regla de las 50 jugadas* y *ahogado*.

táctica: Jugada o jugadas que se espera que den beneficios a corto plazo. En el capítulo 5 se tratan las tácticas del ajedrez.

teoría: Término para describir el cuerpo aceptado de conocimiento sobre ajedrez.

tiempo: En general, perder un tiempo es una desventaja. Una regla práctica general es que la pérdida de tres tiempos equivale a la pérdida de un peón.

torneo: Competición entre más de dos ajedrecistas.

trampa: Maniobra cuya respuesta natural causa una desventaja al jugador que responde. También es llamada celada.

triangulación: Proceso por el cual un rey mueve dos veces para alcanzar una casilla a la que podría llegar en un sólo movimiento. La casilla inicial y las dos casillas a donde se mueve forman un triángulo. Normalmente sólo se usa la triangulación en finales.

última fila: La primera fila de cada jugador, que es, a su vez, la última del adversario.

unidad: Piezas y peones de ajedrez.

Índice

●●

• *R* •